釣然草

釣りバカの心と技の釣路

小林　則夫

まえがき

「徒然草《つれづれぐさ》」の文中には、「存命の喜び、日々楽しまざらんや」とありますが、これは「人生は、生きることを楽しむためにある」という文意で、私の人生も「釣り」という嗜《たしな》みを通しこの愉楽《ゆらく》を実践してきたと自負しています。

そして本書はこの「徒然草」の趣旨をくんで、これにあやかるべく表題を「釣然草《つりづれぐさ》」としましたので、ご理解願います。

さて、本書は全体が3部作で構成されており、第一部は「釣りバカ病歴録《びょうれきろく》」、第二部は「利根川について」と「放流釣りについて」、そして「大物釣りについて」の3つの項目に分かれております。

それから、最後の第三部は、ちょっと意外の感がするでしょうが、「年賀状」という形となっております。

それではここで各部門の概容とその主旨について簡単にご説明いたします。

まず第一部ですが、私の釣りへの憧《あこが》れから始まって、次第にぞっこん惚れ込み息詰まるほど夢中になって終《つい》には「釣り中毒症」を発病して、これが重症慢性化して現在に至った経緯《けいい》を、以前に書き留めていて残っている日記帳を繙《ひもと》くと共に、最近の分は釣行時の情況を書き記《しる》したメモ帳を基に、釣りの熱く深い想い入れを綴《つづ》る形でまとめ、思いの丈《たけ》を存分に表白《ひょうはく》したものです。

次に第二部では、約20年以上にわたる私の釣り人生の中で、「釣り中毒症」が増悪《ぞうあく》して昂《こう》じた「狂《くる》い咲《ざ》き症候《しょうこう》」の感化で、心情を広く発露《はつろ》すべくに思考が至り、そこで私の長年の体験を基にして熟察《じゅくさつ》した上で独自の見解を記述したもので、主に現在もチャレンジして療養中の利根川をベースにし、その釣りの習熟した知恵と方法といった面の伝授を強く押し出した実践的内容となっています。

更に第三部の年賀状ですが、これは一般的には新年の挨拶と近況などを簡潔に伝えるのが本来の主旨である事は、重々承知していますが私の年賀状は敢えて丁寧《ていねい》過ぎた超過剰な文章の形で出しており、幸いな事に今迄出した年の、一部の文面が残っており、更に現在、そして将来に向けて発するであろう言葉も使って、私の釣りへの熱い想いを、少しでも他の多くの人に知って貰《もら》いたく、異例の形ですが載せる事にした次第です。

そして総体的には、私の釣路による時間と共に、形成されていく人格の描写を含めた、心理的、感情的、技術的真実を描き出し、そこには、笑える程の軽妙で適度な可笑《おか》しさを混在させ、受け狙いの崇高《すうこう》な魂胆《こんたん》を目論《もくろ》むものでもあります。

目次

第一部

「釣りバカ病歴録」

これが、我が輩の病理《びょうり》さ

ここに、脳に刻まれたカルテがある。

（だいぶ加筆《かひつ》され厚みあり。それにはこう記載されている）患者様のご病名は、重度の「釣り中毒症」なりと。

発病から20年以上経過。自覚症状は顕著に見られ、慢性化で「釣りバカ」状態なり。

病状は深刻で、本人はいたって嬉しそうなりと。

え、「釣り中毒症」なんて聞いた事がない。

当たり前です。自分が勝手に命名したので知らないのは当然です。

この病気は人と魚の区別が可能ならば、高度な知性は必要でなく、自力歩行可能で単に個人的な欲望の情熱を有すれば、老若男女《ろうにゃくなんにょ》を問わず誰でも罹《かか》れる、極めてお手軽で精神的な快楽疾患《しっかん》に近いといえます。

そして発病は早期だと小学生頃からだが、通常は成人からの罹患《りかん》が大半なり。

そして患者は男性がほとんどで突然発病もあれば、長期潜伏後に発病とバラエティに富んでいる。

この疾患の療養場所は、川や海そして釣り堀と多岐で、更に患者の特徴は、習慣化し飽きずに続行中の年配者が圧倒的に多い。

またこの疾患の罹り易さから、一時は全国的に蔓延《まんえん》するも、昨今《さっこん》は下火となる中で、近年釣りガールがシズシズと新参登場し、再び流行《はや》る気配があるのは、先行《さきゆき》に一筋の光明《こうみょう》を見い出すようで、喜ばしい事です。

更に、この「釣り中毒症」には特効薬は無く、特に治療は必要とせずに、経済的理由や他の趣味に変更して、足を洗うといった自然治癒《ちゆ》が可能です。

そしてこの感染力はやや強く、例えば友人がやり出したので自分もとか、家庭内でも親父《おやじ》の釣竿で、その子供が真似して罹患するという事が起こり易い。

またこの患者の多くは、釣果を競う人と大物狙いに徹する人に二分されるが筆者のように数釣りから大物釣りへと、鞍替《くらが》えした変人も珍しくない。

そして病気の最良の副作用としては、釣果の魚がオカズとして家族全員が箸を出せば、家庭円満に貢献し家計を助け、釣人は感謝され存在価値が認知されるという面もある。

そしてこの中毒症の最大の特徴は、これにかかると脳内の快楽ホルモンのドーパミンの分泌が活発化し、特に魚が掛かって引き上げ時が最高の分泌となり、これが病み付きとなり「アルコール依存症」と同様にこの快感を求めて、のめり込みやすく慢性重症化するといわれている。

更に重症化し病期が最悪に進むと、周囲の人と共に本人も、自分が「釣りバカ」状態であると、正式に認識し自覚するようになる。

筆者の独善たる見方によると、この「釣りバカ」状態の人は、悪人と自覚する人は非常に少なく、ほとんどが温厚《おんこう》か、もしくはそれに準ずる善良な人と勝手に思っている人であり、しかも不確実な情報によると、ウソつきを得意とし口が達者のあまり実際よりずっとおおげさに言う人がなってしまう。また女性への発情と関心が人一倍弱くてシャイなので、その反動でどうしても魚に恋するという真実味のある怪説もあるようです。

そしてこの「釣りバカ」の人の中には、非常に稀《ま》れだが長年の釣りに殺生の罪滅ぼしか、例えば、釣りの本を書いて出して自慢半分、自虐《じぎゃく》半分を吐露するといった、とんでもない行動を起こす。

それは思いやりホルモンと呼ぶオキシトシンの分泌過多なのか、それとも人の為に何かする社会貢献に目覚め、自分と同じ中毒症の増加をもくろむ病的渇望《かつぼう》であるかは不明で、この突発《とっぱつ》行動は希有《けう》な為周知されておらず、そこで已《や》む無く便宜上「狂い咲き症候」と呼ぶ事にする。

それでは、ここからは本題のどうして我が輩が「釣り中毒症」を発病し、遂には重症化し「釣りバカ」状態に陥った理由と経緯を、昭和49年から平成7年まで書きためた日記帳を繙くと共に、平成23年から現在に至るまでは、釣行毎にその状況等を克明に記録したメモ帳に基づいて、面目ない事実も正直に告白しますので、興味津津《きょうみしんしん》の上で出来れば我慢して、お付き合い下さいますように。

秘めたる想いは、釣りへの憧れ

半ば薄暮に沈むかの如き記憶をリフレッシュさせて、イメージにピントを合わせてみると、私が初めて利根川へ釣りに出たのは、昭和39年の浪人の時だったと思う。

大学受験勉強に飽きて気分転換で出かけたと話しているが、半分は嘘《うそ》である。真実は元元性《もともとしょう》が合わない受験勉強に嫌気《いやけ》が差し、もっと本気で集中没頭できる事はないかと、思案していたところになんと、偶然棚に眠っていた60冊の日本文学の本を目に付け、これはいいや！　これこそ気兼ねなく直向《ひたむ》きに打ち込めて、退屈しのぎになるのでいう事なしだ（この時には、すでにちゃらんぽらんの高尚《こうしょう》？な性格が全開）と、決然たる態度で勝手に決め付けて、根気よく読み耽《ふけ》っていたが、これにも飽きて遂に気晴《きば》らしに出たのが真相です。

当日は浪人仲間と自転車で近くの大渡橋と、その下流の利根川橋付近で竿を出し餌はサシ（金蠅《きんばえ》の幼虫）にして、運良く数尾のハヤが釣れたが、この時はまだ釣りの楽しみも分からないウブな状態であった。

しかし、後日初秋の県庁裏の利根川で、落ちアユを大勢の釣人が引掛針でのコロガシ釣りで、次々と釣り上げる様子を横で羨望《せんぼう》の眼差《まなざ》しで見ていた時は、今思い返しても自分もやってみたいという、釣りへの強い憧《あこが》れと願望が胸中に湧き上がり、それがマグマとしてドンドンと蓄積《ちくせき》されていったのを覚えています。この時には全く知る由もなかった。釣りへの熱い渇望が、ノロノロした15年間の潜在後に、なんと再び目覚めて噴出してくるとは。

高麗川との巡《めぐ》り合いで一目惚《ひとめぼ》れ

その後呆れた読書三昧《ざんまい》による二浪の末なんとか名古屋への大学入学や東京への不誠実な志望動機による会社の就職、そしてどうにか結婚し、なんとなくの子供の誕生と、人生の節目事《ふしめごと》の中で釣りへの思いは頭の片隅に封印されたままでいた。

しかしついに15年間にわたる長い潜伏期間を経て、「釣り中毒症」を発病するきっかけになったのは、自然もここで安らかに憩《いこ》っているのだと悟《さと》らせた、清流の高麗川との、運命的な出会いだった。

それは二つの偶然が重なって起きたのです。

その一つは、社会人となってアパートを、転々と変えた末についに永住すべきと、家族4人が昭和53年7月2日に、埼玉県の現在の日高市の北向きの大団地内の家を、やっと手に入れて偶然にも住むことになったからでした。

そして決定づけたのは、この団地の生活に馴れ、暇《ひま》を持て余していた休日に、気儘《きまま》にブラブラと散歩がてら自宅から北へ急坂道を下り、いつも乗り込む駅に向かう道ではなく、ここを迂回《うかい》して緑陰《りょくいん》の道を散策《さんさく》していると、なんと当時関東一の清流と言われた澄み切った高麗川が、木々の間をのったりと蛇行《だこう》して流れているではないか。

これを目にした瞬間、感動が心の底まで沁《し》み通り、釣りへの憧れのマグマが、突然フツフツと湧き上がった。

よし、こんな美しく素晴らしい環境の清潤《せいかん》の中で竿を出してみたら、どんなにか素敵な事だろうかと、釣りに耽《ふ》ける閑日月《かんじつげつ》に憧れたのです。

いざ出陣「目指すは高麗川なり」

そう胸に決めるや、善《ぜん》は急げとばかりに、釣り道具一式を買い揃《そろ》えるや、いざ出陣とばかりに繰り出したのが、日記帳によると、ここに引っ越してから約2年たった、昭和55年6月1日でした。

今思い出すとこの日は、自分だけが嬉嬉《きき》として、はやる心をじっと抑え、それじゃあ晴れの初陣《ういじん》にせっかくだから、一族郎党《ろうとう》引き連れて行くのが最良の手とばかりに、家族全員が一丸《いちがん》となって打って獲物を狙うべしとし、「目指すは高麗川なり」と相成ったのです。

しかしながらこの張り切りと言うか舞い上がりは、しょせん自分だけで他の面々は、初めから戦意喪失《せんいそうしつ》であってただ川遊びが魅力で付いてきたようなもので、釣りの方は、勝手にどうぞといった感じで、目論見《もくろみ》が外れてしまいバシャバシャと燥《はしゃ》ぐ横で、バカみたいにドキドキしつつ竿を出しても、ピクリとアタリもなしは当たり前。

うじゃうじゃいるらしいこの高麗川の、御人好《おひとよ》しの魚からも総好かんを食らって、相手にされずでは勝負アリで、そうは問屋がおろさず見事に獲物はなく、空のビクを下げて自分だけしおしおと首を垂れてのご帰還と相成った。

お魚さんとの清純《せいじゅん》?な交遊が、物の見事におじゃんとなった本釣行は、今回が初犯日であった。（なお、本犯行未遂名は、今後は業界俗名のボウズと称す。

そしてこのボウズは、その後は特に利根川で性懲りなく意に沿わずに再犯の繰り返しで、ボウズは順化するが幸いにも、すぐにけろりと忘れて不感症に罹ってしまい、お魚さんのオイデ、オイデの声をいつも耳にするので、ひたすら交遊熱望のストーカー行為の意地を通しますので、どうかお気遣《きづか》いなく）

そして「釣り中毒症」の発病の日となりこの棒に振った日は、この後のトウチャンの釣り発狂に対して、少しばかり家族の目には免疫が出来たのではと一人合点し、釣行は病気だから仕方がないと思わせるきっかけになったのでないかと勝手に判断すると、やっぱり全員誘い出し作戦は収獲があって、うまくいったようでシメシメと今振り返り悦《えつ》に入っている。

そしてこのほろ苦い教訓から得た事は、今もバッチリ活《い》かされている。

それは周囲の身勝手な動向や思惑《おもわく》を全く気にせずに一心に竿を出すには、単独釣行しかないとこの時悟《さと》った事です。

そしてこの独善的な悟りを実践すべしと、待望の休日がくるや、家庭円満のために必要性が高い家族サービスは別の気の向いた悪天候の日でもと、独自の最良の見解を持っているので、女房のやや冷《ひや》やかな眼差《まなざ》しを気にしつつ、粛々《しゅくしゅく》（慌《あわ》てず騒がず）と家を出て、その後はさっといざ高麗川へ向けペダルを踏み、逃げ出すように心掛けた。

だが心情的には、少しこのサービス放棄の追い目は感じはするものの、やはり火が付いた釣りへの誘惑には勝てずに、幾分《いくぶん》モンモンとした気持ちが当事はあったのも事実です。

今思うに「釣り中毒症」の発病時には、誰もがなる初期症状で、時の経過につれてボウズと同じ不感症となり罪悪感はすっ飛んでしまうものらしい。

清冽《せいれつ》な流れで釣りの喜びに包まれて

この試練《しれん》を突破するや、目指す先の高麗川は、ここぞと決めた東吾野のトロ場が、予想バッチリの好ポイントとなり、期待通りの釣果に恵《めぐ》まれてしまい、こうなると釣行頻繁《ひんぱん》でこの場は至福《しふく》の釣り場とかし、その後はこの場所をメインにして、他の場所もたまには物色して、竿を出す余裕を見せつつ、餌は現地採捕の川虫とし、狙うはオカズになるハヤです。

また釣り方は初めはぎこちなかったが、次第に自分でも上達したと思う脈釣りを行うようになりました。

そしてここから本格的に釣りにのめり込んで、狂い始めてしまったという訳です。

あの頃はこの高麗川は、後《のち》の最上流部での正丸トンネルの道路工事で、多量の土砂《どしゃ》が川へ流入し、その為、石が累累《るいるい》とあった川床が、一変《ぺん》砂地となって魚が居着く場所がなくなり、魚が卵を産めず激減してしまう前であり、竿を持って水中に立ち込むと、小魚が裸足に纏《まつ》わり付き餌だと勘違いして、口先でこちょこちょと擽《くすぐ》り快感を覚えるといった、今では考えられない豊穣《ほうじょう》な川だった。

それを裏付けるべく当時水が抜けるように澄み、無数の小魚が群れる水中へダイブして、これらの魚を捕えて空中に飛び出すカワセミの姿を、この近くで撮影した著名な野鳥の写真家の嶋田忠氏のカワセミの写真集が出たのもこの頃だった。

しかも、なんと幸運にもこの近辺に、高麗川の一部を仕切ったマス管理釣り場があって、大増水時などにここから簡単に脱走したニジマスが、この場所のすぐ上流や、時には約2㎞下流の大淵でも釣れる。

そうなるや、症状悪化に一層拍車がかかり、思い掛けずにゲット時には、この日だけは嬉嬉とした温かい目で迎えられ、得物《えもの》は見事に塩焼きに変現《へんげん》して食卓のメインに上がり、子供達も箸を出してパクつくのを横で見ると良い嗜みを持ったもんだと、我ながら誇りと自信が湧き、また釣ってくるぞと意気込みは倍増しました。

しかしこの当時は「釣り中毒症」の病期は、ステージ1か2といったところです。

想い出箱一杯詰まった高麗川慕情

あのころの高麗川は、古風でひっそりした情感を漂《ただよ》わせつつ郷愁《きょうしゅう》を呼び起こさせるようにして、悠久の時の中をゆったり流れゆく素朴《そぼく》な川であったと懐かしく思い出します。

そして自分達が住む中流域より上流は高麗川の本然《ほんぜん》の姿を現出していて、岸辺の緑樹《りょくじゅ》の上を透かして仰視《ぎょうし》すると、国道と私鉄が寄り添って走っている。

しかし、これらの下方には、河鹿《かじか》のヒュルルルと笛を吹くような玲々《れいれい》たる美声の響きが、玲瓏《れいろう》と谺《こだま》して澄んだ瀬音とのハーモニーを奏《かな》でる別世界が拡がっていた。

当時は静穏《せいおん》な心でこの清冽《せいれつ》な川を独占しているという高ぶる満足感に漬《ひた》っていたが、やはり魚がいたる所で目に入ってくると、若かったせいか何としても数を釣り上げたいという気持ちを抑える事は出来なかった。

そんな中でこの高麗川の美しさに魅了され、心が洗われたと思量《しりょう》した時を今でも思い出す。

それは早春の雨上がりの時で、川面をうっすら川霧が肌目の細かさで漂っていた。

更に、静かな慰めるような朝日が、芽吹いた木々の間からシャワーのように、斜光となってこの漂よう川霧に惜しげもなく光彩を降り注ぎ、川面をキラキラと輝かせ、幻想的な雰囲気に包まれていた。

生命が躍動し始めた枝葉の薄緑の間を、的皪《てきれき》として絹糸を束《たば》ねてつやつやしく、なよやかに揺れた流れに静かに竿を出した時だった。

その時の感慨《かんがい》に我を忘れてしまい言葉に言い尽せぬ美しさに感動した余韻《よいん》が今も残る。

釣路の果ての、もくろみは?

もし三途《さんず》の川も、この高麗川のように風情《ふぜい》に溢れていれば、私は悦んで気持ち良く渡って行くつもりでいます。

あ、そうだ。自分は長年釣りで殺生《せっしょう》をしてきた悪人なので、善人のような橋や軽罪人の浅瀬は渡れず、深い所を渡るだろう。

だが、折角ここまではるばる来て、滅多《めった》にない機会なので、ちょっとこの三途の川で竿を出してから渡っても悪くないな。

ここの好ポイントを誰か知っていたら、どこか教えて下さいませんかねェー。

それと必携《ひっけい》の六文銭ですが、渡し銭は、要《い》らなくなったので、これで日釣券代は足りますかねェー。

しかし、まてよ。「水清《きよ》ければ、魚棲《す》まず」と言うが、ここでもまたボウズじゃ、恰好《かっこう》悪いなあ。

そうそう、恰好悪いと言えば、手ぶらじゃと思い、もし釣れたら閻魔《えんま》様にワイロと言うと聞こえが悪いので、手土産《てみやげ》として持参したいんですが、この手は使えますかね。ウヒィヒィ。

そうだ。この世での憶測《おくそく》だと極楽は大変居心地《いごこち》は良いが、閑散として退屈そうらしい。

それに対して地獄の方は、冥界のおじゃま虫的存在の釣り仲間が大挙して集合しホラ話を性懲りもなく弾《はず》んでいるとか。

うーん、どっちも魅力的だな。そうだ。できたらハシゴしちゃおうかな。

どうもこんな事を、今から画策《かくさく》し企《たくら》み、妄想《もうそう》に耽《ふけ》っているこざかし男は、果たしてすんなりと成仏《じょうぶつ》出来るのか、正直気になるのですがね。

アイタッタ、天罰か？　腰にきたよ！

ちょっとここで中休み。

ここまで辛抱して付き合って下さり、サービス精神を大発揮してこの高麗川で、ドジを踏んだため痛い目に遭った、不慮《ふりょ》の災難の事をお話しします。

それは家族サービスそっちのけの懲《こ》らしめか、天罰かは判断としないが、どういう訳か、頭でなくて腰にきました。

その発生日は日記帳によると、昭和56年5月16日土曜日の出来事でした。

朝いつものようにルンルン気分で、今回はケチなのに足代をかけて電車で西吾野駅まで行き、ここで降りて支流の北川を釣り進む。

この付近の大岩がゴロゴロしたトロ瀬に目を注ぐと、アブラハヤ（後で調べて知った事だが、食べても旨《うま》くない）がウヨウヨいるではないか。

ウッヒヒ。今日は大漁だと早合点し、大岩の上から下の流れに竿を出すも、なかなか食い付いてくれずイライラはつのる。

それでもなんとか2尾釣り上げて、上流に立て掛けたビクに入れ釣り続けるが、ふと、このビクが倒れていると思いこみ、座《すわ》った岩上《がんじょう》より急に振り向き、捻《ひね》ったとたんガクッとした激痛が腰に走り、アイタッタ。

満足に腰を屈《かが》められない中で、必死の思いで駅に戻る。

暗澹《あんたん》たる気持ちでヒイヒイ言いつつ、何とか自宅へ辿《たど》り着く。

その夜は激痛で寝返りも打てず。これはヤバイと月曜日に会社を休み医者へ行く。

そこでなぜ腰を捻る前に来なかったかと、言われないのでヤブ医者ではない。

だがこの痛みと苦しみに「なあに、軽いギックリ腰ですよ」とこれも軽く言われ、ホッとするも、こいつはヤブの親戚《しんせき》かと思う。

出された湿布をベタベタ貼り、ひたすら安静の毎日。

少し痛みは残ったが、出社は1週間後なり。

そして、多少治ったと適当に判断するや、その後も、このハプニングに懲《こ》りずに、また竿を持ちせっせと出掛ける始末。

これは、苦《にが》く痛い体験をなめた行動で、ただ今後アブラハヤは岩上から腰掛け釣りは止めるべしの有り難い教えは得たが、すぐにケロリと忘れ今日《こんにち》に至っています。

所でこのギックリ腰はすぐに完治し幸運だったが、あの医者は人の難儀での飯の種をすぐ失い不運であったと言える。

もう二度と御免《ごめん》だが、もしギックリ腰が重症で痛みも残り慢性化していたら、どうしただろうか。

多分心を入れ替えて暇潰《つぶ》し快楽手段を、異種交遊で打算的な釣りから、例えば異性交流で欲求なり必要なりの社交ダンスくんだりの鞍替《くらが》えは果たしてどうだろか？

今度は、一応は知的感情生物との繊細かつ発情的な接触も予見可能性が考えられる。

それゆえにその難事の極意《ごくい》は経験知らずでは、果たして心穏やかに昇華《しょうか》できるだろうかと、変に気を回してしまうのだが。

しかしまてよ。腰が痛むのじゃ、やっぱり社交ダンスは無理かいなあ。

そうなるとやはり我慢しつつも釣り稼業を細々《ほそぼそ》と未練がましく続けるしかないかな。

それにしてもこの釣り稼業を長年続けて判明した事は、「釣り中毒症」の療養たる釣り場で、うっとり見惚《みと》れる美人は全くいないが、とうに見頃は過ぎたと思われる女性にもお会いした体験がほとんどない。

それはそもそもこの釣りと言う悪業《あくごう》は、トイレなどの問題で女性は不向きであるといえる。立ちションで用が足《た》せる男性の方が宿命的な利点を有す。

また大自然の中でひたすら魚に一方的に恋して遊べると勝手に解釈する事で、健全?なる精神が育《はぐく》まれるゲームであると適当に考えていて、いやらしい色情的幻想《しきじょうてきげんそう》（スケベ根情）を養うものではないと断言出来ます。

それを証明すべく筆者は、現在でも釣り場に女性が登場して逢瀬《おうせ》するという興奮する夢は、全く見ない。その事からもその健全性が、保たれているとこれも適当に判断しています。

どうもくだらないバカな話を、延々とお喋《しゃべ》りしましたがそれでは続きをどうぞ。

もっと釣りテエ、荒川へ転釣《てんちょう》だ

本来の病気では病期がステージ2に変移すると、例えばガンでは体のリンパ節や骨などに転移し、症状が重くなる。

「釣り中毒症」でも同じ現象が起こり、高麗川と共に更なる釣果を求め、昭和59年11月頃から荒川の寄居町の正喜《しょうき》橋下まで、ほとんどバイクで遠征するようになった。

そのきっかけは、もっと数多く釣りテー、どこかこの願いの場所はネーかと狂《くる》いつつ、鵜《う》の目鷹《たか》の目で探し回っていて、この橋に通りがかって、バイクを止め下を覗《のぞ》くと、釣欲《ちょうよく》をそそる感じで、左岸に座《すわ》り心地《ごこち》の良さそうな岩場が突出し、その下は深い淵状の急な流れになっていて、魚影が濃い絶好のポイントに見えた。

しかも、なんと上の道路から崖沿いにこの突出岩場まで、安心して下りられるルートも出来ていて、オイデ、オイデと呼んでいるよう。よし、ここに決めべエー。

以後荒川への釣行はここが唯一の釣れるポイントとなり、約3年間ここに通い続ける事なんと52回となるが、期待通りの釣果が出る事が多く、今思っても偶然とは言え、当てずっぽうの釣り場選定が、大当たりとなったのです。

この正喜橋付近の川幅は、約30m近くあったものの川床が岩盤底で、所々に切れ目状のやや水深のある淵を形成した早瀬で、この岩盤底の上を伝わって行くと深い所でも膝上ぐらいしかなく、左岸の岩場から右岸の砂地側への渡河もらくちんの、理想的な平滑の釣り場だった。

ニジマスさん、こんなに釣れてゴメンネ

そしてここで釣れるのは高麗川と同じく、ハヤとヤマベですが、たまにニジマスやニゴイが上がる。ただ1回だけここで思いがけず、ニジマスを当時としては初めて6匹ゲットの、驚喜《きょうき》の大釣りを体験したことがありました。

それは昭和59年10月6日の事で、その日はこの正喜橋下へ竿を出した8回目だった。

それでは、ここでその時の様子を記した日記帳から、そのまま書き写してみます。

「5時起床。6時15分に家を出るがバイクを飛ばすと冷えてガタ〱震えがくる。ズボン下が欲しいくらい。

約1時間で着くが目指す橋下の岩場に、人がいないのでほっとする。

黒川虫の大きいのをつけ、急流の白い泡だった下に、ウキを入れるとぐっと引きがあり、予想通りマスがかかる。2匹目は一旦手にするが、糸が切れ左手で押さえるが逃げられる。3匹釣ってアタリがなく、ハヤにするが入れ食い状態。

対岸の砂地側の瀬でマスが跳ね、早速そっちに糸をたらすと、こっちでも3匹と計6匹。予想以上の釣果。

（中略）3時に出発し4時15分に家に戻るが、家族は留守で鍵を持って行くのを忘れ、（あたふたして）二階まで苦労して上って開ける。夕食は早速マス4匹食卓にのぼる」

とある。

この荒川で一日にニジマス6匹とは、当時の釣り人生で初めての事で、帰りのバイクでハンドルを握っていても、高揚《こうよう》感が胸一杯に広がり、早く帰って家族に自慢したかったが、生憎《あいにく》留守で2階に、泥棒の如く必死の形相《ぎょうそう》で登るうちに、急に萎《な》えてしまったのです。

今思い出すと、あの場所で普通ニジマスが釣れてもせいぜい1～2匹なのだが、なぜあの日に限って6匹も釣れた事が、謎として残っています。

思うに多分この上流で、たまたま放流したのが下ってきて、この場所を安住の地としてまとまって居着いたが、なにせ川床が岩盤では周囲に餌となる川虫がいなくて、おなかがペコペコのところに、あろうことか美味しそうな黒川虫が流れてきて、それっとばかりに食らい付いたと思うと、この魚達に対して、惻隠《そくいん》の情を感じてしまった。

これも齢《よわい》を重ねた末に、慈悲《じひ》の仏心《ほとけごころ》が法気付《ほうけづ》いた為か。それとも心境が変調してしまい多感になってしまったのか。

あ、そうだ、あの時「ここに居るぞ」と知らせた、あのマスの跳《は》ねは何だったのか。そうか、水中に餌が全くなく激しい空腹に耐えかねて、空中の羽虫でもと、必死に生きる為の大ジャンプだったのです。

これに対し、同じジャンプもどきのような、自分の2階への必死？のよじ登りなんてのは、玄関前で家のもんが戻ってくるのを、ポケッと待つ気恥ずかしさと、鍵を持ち忘れた罪悪感がなせるチャチな行動にすぎず、この必死度のこの差は、雲泥《うんでい》の差があっただろうなあと、今あらためて思い至る次第であります。

寒中初釣り、バカ丸出し

さてそれからもう一つ、この荒川への釣行で強烈な思い出となる、破天荒《はてんこう》な間抜けぶりを発揮したエピソードを、お話ししましょう。

いま思えば、あきれ返るようなことだ。馬鹿もいいところであった。

それは年始の初釣りに挑《いど》むべく、厳冬の中の寒バヤ狙いで釣行した、昭和61年1月12日の事でした。当日は熊谷で最低気温がマイナス3・3度で、冬晴れの日曜日だった。

この日の服装は下がオーバーズボン着用で、上は古いアノラックとフード付きコート。靴下3枚装備の完全防寒姿でバイクを飛ばすと、顔面は氷のように冷却《れいきゃく》する。

しかし熱い想いが通じたのか、何とかハヤ2匹ゲットし、この貴重な魚をビクに入れるが、帰りはバイクの後部荷台のカゴに、生きの良い状態を保つべく、水を張った状態のビクを置き、ビュンビュン飛ばして帰宅は夕暮れだった。

そして戻って見たら走行中の振動で、ビクの中の水が荷台の周囲に飛び散って、なんとこの荷台が寒さでカチカチの氷柱に変身を遂《と》げていた。

ここでふと、冬の雪降る中釣りする寒江独釣《かんこうどくちょう》の風雅《ふうが》の情景が頭をよぎった。

だがこのふんわりした考えは独善《どくぜん》で、実態は尽きぬ我欲《がよく》の成《な》れの果てと言うべきで、軽はずみで向こう見ずな行動の「軽挙妄動《けいきょもうどう》」が相応《ふさわ》しいと悟った。

え！、これって普通の行動で、どこが問題なのかって？。

それじゃここで少し解説しましょう。

そもそもこんな時期にこの正喜橋下へ、普通の正気の釣人がもし竿を出すとしたら、もっとポカポカした温暖な日を選ぶだろうし、乗り物だってヌクヌク出来る、車か電車で行くのが正常スタイルであり、寒さが矢のように突き刺さる日に、ビュンビュンと風を切ってバイクを飛ばして行くなんて。

しかも今回はまあ何とか釣れたから、少しは救いようはあったものの、もしボウズだったら本当に目も当てられない、正真正銘《しょうしんしょうめい》の釣りバカだと、自分ながら思い知ったことでしょうよ。

病理の補足説明

さて、ここでは冒頭でお話しした「釣り中毒症の病理について」の追加と言うか補足説明をさせていただきます。

何かと言いますとそもそもこの「釣り中毒症」は、心というか気持ちがメインの病ですが、この病の究極《きゅうきょく》の「釣りバカ」状態を目指すには、欲望が増大し、異常な行動を引き起こす事が必要条件となります。

ではその行動とはどのような事かと言うと、色々あるが例えば、もっと数多く釣りたいとか、別の種類の魚を釣り上げたいといった事や、更にはもっとデカイのを釣りたいといった、渇望《かつぼう》が体中を駆け巡り、一途に強欲になってエスカレートしていき、我欲の拡充性をひたすら思い詰める事です。

つまり、これらの行動を起こす事は、真の「釣りバカ」状態へ移行する為の、非公式の通過の儀式と言ってよく、これらの異常行動を実行し続ける事によって、この「釣りバカ」であると自他共に、正式に認定されるのです。

新兵器は正気《しょうき》特殊仕掛けさ

我が輩は「仕事は適当に、釣りは本気に」を密《ひそ》かな信条としていた。

その適当な方だが、特許という社員の発明を物にするを飯《めし》の糧《かて》としている中で、自分にも発明の才《さい》があっても、善《よ》さそうと日頃から気にしていた。そして遂に荒川でもっと数多く釣りテエーという、渇望が募《つの》ったあまり、我が輩の珍発明力が開花して、釣りバカへ営々と目指す素《す》っ頓狂《とんきょう》の面目躍如《めんもくやくじょ》の結晶が出来上がった話をします。

その経緯《けいい》は寝ている時も、更に会社で机に向かっている時も、仕事そっちのけで思考の中心にあるのは、釣りの事で頭の中は一杯で、これは目に見えないが給料泥棒行為か、怠慢《たいまん》行為を秘策《ひさく》して、常習していたようでした。

そして終《つい》に考え付いたのが、その一に当たる正喜橋下専用の特殊な仕掛けであって、これを名付けて「正気特殊仕掛け」と命名《めいめい》する。

なおその二に当たるのは、後述しますがこの後に更に釣り場を、多摩川へと転釣し、そこで考え出した「置きエサ」ですが、これは後ほど詳しくご説明いたしますので、乞うご期待を！、ではなく失望だけはしないでねと。

それでは、その仕掛けを詳しく話しますが、一言《ひとこと》で言うと、カゴ釣りと毛バリ釣りの両者の仕掛けを合体させた突拍子《とっぴょうし》もない物です。

所で、カゴ釣りはカゴの中に寄せ餌を入れて、誘《おび》き寄せこの下に付けた針の餌で、食わせる釣り方であり、一方毛バリ釣りは疑似《ぎじ》針で本物の餌だと騙《だま》し、食い付かせるやり方である。

（そうすると、合体作だと自慢そうに、標榜《ひょうぼう》するやり方らしいのは、どうやら誘き寄せと、騙しを同時に悪用する、卑怯《ひきょう》な釣り方のようだな。

それはパタパタと団扇《うちわ》で煽《あお》いだ、香《こう》ばしい薫《かお》りに釣られて食ってしまったら、中身は鰻《うなぎ》でなく茄子《なす》の蒲焼《かばや》きだったケースとそっくりだぜ）

ところでこの正喜橋下の急流の淵は、水深が２～３ｍと深くカゴ釣りには最適で、そこで考えついたのがカゴを仕掛けの中央に設置させ、この上側と下側にそれぞれ毛バリを付けて、釣ろうというオリジナルで、この深さに適応させた正喜橋下の専用の珍仕掛けである。

因《ちなみ》にハヤ釣りを紹介した本でもこんな珍奇な釣り方は載ってなかった。

では、こんな奇抜なやり方で、果たして釣れるのやらどうかと、不安半分、期待半分で竿を出してみたら、なんとなんと、全く予想外の大釣果を生み出した。

それは昭和61年８月13日の事で、驚くなかれ、その時の釣果は１０３匹という大漁で、この記録は今でも不滅のままです。

その驚きは、釣果数の多さと共に、この正喜橋下付近にこんなにも多数の魚が居たんだ、という二重の驚きでした。

ところで、この大釣果の内訳ですが、珍釣具の「正気特殊仕掛け釣り」で、約30匹から40匹。

この後実行したピンチョロの餌釣りで、約60匹前後といったところです。
釣魚の種類としては１０３匹の６割がヤマベで、残りはハヤであり、型としては大半が10㎝台で、15㎝以上はすべてハヤで、その数は４～５匹といった貧果でした。
それでは、その日の情況を日記帳より書き出してみます。

「(前段略) 正喜橋下は人影なし。先週の大雨の影響で水量が多く、落ち込みでも水の流れが早く、まず(珍釣具の)カゴ釣りを試すが、カゴが流されないように、主に下流の岩沿いを流す。買ってきたネリ餌(をカゴの中に入れ)で小型を中心に良くかかる。上に付けた毛バリに中型がかかり、落ち込みの間も型が出る。毛バリだとがっちりかかるので、取り込みで今日も３～４匹落ちる。

カゴ釣りも段々時間がたつと釣れなくなる。次に餌釣りに切り替えるが、こっちは入れ食い状態であまり釣りすぎるので、好《い》い加減ぐったり。結局１０３匹上がり、帰ってから魚の腹を開くのを考えるとぞっとする。

５時半に帰宅し(５時)45分頃から疲れている体で、好い加減止めようかと何度も思いながら、７時まで(かかって)腹をさく。今後大漁時はハヤだけ持ち帰ろう」以上でした。

大漁は天国、後処理は地獄だぜ

ちょっとここで補足説明すると、釣ってきた小型魚は小さすぎるため、塩焼きには適さずカラ揚げにしていたが、そのため腹をさいて内臓をすべて取り除く下拵《したごしら》えの作業を行っていた。

ところが、この作業は釣ってきた本人が最後迄面倒を見る為に行うべしと、釣果者責任処理ルールが、どういう訳か暗黙の上に自然に出来上がっていた。

しかし今迄は釣果もまあまあ適当な数だったので、この下拵えの負担も苦にならず、釣果の感激は残っていた。

だが今回は大漁の喜びなど一瞬で吹っ飛んでしまい、恐ろしい程の手間の掛かる面倒な仕事を延々と続けざるを得ない羽目となり、何でこんなに魚が食い付いてきたものだと、気の毒な魚の方にそのうっ憤《ぷん》を打《ぶ》ち当てたくなる有様だった。

だがこんなヒイヒイいう大変な仕事が待っている大漁後の苦しみも一過性で、一晩たてばケロリと忘れ、また次の大漁を目論《もくろ》むこの強欲さは、もうすでに「釣りバカ」の資格は充分に整えつつあったと断言出来ます。

こんなにスゲエよ、調理の拘《こだわ》りは

さて私は当時から現在に至るまで、釣ってきた魚の塩焼きやカラ揚げといった調理には、一切タッチしないと言う強い信念を貫いてきています。

なぜかと申しますと話は旧聞《きゅうぶん》に属する事ですが、旧石器時代に於いてから成人男子たるものは、外で狩りをしてその得物は洞窟内で待ち侘《わ》びる女子の手で焼くなりして、調理するという確固たる役割分担制が確立していました。

そういう世の中の流れを鑑《かんが》み狩猟能力を思う存分発揮していると多少思い、釣りに命を懸《か》け生業《せいぎょう》にする程気合は入れずに、仕事よりはメチャやる気満々の自分にとっては、お互いの職分は守って侵さず相互不可侵の守り事を、尊重するという考え方を忠実に継承実行している訳です。

そしてもしこれを破れば尻を掻《か》く猿に近い御先祖様《ごせんぞ》に対して、面目が立たないという清清《すがすが》しく良心的で志操堅固《しそうけんご》な気持ちを抱き続けている強情っ張りです。

（嘘つけ、単に面倒臭がり屋なのだろう）

釣れすぎて変わってしまうよ　釣り心

話は次に進みますが、昭和61年9月14日に再び大漁があって今度の釣り場所は高麗川で、最高の釣果の89匹を記録するが大半は10㎝以下のヤマベだった。

釣りでボウズは自分に活を入れ大漁は自分を窒息させるが、大漁も事ここに至るや窒息どころの騒ぎでなくなってしまい、最早《もはや》苦痛をもたらす事態の発生であると否応無しに気付かされたのです。

つまりこのようにハヤやヤマベが釣られ甲斐もなくて、過大に釣れ続くと本人は勿論の事、女房もまた「こんなに釣ってきて」。もう冷蔵庫に納まりきれず、更にカラ揚げも飽きてしまい食傷気味《しょくしょうぎみ》となり、有難味《ありがたみ》も薄れると共にトウチャンとしての一層の価値低下となった。

何と言っても大漁後の下拵えの大変さを思うと、今迄は何としても数多く釣りたいハヤやヤマベが期待魚から迷惑魚に変心してしまい、釣りテエの意欲が自発的に低下するも至極《しごく》当然と言わざるを得なかった。

この大釣果と大苦労を天秤《てんびん》に掛けこの打開策を模索《もさく》し別の釣魚へ鞍替えも頭の中で徐々に芽生え出した。

前述したような「釣りバカ」への必要条件の一つが、この頃から自然発生的に生まれつつあったのです。

これが御馳走《ごちそう》なのさ、川虫とは

では、前述のチョロ虫とかピンチョロというのは、ひょっとすると川にいるネズミの親戚に当たるのかなあと、想像力が豊かな人の事を思い気を使い、更に迷妄《めいもう》しない為に、ここでこの川虫について簡単に説明します。

そもそもチョロ虫やピンチョロとは、釣人が勝手につけた俗称で主に関東周辺で呼ばれているもので、チョロ虫は川底の石などでチョロチョロ動き回る事から。

またピンチョロは流れの中でピンピンと小魚のように逃げ回っている為に、各々に付けた名でいずれもヤマメなどの渓流魚が常食している最良の餌で、正式にはチョロ中はヒラタカゲロウ、またピンチョロは主にヒメフタオカゲロウのそれぞれ羽化前の幼虫を指す。

(そう、釣人にもいるぜチョロい奴が)。

ヤマメ釣り教へのとまどいと憧れ

今迄、一心不乱に竿を出し、釣果を上げていたハヤやヤマベ釣りという、いわば雑魚《ざこ》釣り教を一心不乱に信奉《しんぽう》し、実践してきた自分としては、ここに来てこの教えがもたらす、限界を悟るやこの信仰心は薄れ、こんなのでは物足りず、もっと高みの奥義《おうぎ》を究《きわ》めるべしという、高邁《こうまい》な野望と見識を抱くに至った。

そこで遂に目指す奥義となるであろう、ヤマメ釣り教への入信の憧れというか、願望は芽生えてはいたが、宗旨《しゅうし》を変えるまでは、その現実の教えも知らずにいたので、なぜかちゅうちょしていたと、言っても良いかもしれない。

なぜなら、いままでの雑魚釣り教の修業の場であり、「釣り中毒症」でいえば療養の場でもあった、高麗川や荒川などは、この場へは簡単にアプローチ出来るヤワな場であった。

それに対し、ヤマメ釣り教の修業の場は、身も心も引き締めてかかり、難行苦行して辿り着く霊験《れいげん》あらたかな、峻厳《しゅんげん》な場所であると夢想《むそう》した。

更にはその場に厳然《げんぜん》と安住なさっている、ヤマメ主にいたっては、垂涎《すいぜん》の的《まと》と言うか、幻の釣魚と言うべき存在として思い描いていたと言うのは本当の事である。

そして否応無しに、悟った事と言えば、雑魚釣り教の修業の場では幾ら竿を出し続けても、ヤマメ釣り教のご本尊《ほんぞん》のヤマメ主には、絶対に拝顔が叶《かな》えられない非情で厳然たる現状であった。

つまり高麗川や荒川において、一心不乱に竿出ししていた所には、ヤマメ主は無情にもお暮らしになっていない無魚神域《むぎょしんいき》だった為、ここでアタリもなく会えないのは、至極当然の事であった。

それと、悟らなければならない重大でかつ深刻な事は、このヤマメ主にお目にかかり、運良ければ物に出来るのは、今のせこい御時世《ごじせい》では、人育《じんいく》された後に放され、それをお足を払って物にするという、歴然《れきぜん》たる現実である。

特にこのヤマメ主がお暮らしになる修練《しゅうれん》の場が、商業的に管理された場所に成り果て、大衆向けを狙った商品化した金銭的な釣り場に変貌《へんぼう》したのに、本来ケチで良く言うと清貧《せいひん》であると勝手に思っている自分の脳裏に、こんな大それた事はとんと想定すらしなくて、釣り裏世界を知らない、純真さと青臭さをまだ保有していた、おバカさんであったのです。

ヤマメ釣り教初修行

ここで、私の釣り人生で初めてヤマメ主に会え、物にした日の鮮烈《せんれつ》な出来事をお話しします。

それは高麗川で釣り中毒症を発病してから、2年後の昭和57年8月14日の事でした。

夏休みになると、妻の実家がある黒磯へ家族で避暑に出掛けた。

そこでこの中毒症が私より軽程度と思量する、今は亡き伯父の松本氏の案内で、ヤマメ釣りに向かった先は、那珂川の上流域です。

釣り場に着いた時は、すでに陽は西に傾いていた。

入渓しここぞのポイント釣り場は、川幅は10m以上あり対岸が崖となって、流れ出しの深瀬になっている所で、少し川の中へ立ち込む形で松本氏から貸りた6m竿で、実家の裏の肥えだめの山から掘り出したミミズを付けて、対岸に向けて思い切って振り込んで流す。

すると、すぐにグイッと手元にアタリが伝わり竿を上げて見ると型は15㎝と掌《てのひら》サイズだが、立派な天然ヤマメだった。

初めて思ったよりあっけなくやすやすと釣れたヤマメを手にして、パールマークが美しくなんとも形容できない魅力をもつ魚体に、惚《ほ》れ惚《ぼ》れし心底より嬉しさが、じわじわと込み上げてきました。

ヤマメ釣りの釣導師《ちょうどうし》

そして忘れる事が出来ないのは、私のヤマメを釣りたい熱い想いに答えてくれ、好ポイントに案内してくれ指導してくれたおかげで、初めてヤマメを釣る事が出来た、松本氏への深い感謝の気持ちが今も湧き上がってきます。

実は、この那珂川での釣行の後も、夏休みが巡《めぐ》って来るたびに、松本氏のお世話によって更に二度ほど、ヤマメ釣りに連れて行ってもらったのです。

ではちょっぴり往時を追懐《ついかい》すると。もう一度目は、那須の別荘地内を流れる、川幅がわずか1mぐらいの小さな支流であった。

この後の二度目は、少し遠征して福島県境を流れる、川幅10mぐらいで茂り合う木立の間を、澄み切った流れと点在する石で、いかにも渓流といった風情《ふぜい》のある黒川という名の川でした。

しかし真夏のギラギラと照りつける昼間の釣行では、狙うヤマメ様の方は生憎只今《あいにくただいま》のところ、石裏などでお昼寝《ひるね》の真っ最中で面会謝絶なのに、そんな相手の都合も考えず、竿を持ち盛りの付いた、オッサン二人がやぶをかきわけて汗だくでお邪魔しても、目印に反応なしで全くの徒労に帰したのも自明と言えます。

そんな中一方の若い方のオッサンの頭中に描くは、ヤマメゲット奇跡の第二段しかないが、汗の滴《したた》り量に比例し懐疑心《かいぎ》と空《むな》しさだけが増していた。

釣行時は川の流れの中を、逸《はや》る馬のように遡行《そこう》したが、もっと静かに歩くようにと背後の松本氏から、憮然《ぶぜん》と諭《さと》されたのも、今思うと懐かしい思い出として耳に残っている。

実は、ヤマメ初釣果のあの場所へ、叔父に再釣行を切り出せずの悔恨《かいこん》が今もある。

当時は遠慮《えんりょ》深い奥床《おくゆか》しさで、口に出せずにためらった葛藤《かっとう》の為、あの地がとうとう二度と竿を出す事がない、永遠のまほろばの地となってしまったのが、未《いま》だに胸中で疼《うず》き続けています。

でも何と言っても私の長い釣り人生の中で、三度も好釣り場へ連れて行って貰い、そこで指導して貰ったのは、後にも先にもなんと松本氏ただ一人だけであり、後は凡《すべ》て頑強《がんきょう》にも単独釣行の意地を張って貫き通した。

そんな訳で今も釣りの師匠として、深謝と共にキラリと光り尊敬する先達《せんだつ》として、しっかりと私の胸の奥に深く深く刻み込まれ、ふと懐かしく思い起こします。

峠往復って、これは釣りかよ！

さて次にお話しするのは、「釣り中毒症」が進行し症状が重くなると、前後の見境《みさかい》もなく衝動的に、名状しがたい激情にかられ、出たとこ勝負の盲動を起こした悪例の話ですので。

それは何かと言うと、発端は先程お話しした那珂川ですが、何だ超簡単にヤマメが釣れるじゃねえかと、思い上がりであって、いわば経験の無《な》さから生じた身勝手な慢心《まんしん》であった。

そう、以前から頭の中で燻《くすぶ》っていたヤマメ釣りテエーの熱すぎる願望が、この那珂川での釣果により図に乗り血が騒ぎ出して、願望が遂に狂信的な執念へと見事に成長したのです。

そもそもこの1尾の釣果も食い意地が張った奴が、たまたま食い付いた幸運の現実を屁とも思わずに勝手に解釈して、那珂川のような然《しか》る可《べ》き山岳渓流に出向けば、同じような奴に巡り合え今度はバンバン釣れる妄想に完全に取りつかれ嵌《は》まってしまったのです。

そこでこの然る可き渓流は、自分が住む田舎の御近所《ごきんじょ》でもきっとあるはずだが、それはどの川だろうか？

そうだ、山向《む》こうの秩父の浦山川は名前からして渓流らしく、地図で見たような気がするしどうやら山岳渓流のような雰囲気が漂い、ヤマメも居て釣れそうだなあ。

しかしまてよ。バイクで秩父市を迂回《うかい》して行くとだいぶ遠すぎるな。

それじゃ峠を越えて行けば短くてすみそうだ。

よしここに決めたぞと、遂に峠越えの浦山川釣行を決断したのだ。

しかしこれは全くの山勘《やまかん》のとんでもない計画で、ヤマメ釣りテエーの一途な気持ちだけが先行の無謀《むぼう》な挑戦と言える。

そして血迷《ちまよ》ったあげくの衝動釣行の決行日が昭和58年4月23日土曜日の事で、ここから当時の日記帳より転記して、話を進めて行きます。

「3時起床。4時20分自宅を出て、名郷まで早朝の道を飛ばす。約1時間で白岩鉱山（跡地）に着くが、（ここまでは50ccのバイクは）最後の（跡地までの）登りはやっと登って（いる感じであった。ここでバイクを置き登り始め、やっと標高９５３ｍの）鳥首峠（に着いたのは）６時10分頃。

この後（山道を下って）広河原谷（に着くのが7時10分頃で、ここまで登り始めて約2時間）の川沿いを登るが、（なんと釣人の）車3台（あり、更に）入渓者がいて（そそくさと隠れるように再びきた道を）戻り、途中の（浦山川の支流の）岩の多い所で竿を（リュックから）下ろす。（竿出しは8時すぎ）川は思ったより川虫が多い。ブドー虫、ミミズは全く（アタリがなく）だめ。

（ここでチョロ虫の餌で）やっと念願のヤマメ1尾（型は16㎝ぐらい）釣り上げる。

この場所でねばり昼食をはさんで、（更に）チョロ虫でねばるがアタリはあってもダメ。（午後）2時半頃竿をたたみ、又（鳥首）峠まで（4時5分頃）何度も休憩する。

（釣り）道具一式のかなり重いリュックが肩にくいこみ、これがボウズだともっと疲れるだろう。

（バイクを置いた白岩鉱山着4時40分頃）帰宅5時50分」以上でした。

今思い出すと、往《ゆ》きはそれでも期待満満で、息を弾ませながらもこの時は足取りはまだ軽かった。

そして、気掛かりは目指す渓流が、どんな渓相なのか全く不明であり、果たしてヤマメは居るのかという猜疑《さいぎ》と不安とが入り交じった心情で、頭が一杯だった。

そして居た！。魚ではなくて、なんと釣人がすでに居た。

自分がやっと辿り着いた先の釣り場は、秩父からなんとまあ簡単に、車でズカズカと釣人が入ってこられる場所だった事を、ここで知り愕然《がくぜん》とし、狼狽《うろた》えた事のショックと、苦労の甲斐なくたった一尾のショック、そして再び峠越えの苛酷《かこく》な歩行の往復4時間が示す徒労感のショック。

この事は、ヤマメ釣りも所詮《しょせん》のんびりらくちん釣りだという安易な思い込みが、根底から覆《くつがえ》され、ガツンと一発かまされてやっと目が覚《さ》めた想いである。

その後は当時の苦い体験がきいて頭もクールダウンし、ヤマメ釣りは「高嶺《たかね》の花」として正常に自覚しつつ、胸の内は「虎視眈眈《こしたんたん》」で機会待ちの心境に至る。

だが当時の釣りバカ男の懲《こ》りない痛感心《つうかん》を吐露すれば、あの若山牧水の名歌が自然と頭に浮かんでくる。

その歌とは「幾山河《いくやまかわ》　こえさりゆかば　寂《さび》しさのはてなむ国ぞ　けふも旅ゆく」と。

ではなく、この歌をもじって出た拙《つたな》い歌ですので、一緒にどうか御笑味《ごしょうみ》下さい。

「行《い》き峠　こえさりゆかば　喜悦《きえつ》さのはやる釣場ぞ　下愚《かぐ》が釣ゆく」と。

（まあこの程度でスミマセン。私の方は牧水の如き豪快《ごうかい》な大酒飲みでなく、すぐ赤くなる下戸《げこ》野郎で、詩情も湧かない平凡人なので、こんなダジャレ迷歌しか出来ないのをお許し下さい）

さて、先程の苦難というか無駄足《むだあし》を踏んだ峠越えの釣行の後、しばらく月日が流れたが釣りへの激情の舞台は、三段跳びではないですが、ホップの高麗川の序盤から、ステップの荒川の中盤を経て、遂にジャンプの多摩川の終盤へ転釣と相成りますが、そっちの方は、後程詳しくお話ししますので。

渓流の女王　ヤマメ（山女）とは何ぞや

ここで我が憧れのマドンナ的存在のヤマメについて一考《いっこう》。

ヤマメにも天然魚と養殖魚と、二種類が存在しており、生《き》っ粋《すい》の天然魚とは、その名の通り自然のままの山岳渓流で、卵から孵《かえ》って、釣人という天敵に合わず、また釣られずにすくすく育って、機智《きち》と洗練《せんれん》された身のこなしを備えた野性魚の事である。

またここでは、餌の川虫などが少ない為に、暴食もなく節度ある食生活を送っている。

しかも静寂で比較的ストレスもない、ゆったりとした環境でのびのびと純真無垢《じゅんしんむく》で育っていて、特色あるパールマークと呼ばれる小判型の斑紋《はんもん》が、７～10個と付いた美しい体型を維持しており、今では貴重な存在でめったにお目にかかれず、釣人の憧れのヒレピンと呼ばれ、愛《いと》しの山の乙女《おとめ》と言っても良い稀少《きしょう》魚である。

これに対して養殖魚の方は、三食昼寝付きではないが餌は配合飼料の固型粒状が、定期的に与えられ、比較的狭い養殖池という中で、ぎゅうぎゅうの集団生活を送り、餌の奪い合いの弱肉強食《じゃくにくきょうしょく》の世界で育てられた、いわば人育魚でここでの強者は、ゆうに30㎝を超えるメタボ状態の体型も出現し、その上、商品タグ代わりの背ビレや尾ビレが、一部欠けていたり変形している魚もいて、一見して天然魚と判別可能です。

だが、中には体側の小斑点の数が多く、体色も全体的に黒ずんで見える魚もいて、釣り上げて見るとニジマスかと間違えてしまい、からかい半分にこいつは「ニジメ」と呼ばれて惨《みじ》めなり。

なお後述する多摩川で竿を出すようになって、だいぶ歳月が経ってから、メタボモドキと言うような尺ヤマメを、ここで釣り上げるがその時の様子は後半で、詳しくお話しします。

渓流魚の例え話

ではここで渓流魚を人様に例えてみれば、まず天然ヤマメですが、そうですね、これは清《す》んだ山間《やまあい》のド田舎で思い切り伸び伸び育ち、爽然《そうぜん》たる自然児のように思い至ります。

それに対し養殖ヤマメたるや、ギスギスした息苦しい都会で、学校と塾に拘束され存分に遊べず、鬱情《うつじょう》を抱く育養児《いくよう》ではないだろうか。

しからばあのハヤはどうか。此奴はどこにでも出没し、元気一杯に騒ぎまくる若者とでも言って良いでしょう。

ではニジマスはと言えば、競争社会でストレスにさらされた中を、果敢に生き延びるサラリーマンのイメージですね。

そうそう言い忘れましたが、以前お話しした、あのギックリ腰事件の主犯のアブラハヤですが、こいつこそは地産地育の正真正銘の、食えない野性人間そっくりでしょう。

でもこれは、アブハチトラズのハヤノミコミかもしれませんが。

ヤマメ恋しや、多摩川へ

話は戻るが、ヤマメを近くで釣り易い場所は、どこかにないかとない知恵を絞った末に、そうだ、多摩川があるではないか。

ここならバイクを飛ばせば、荒川への釣行と同じ約1時間ぐらいで行けるぞ。

そうすれば想いとは裏腹に願望が叶《かな》わなかった、浦山川くんだりに、えっちらおっちらと汗水垂らし峠越えして、顎《あご》を出さず念願のヤマメに会え、幸運に恵まれれば、これをゲット出来そうだなあ。

そういう訳で、ここからは我が釣りバカ人生で一大転機となった、この多摩川へと流れ着く迄の思考過程が、いかにちゃらんぽらんで優柔不断《ゆうじゅうふだん》な形で成し遂げたかを、たっぷり説明します。

前述したようにハヤ、ヤマベ釣りが遂に自他共に認める如くに飽食を感じるようになって、もっと美味いのが食いたいと思うようになった。しかし、これを食いに行く先が大変であり、行く度胸《どきょう》もないが仮にやっと辿りついても、あり付けるかどうか厳しい現状では、ただただ天を仰《あお》いで嘆いて思案《しあん》に余っていた。

だがなにか名案が浮かばないかの思考は、風呂場で排水時に出来る渦のように頭中をぐるぐると回っていた。

この時に思考の根底にあって思い込んでいた事は、食いに行く先は飽く迄も自宅から北側の山々の間を流れる川しかないと決め付け、バイクでトコトコ行って竿を出し、昼飯だけは何はともあれ食らい、獲物もソコソコ釣れれば御《おん》の字という、甘い安楽な釣行しか思い浮かべるだけで、何をか言わんやであったのです。

だが鈍《にぶ》い頭でも考え続けていると、窮《きゅう》すれば通ずとなり、思考先を南側地域の川に拡大するに至ったのだ。

だがこの時もこの南側にある多摩川なんて、いわば負のイメージという偏見が根強くて釣りの川として不適当と考えていた。

何故かと言うと多摩川と言えば、公害で汚染された川の代表格であって、ブクブクと白く泡立って魚も棲めず異臭が漂《ただよ》う汚れた川という先入観に囚《とら》われていて、まさかヤマメが居る渓流であるという虚心《きょしん》は持ってなかった。

だがヤマメ釣りテエーの切実で刺す如く願望は遂にここで思案の為所《しどころ》となり、ハタッと誤解と偏向に気付き正当な原状に目が向いた。

そうだ！　多摩川も確か上流は山間をシズシズと流れている渓流のはずだと、ひょっくりと脳裏に閃《ひら》めき、もしかしたらヤマメも居て釣れるかもしれないな。

もしそうだとしたら？　エへへ、同じように愛用のミニバイクでもって行く事が出来る近間《ちかま》にあるじゃネエかよ。

よし、この川にチャレンジしてやるぞ。

そう思うや、あの峠越えと同じく速断実行した思慮無分別《しりょむふんべつ》な事などすっかり忘れる呑気者《のんき》振りであり、行け行けドンドンとばかりにここに即決してしまった。

しかしこの多摩川への決断の意味する所は、身に沁み取りつかれた理想路線の天然魚狙いをキッパリ諦め現実路線の放流魚へと、大きく舵を切り替えた事となり、ウキウキするヤマメ釣りテエーの執念は、安楽釣りを優先せざるを得ない為にこれ迄《まで》頑強に死守してきたタダ釣りを、今後は永久に決別する事となるのだが、能天気な著者にとってこの決断時には夢にも思わず頭の片隅にもチラリと思い浮かばなかった。

ではこの軽薄ぶりがこの後は多少は正面《まとも》になって、厳しい現実世界の荒波に翻弄《ほんろう》された話へと進みます。

エ！マジかよ、御足《おあし》がいるのだ

前述の正に釣りバカらしい迷想《めいそう》ぶりともいってよい発想の下に、多摩川への釣行を決断して一時はヒートアップしたのだが、その後クールダウンして正常な判断力が回復したとたん、ふと思い付いたのが、まてよ、確かここで釣るには御足を払う必要があるのではないか。

そうだ確か御足の名は入漁料とか言ったけな。

これは自分にとって今迄経験した事が無く、重大かつ恐ろしい障壁《しょうへき》に打《ぶ》つかった事に、ハタッと気付く脳ミソは何とか持っていた。

㊟ここからは釣りバカ男らしく、金がかかる事を知り、一時は呆然自失《ぼうぜんじしつ》し、オタオタしてヤマメ

釣りへの志気が一瞬萎えたが、直《す》ぐに反骨心《はんこつ》を取り戻して立ち直るや、釣りバカの本領発揮《ほんりょうはっき》したもので、一応本音《ほんね》らしく装《よそお》っているが、御託《ごたく》を並べた弁明的な、盗人《ぬすっと》にも三分の理の告白スタイルとなっていますので）

これはひょっとすると、会員限定の「多摩川釣倶楽部」への入会費なのか、それとも運が良ければ釣れるという、「多摩川釣り宝くじ」のくじ券代かと能天気に考えたが、やはり御足は払わざるを得ないといった、金銭的にも重責《じゅうせき》な事に思い当たった。

それというのも、今迄エセ受験勉強の気晴らしで、竿出してた利根川から始まって、高麗川そして荒川への長い釣りの信条は、そこにたまたま釣欲《ちょうよく》をそそる魅惑の川があり、そこにしゃあしゃあと魚が無断定住しているので、据膳《すえぜん》食わぬは男の恥というような軽薄《けいはく》な気持ちが根底にあった。

そこで竿は持っていたので、餌の方は高麗川などで調達した川虫を使っていたため、餌代はタダでこの釣りのために、御足を払うといった、金銭感覚は全く欠除し、魚は川からの贈り物といった意識でもって、タダで釣ってあげると端《はな》から信じ切っていた、世間知らずの鈍感《どんかん》な自己満足の釣りバカだと断言出来ます。

㊟ここからは釣りバカ男も、とうとうジタバタする事を諦めて、観念する事となり、過去に実行してきた倫理規範《りんりきはん》に背《そむ》く罪状を明らかにし、反省?態度を示したように思わせる、供述スタイルとな

っていますので）

まあ、一度だけ高麗川の岩場で座って竿を出していたら、監視員が回ってきて入漁料３００円を徴収されたが、この時は「エッなぜここで取るの」と全く納得がいかず、イヤイヤながら払い渡したのだ。

家の鍵は持ち忘れるという悪癖《あくぐせ》はあったが、この時は幸い御足入りのがま口は、所持してしまいシブシブと払った。

今思うに高麗川でも、荒川にしても、多分当時から漁協なる未想定の結社が活動し、魚の繁殖や育成そして放流活動も、与《あずか》り知らず堂々と行っていたかもしれず、例えば高麗川辺《あた》りでは、ハヤの為に産卵用の砂利《じゃり》場所作りも、せっせと行っていたかもしれない。

当時はそんな事は、頭の中にサラサラ無く能天気に釣りを行って、いわば過失密漁行為の常習犯であった。

この行為は他人の農園内のリンゴを、自然に実《な》っていると勝手に判断し、黙ってタダで戴《いただ》いていたのと同様なり。

これも大地から聳《そび》える山のように、理性のある健全な精神にしっかり根ざしていたせいか？。

更に思い当たるは、高麗川での脱走ニジマスに関してどうかと言えば、まあ脱走後では、所有権はこの川を管理している漁協にあると考えられるので、拾得物横領ならぬ漂流魚窃盗《ひょうりゅうぎょせっとう》の不法行為を、長年オカズ釣りと称して白昼堂々と実行していた累犯者《るいはん》で、すでに時効とはいえ良心の呵責《かしゃく》というか罪悪感が、今でも多少残っているのが、救いと言えば救いか。(嘘つけ、無知を理由に旨《うま》くやったと思っているくせに)

年券購入、ドタバタ劇だよ

そんな訳で、ついにここで観念して我が釣りバカ人生で初めて、ヤマメを一途に釣りたいがため、昭和62年2月25日に多摩川での、ヤマメ、イワナ、ニジマス用の年間入漁券なるものを購入するに至ったのだ。

当日は平日で社用で虎ノ門の特許庁資料館に調査で行ったが、調査の方は無理やり早めに切り上げるや、まず新宿のぺぺ書店で、今後戦場となる青梅市の市街地図(600円)を買うと共に、他の釣りの本を立ち読みして情報を頭に入れる。

その後は電車で東青梅駅まで行き、この駅近くの釣具店へ立ち寄って、遂にここで大枚《たいまい》4000円を出して年券を購入したのだった。

その際に本人確認用にと、この年券に貼付する写真が必要との事で、泡を食ってこの駅近くのスピード撮影（代金９００円）で余分に撮る羽目になった。

大体《だいたい》が軽薄な本性《ほんしょう》が露出されるので、写真の撮られ嫌いなので大決断だった。

まあ余分の写真は拡大して遺影用に使用可なので、無駄《むだ》でないと思った。

そこで蠅《はえ》が蠅叩《はえたた》きを見る如く、しげしげと出来上がりの顔写真を見ると、こちらをヒタッと睨み付けた目は、今の所はイカレ発作の相なしの、確固とした眼差しの気がした。

だが年券代を支払う不機嫌《ふきげん》さが如実《にょじつ》に露出し、やっぱり膨《ふく》れっ面《つら》で口はへの字に結ばれてるので、どうも遺影としては人生不満発散顔になり、我ながら御尊顔《ごそんがん》がきず付くなと思ってしまう。

しかしまてよ、生前のいつもの間抜け面でニヤついた顔よりは威厳があるので、まあいいか。

とそこで、反逆精神を呼吸している身としては、こんな面倒臭い事に対する反発心が、突然ムラムラと湧き起こった。

何かって、それはこの年券に貼付した顔写真なんか多分じっくり見もせず、単なるお飾りにすぎないだろう。

それなら今後年券購入時には、古い券の写真を引っ剥《は》がして使ってやれ。

そうだ10年分位（手配中の凶悪犯よりは自信顔？）の同じ写真を貼り直して使うぞと決めた。

それでは、次に不満を映し込んだ形の記念撮影のその後の顛末《てんまつ》は如何《いか》に？

この撮影後は問題写真を持って、再びあの釣具店に戻って、こんなの正直者の自分にはいらねえのにと不満タラタラで、多少顔は硬張《こわば》っていたが、無事年券に写真を貼ってもらい購入となり、目出たしで一件落着《らくちゃく》かと思いきや、なんとここで予期せぬ行動をとってしまう。

それは嗚呼《ああ》、これで遂に御足を払ってヤマメ釣りの招待券を手にしたんだと、ガックリと観念したせいか、それとも張った凧《たこ》の糸が切れて舞い上がったせいか、一転して気が大きくなり、ひどく気前がよくなってしまい、当釣具店で年券以外に、驚きの餌として天然ぶどう虫1袋（７５０円）と、イクラを1パック（５００円）をついでに買い求めてしまい、これらの追加臨時出費は新宿で買った本代を入れると、驚きの６７５０円と大盤振舞《おおばんぶるまい》であった。

それにしても、こんな細かい金額や品物まで、詳細かつ克明に日記帳に記録していたメモ魔だったと、自画自賛《じがじさん》し我ながら感心してしまった。

でもこの意味する所は、他人に誉《ほ》められるのを待っていたら、人生が終わってしまうので、そこで仕方無く自分で自分を誉めているにすぎないのだ。

そんなこんなであの初釣行の前日の、混迷《こんめい》と興奮振りが日記から甦《よみがえ》る。

それは明日の釣り場所をどこにするか、まだまだ悩む。そして昼寝をするも寝付けず。

結局は青梅の地図で、行き順を確認しなおして、やっと床に就く有様となる。

多摩川初釣り始末記

このようにやっさもっさして年券も求め、餌も用意してまさに、準備万端《じゅんびばんたん》かつ意気軒昂《いきけんこう》で、多摩川デビュー御初《おはつ》を果たしたのが、昭和62年3月1日の日曜日であった。

そして翌日の3月2日も不誠実な口実の届けを出して、バッチリと有給休暇を取得しての釣行でした。

では待望の初釣りをここでは誠実に伝える為、当時の日記帳をひもといてみます。

「(天気は) 午前中晴れていたが、午後は曇って一時小雪もパラつく。解禁日の多摩川へ初めて (バイクで) 行き、(青梅市の) 調布橋に行くが、河原には日曜日なので (すでに) 50名ぐらいの釣人がいて、淵と橋下の二手に別れている。

(午前7時40分頃に) 橋下へ行くも両岸にびっしり (釣) 人がいて、竿を出すスペースも余りなく、強引に割り込むがダメ。やむなく上流に行きかけるがまた引き返す。放流は (午前) 8時すぎに始まり、5・4m竿で浅瀬に放流したのを狙うが、2～3匹釣り上げる人もいる中で、こっちはダメ。長竿で4～5匹上げている人もいるが、放流して1時間で大半が釣られるが、皆ポイントを良く知っているので、中には小型のを20匹ぐらい上げている人もいる。

今後もし調布橋で放流日に狙う時には、もっと早く着いて特に、橋下の好ポイントに陣取る形をとらないとダメ。

やはり場所を知らないとダメかと思うが、（やっと）橋下で（ぶどう虫で）小型（17㎝）のニジマスが上がり、その上の瀬頭でも、もう1匹（20㎝）上がりホッとする。（後略）」

（なおこの日はニジマス2匹のみでした）

次に翌日の3月2日の釣行の様子は以下のとおりです。

「今日も冷え込みがきつく、北風がビュウビュウと吹く。

（バイクで行き）9時すぎ（今日は場所を替えて）軍畑駅より上流の遊歩道終点近くから入渓するが、監視員が回ってきて、昨日は7時すぎにこの場所で放流したが、昨日はあまり釣れてないとの事。

（従って、この付近は、ヤマメが残っている可能性は高いようだ）

放流個所には（今日は）両岸に5～7名いる。ここで竿を出すが釣れず。やむなく上流へ向かうが（釣）人が多く、またポイントらしい所でもアタリなし。（更に上流の）沢井駅近くの渓で（左岸北側より）南岸へ川を渡ると、1匹のヤマメが岸近くでじっとしているので、手で二回目（の操作）で捕まえる。ヤマメを手で捕えたのは初めて。（中略）また軍畑の放流した場所へ戻る。だいぶ（釣）人が少なくなっている。（中略）ここで結局ねばりぶどう虫で（多摩川で初めて待望のヤマメ）1匹を上げるが（この魚は）澄んだ水の中で餌を見て食い付いたので、上げたという点では目印のアタリで上げたわけではない。（後略）」

とまあ、この日は釣果1匹と手掴《てづか》みの1匹と、共に20㎝クラスの初めてのヤマメ2匹ぽっきりで、何とか釣りバカの面目を保ったかどうか思案のしどころです。

好釣果を上げる決め手とは

さてこの多摩川での2日間の初釣りで得た貴重な体験は、それから平成7年迄の9年間へと続く、戦場たる多摩川での釣りのセオリーとなるが、一言でいうと放流での釣りは、釣り場所が第一という事でした。

つまり放流直後で絶空腹中《ぜっくうふく》の魚達が集合している所に、美味《おい》しそうな餌を投入すれば、我先に食らい付くのは理《り》の当然で、どんな素人《しろうと》でも釣れ、テクニックなんて必要ネエーという事です。その為放流当日の釣果は、この場所如何《いかん》で否応無《いやおうな》しに思い知らされた事であった。

（なお「放流釣り」に関する必要なテクニックなどについては、後半の章で詳細に説明しますので、ぜひお楽しみにして下さい）

それからこの場所狙いで、当日は目差すポイントへ大勢の釣人が殺到し、まるでお祭り騒ぎとなって賑《にぎ》わう狂騒《きょうそう》も合わせて、思い知らされた事でした。

つまり放流当日は大抵《たいてい》が休日に実施していて、その上に場所さえ当たれば誰でも釣れるとなりゃあ、アンタお祭り騒ぎになるのも当然でしょうが。そんな訳で、自分はこんな大勢の釣人が同じ魚を狙って、盛りが付いたように夢中で竿出しする体験もなく、うぶでとんちきの存在だったといえます。

鮎釣日和《あゆづりびより》の能天気な竿出し

まてよ、そうだ。大勢の釣人の中に紛《まぎ》れ込んだ事は、以前に一度だけあったのを思い出したのだ。

それは例の荒川の正喜橋の下だった。

そして、あの日は確か6月1日の鮎釣りの解禁日だったと今思う。

こっちとらはそんな奇異な日とは露知らず、釣人が周《まわ》りで竿出しの中、意に介さず平ちゃらで、いつもの橋下のお決まり場所の突出岩場に、のほほんと座って思うに、今日もハヤが掛からないかと、能天気の、へへやかムードで竿を出していたが、どうもいつもと変で、今日はバカに釣人が多いなあと妙ちきりんに感じてはいた。

この時周囲のピリピリした熱い想いで盛りのついた、鮎釣りの釣人にとっては、「なんだ、此奴は。変てこなのが一人だけ、竿の長さも仕掛けも違うのが、しゃあしゃあと居やがって。全く目障《めざわ》りで邪魔《じゃま》でイライラするぜ」ときっと思っていた事だろう。

どうも間抜けなのがお邪魔してすみませんでした。

対比的なクレージ騒ぎ

ところで、本書を読んでいる人の中で、この釣り場のお祭り騒ぎが、どういうものかといった実態が分からない人のために、ここで解り易く詳しくレクチャーしてみましょう。

そうですね。

これはよくテレビで、特売日とか安売りのバーゲンセールとかで、買い物客がわんさかと、押し寄せている場面を思い描いて下さい。

そう、デパートや店の入り口で、ギラギラとした殺気だった顔付きで、今や遅しとイライラしてずらずら並んで欲望が漲《みなぎ》る光景が映りますよね。

目指す物を何んとかゲットしようと朝早く来た人は、最前列で買い物バッグを固く握りしめワクワクしてソワソワしつつ気合充分で待っていますよね。

では釣り場の方はといえば心情はほぼ同様と言えるでしょう。

それはね、例えばワンチャンが好物の餌を目の前にして、じっと見詰めて「待て」と言われているような物欲しげな気持ちの時か、それともマラソンレースのスタート地点で出発の号砲を待っている選手の弓弦《ゆづる》のようにピンと張り詰めた気持ちか、これらと同じ感情を抱きまだか、まだかと川面《かわも》をじっと睨《にら》んでこちらも気合充分で待つといった所でしょう。

そして遂に店の入り口が開くや、それっと我先きに雪崩《なだれ》込み、脱兎《だっと》の如くの勢いの必死の形相《ぎょうそう》で売り場目掛けて走り、目指すワゴンの中の商品を血眼《ちまなこ》であさり掴《つか》み取り合いする、異様な熱気に包まれる迫力満点のあの狂争シーンが起こりますよね。

これに対して釣り場の方はといえば、例えば正午に釣り解禁という時には、監視員が腕時計の時刻を気にしつつ遂にその時が来て、合図の笛がピーと鳴らすやいなや、こっちの方も負けず劣らずにそれっとばかりに、横列に並《なら》んだ釣人達の発射台のような釣竿が、孤を描いて一斉放射で振られて、しゃかりきになってピリピリとした雰囲気の中で戦闘開始となります。

この時の釣人の心は、水中の魚のように期待の中を泳いでいるといえる。

そして少し時が経ち、竿に命が伝わりポツポツと釣れ出し、その時は釣人のホッとした安堵《あんど》感と、ヤッタという歓喜《かんき》感が漂《ただよ》ってくる。

だがこの時になっても自分の竿には何の音沙汰《おとさた》もない時は、胸中にはしだいに、不安感と焦《あせ》り感がフツフツと湧き上がり、竿を出す前のあの大いなる期待感は、消え掛かり出していて、ああ、今日もひょっとしたらまたボウズかといった、弱気な敗北感が頭をよぎるのは、いつもの正常時のパターンであるので安心はするが、この心理状態の展開に対しては毎度の事とはいえ、いまだに馴染《なじ》めないという煩悩《ぼんのう》に苦しんでいます。

だがこの時既に、他の釣人達よりも1匹なりとも一足先に釣り上げた時は体中の緊張のかちこち感が消失し、どんなものだと脂下《やにさ》がり優越感にほくそ笑み、頭の中では洞窟内より広い住居で待ってて猿人《えんじん》より器量好しではと思ってしまう連《つ》れ合《あ》いに、この得物を手渡せる成人男子なら連綿《れんめん》と続く義務達成した安堵感を得る。

それと同時に誇らしさに胸が躍《おど》る心境の余裕も生まれてくるので、竿を持つ手にも一層力が入り、自然とニヤけた顔になるのも特に珍しい事でもない。

さてその後のいつもの展開では、隣の釣人の仕掛けと糸同士が絡み、それで絆が結ばれるといったトラブル発生が起こり、この状況を釣り用語でお祭りと言う。

この頃になるや本来のお祭りのように活況でヒートアップし、興奮が磁気の波のように伝わり、まるでカツオの一本釣りの如く竿が上下して釣れまくって、待ってましたとばかりに、嬉しいてんてこ舞いの忙殺《ぼうさつ》時が、一時到来する。

そしてスタートから大体1時間半ぐらいになると、パタッとアタリが止まって釣れなくなり、熱狂の第一ラウンド終了。

次から腕前が物を言う残魚争奪戦の幕があがります。

そうそう、これらの場で登場した主な役者は、一方は日頃の欲求不満を旺盛な購買強欲でもって、解決させるべく奮闘中の元気一杯のオバタリアンに対して、他方は仕事上での倦怠《けんたい》を休日の釣りで、人生の活路を見い出すべく努力中でやや草臥《くたび》れ気味の中年男や、老後の不安を一時忘れて暇を持て余している年配者といった違いはあるといえます。

ここでふと思い至るのは、撒かれた餌に群がり歯をむき出して奪い合う猿達の食事風景と、これらのデパートや釣り場での狂争シーンが何とよく真似して実行しているなあと感心した事です。

この事は猿人時代からの強欲の本性が、商品や獲物の争奪場に於いては図《はか》らずも突如表出してしまったごくありふれた現象にすぎない。

そして人類が猿達よりあまり進化を遂げてない事が、実証されかつ観察出来る良い機会であると言えるでしょう。

さて話を戻してこの多摩川での放流釣りの初戦の2日間の出来事は、実際にお祭りに参加して今後も参加し続けるべく心を、新《あら》たにしたという面では、特別な感慨《かんがい》と意味があったと思っている。

なおこの多摩川での初釣行を機に「釣り中毒症」は、どんどん病状が深刻化して、もう完治の見込みが潰《つい》えて不治の病となったのです。

そこで順調に症状の悪化の続行しかないと悟り、釣りバカへの道をひたすら一直線に昂進《こうしん》していき、病膏肓《やまいこうこう》に入るだけだった。

そこで思った事は釣果という夢だけを追い求めていく釣人に対し、この釣果には拘泥《こうでい》せず単に釣りをする事が夢である、つまり自然の静寂の中での竿出しだけに喜びと意義を見い出して釣道の奥義を究《きわ》め悟りを開いた恬淡《てんたん》とした釣師は、絶対にこのお祭りには参加する事はないという事です。

そういう面では自分は現在も「分かっちゃいるけど、止《や》められない」という心境で、達観《たっかん》出来ずに煩悩《ぼんのう》の中を悶悶《もんもん》として彷徨《さまよ》い続けながら一途に釣りバカを猛進中でいます。

そろばん勘定と人間模様について

何だか止《と》め処《ど》ない程に話が長くなってしまいましたが、長話のついでにこの放流釣りの損得と、これに対する釣人の心情をちょっと考えてみます。

厳密に考えると、年券代4000円也を支払って釣りに行った場合に、ヤマメやイワナは全くと言って良い程、店頭に並ばないのでその値段は不明ですが、ニジマスはたまに店先で見かけるので、仮りに1匹150円とすれば、単純計算では26匹以上釣り上げれば元がとれ、ガソリン代や餌代は釣行毎にかかるので入れて、更に初期投資の釣竿や道具類一式の方は、大金を掛けるのでこれらは除外すれば、黒字は一応キープ出来るのではないだろうか。

しかもこの放流釣りに釣り人生を掛けている手練《てだ》れの釣師であれば、26匹は放流当日か翌日に、抜け目なくクリアしてしまう数である。

このような損得尽くな計算を多少頭に入れて、竿を出している人もいれば、私のように家族サービスへの不十分さのせめてもの罪滅ぼしにと、家計を助けオカズとして食卓に上り、それを喜ぶ子供達の顔を思いつつ、竿を出す純情？な釣人も超少数派で存在する事でしょう。

しかし中には家のもんが釣魚はお口に召さず食わないので、他人にやるか川へリリースする奇特《きとく》な釣人もいてこういう奴等《やつら》は、ピクッとアタリ（当たり）がありそしてグイときて釣り上げ時に、快感と満足するだけの快楽派です。

一方特に多数派なのは暇潰し野郎や気晴し野郎などで、この連中はゴルフは高くてダメだし、社交ダンスは妙齢女性に触れると発情する多感性でダメといった性向の持ち主で、時間浪費型や吝嗇《りんしょく》気弱《きよわ》型という範疇《はんちゅう》に属する釣人でしょう。

ああ！目も当てられないドジな話

あちゃー、穴があったら入りたい。

今だから言える。どうしてこんな事を起こしたのか未《いま》だに悔悟《かいご》に暮れる、うっかりしてドジをしでかした話です。

その為軽率さに恥じ入るだけで口にも出せず、（本当はカアチャンの、非難の小言の方が怖いので）ただ胸の中で、後悔の念にさいなまれてきたが、どうせ閻魔様の前でこのドジな話を、告白しなければならず、それならと一計《いっけい》を案じ、この話で自分のバカさ加減を強くアピールすれば、呆《あき》れて馬鹿か阿呆か、はたまたとんちきかと勘違いしてくれて、いままでの幾多の悪行《あくぎょう》に対しても、少しは情状酌量《じょうじょうしゃくりょう》の余地ありと、寛大《かんだい》な心で穏便《おんびん》にすましてくれると手前勝手に思い付く。

そこで深謀遠慮《しんぼうえんりょ》を巡《めぐ》らし、このドジの呆《あき》れ話を、本の中で切々と訴えて、急に呼び出され弁明する際に、密《ひそ》かにこの本をあんちょこ代わりに読み返し、話のさわりを大袈裟にならずに正確かつ明瞭に説明してやれとばかりに、深遠《しんえん》にして熟慮した上で画策しようと謀《はか》る。

そういう魂胆なので、ここからの話は閻魔様へのワイロに続く画策その二となる自己保身策ですので、ウヒイヒイ、あまり大っぴらにすると、気付かれてしまうので、出来るだけ他言無用《たごんむよう》としますので、心して密《ひそ》やかにお読み下されば文句《もんく》なしです。

（なお、この個所《かしょ》を読後に多少なりとも共感を覚える人が、一人でもいれば、この上もない心強い賛同者がいるぞと安心しますが）

それでは、ここからなぜドジを踏んでしまったのか、この真相を明らかにして原因究明といきます。

今度は多摩川で完全なる不注意から、引き起こしてしまった失敗談の第二段で、釣りバカの馬鹿を実際に実証したようなものであって、以前のギックリ腰事故の時は、肉体的ショック度が絶大だったのですが、今回はそれが皆無で、代わりに精神的ショック度を、骨身に沁みて味わった事故ですので、お間違えないよう。

時は昭和62年6月26日の日曜日の釣行時であった。

今度の舞台となった所は、沢井駅南側の右岸側で竿を出していた時でした。

この釣り場所は、すぐ下流の大淵へ流れ込む早瀬の岸辺で、この瀬は良型のヤマメや、時にはイワナもヒットする穴場だったが、この日は大淵の岩場で小型ヤマメ1匹のみの貧果のまま後が続かず、今日はここまでと竿を納めたが、その際に釣竿の仕掛けの糸同士が、互いに絡《から》み合ってしまったので、この釣り竿を横に置いて、この絡みを直す作業に集中して取り組んだ。

何とかこの面倒な作業を終え、やれやれと河原へ釣竿を置きっ放しの状態で、この場を後にして戻って、嗚呼今回も釣れなかったと悔やみつつ、帰宅してしまったのです。

そして翌週の7月2日になって、さあ今日は前回のリベンジとばかりに、釣りに行くぞとリュックの中を確認してみると、中に収まっているはずの肝心《かんじん》の釣竿が見当たらず、ここで必死に頭を巡らす。あそうだ、この前の釣行の時に置き忘れてしまったのだと、この時になってやっとドジに気付くや、真っ青になりあたふたとバイクをすっとばし、現場に着いて祈るような気持ちで必死に捜すも、既に、1週間もたってあるはずがなく、ガックリし自分のうかつさを悔やむが、後の祭りであってなんとバカバカしい、おおチョンボであった。

これはまるで魚を捕って漁具を忘れるという、「得魚忘筌《とくぎょぼうせん》」の言葉が当てはまるような出来事を、地《じ》で行くものでした。

釣竿が現場で発見出来なかった時に即座に思い浮かべたのは、自分のうかつさの自責の念よりも、ああなんて高価な物を遺失《いしつ》してしまったという、卑《いや》しい金銭感覚から生じた悔しさと腹立たしさで、瞬間的には思考も感情も一時停止の茫然自失《ぼうぜんじしつ》状態（少しオーバー表現）に陥ったのだ。

ところがここで頭を冷やしてじっくり思量するや、そうだ、この大チョンボを臭《くさ》い物に蓋をして闇に葬《ほうむ》るのは、誠実な人柄と自負する自分には相応《ふさわ》しくなく、さりとて大っぴらにしてもこんな事は健忘気味《けんぼうぎみ》なら屁をこくのと同じ瑣事事情《さじじじょう》で何等珍事でなく阿呆な行為であると、世間様には嘲笑《ちょうしょう》をもって軽《かろ》んじて見られてしまうのも癪《しゃく》の種である。

もしここで自分がそれに屈して甘んじてしまうような意気地《いくじ》なさと情けなさに対し、秘めていた反骨心にメラメラと火が付いたのだ。

するとここでふと気付いた事は、まてよあの閻魔様の目眩《めくらま》し作戦での画策その二は、どうも説得力と感嘆力のインパクトが弱くて虻蜂《あぶはち》取らずで思い通りにいきそうでないという、一抹《いちまつ》の不安が脳裏を過《よぎ》ったのです。

然《しか》らば何かもっとパンチが効く妙手《みょうしゅ》はないだろうか？

そうだ、苦汁《くじゅう》の選択だがひたすら低姿勢でもって懺悔《ざんげ》する気持ちで忸怩《じくじ》たる思いでいますという潔い態度を示せば、世間様の方は気の毒がってすぐに同情してくれるだろうな。

しかしなあ、問題はあのいかにも石頭らしく、（そうだ、石頭といえばどこかのあのオッサンを思い出すなあ）頑強《がんきょう》で眼光《がんこう》鋭くした面構《つらがま》えの閻魔様を調略するには、こんなちょっとやそっとの子供騙《だま》しの幼稚な策では、こちらの策謀《さくぼう》をいとも簡単に見抜かれてしまい、目眩し策は通用しない。

もっと本格的真剣モード風にしない事にはダメだ。どうも一筋縄《ひとすじなわ》ではいかないなあ。

そうか、それなら心を入れ替えた風をして、（嘘っぱちではないようにして、捏《でっ》ち上げではないが多少の誇張と捻《ひね》りを交ぜ込んで）巧妙な反省文を書く手があるじゃないかよ。

そして少しは想いを込めた風に書き上げたこの反省文を閻魔様の前で、神妙《しんみょう》な様子で読み上げて、私がいかに精神的にも傷付いたこの不祥事《ふしょうじ》に対して、深く反省しているという熱い真情を示せば、いかにあの堅物《かたぶつ》といえども、この真摯《しんし》な反省態度にほだされ、煩悶《はんもん》する事なく感動（これは独り善《ひとよ》がりの楽観的な見方か）してしまい、悔い改めていると思ってくれて、（ここが一番のキーポイントだなあ）充分改悛《かいしゅん》の情がありと、判定を下してくれるのではという見立てだぜ。

（エッヘへ、そうなりゃ、勝負は此方《こっち》の物だぜ。ちょろいもんさ）

うーん、この反省文作戦は今迄の中で、最良の妙手でどうしてもっと早く気が付かなかったのだろうか。

よし、これで画策その三として、罪を感じさせない策略《さくりゃく》として用いるぞ。ウヒィヒィ、これであの日からの長年の胸の支《つか》えが下りて、スッキリとして一件落着は、間違いなしと確信したって訳なのさ。

それでは、この堂々の自信作（と勝手に判断）であり、決定版でもある反省文を披露《ひろう》いたしますので。

閻魔様宛の反省文（なおカッコ内は、公平を期すため、俗世界の人の見方です）

この度《たび》は、私にとって絶大なる不注意（そうだ、そうだ）で、河原に釣竿を置き去って、行方不明にした管理が不行届《ふゆき》きの不祥事を偶発《ぐうはつ》させた事（おいおい、ちょっとズレてるぜ）を猛省《もうせい》し、今後は（ちょっとまった。もうこの先はないぜ）充分注意して、金輪際《こんりんざい》起こさない事を心に誓います。（本当かな?言葉だけだろう）

その上で、今後の再発防止に万全を尽くすべく、ここで原因を徹底的に追求し解明していく所存でおります。（お役所言葉のようだな）

そこで、過失を起こした現場についてですが、この場所は多摩川でも数少ないトイレ付き駐車場が設置されており、ここには約20台ぐらいの車が駐車出来、観光客や釣人達には打って付けの、大変都合の良い所なのです。

更にここは好ポイントが多い釣り場の為、あざとい釣人がウヨウヨと居て竿出しする場所でもあり、一旦この場で物を置き去るやいなや、直《すぐ》に他の釣人に拾われて持ち去られてしまい易い所です。（そりゃそうかな）

つまりこの現場は油断も隙もない所と言える。

次に私が置き去りを1週間たって、やっと気が付いたという事ですが、その要因の一つに、多摩川への釣行は、どこにでも手軽に止めて入渓出来る利点で、バイクに乗って行っていましたが、釣り道具一式はリュックに入れて、後部荷台カゴに紐をかけて積んでいました。

そして釣竿も折り畳んでリュック内に、すっぽりと目立たず完全に収まるようにして使っていたのです。

つまりこの収納時の釣竿の存在は、釣り場に着いて釣りを始めるために、リュックを開くという出番を待ちながら、じっとこの中で小さく縮《ちぢ》こまって身を隠して、恰《あたか》もその存在を知られないように、しれっとしているようであり、それは例えて言うならば、このリュック内にまるで、忍者でも潜むが如き隠密《おんみつ》的な状態で、収納されていたと言っても良いでしょう。

従ってこの日現場を後にすべく、このリュックを背負った時に、折り畳めるので極力軽量で小型となる釣竿を、てっきりこの中に収納したと勘違いした訳は、収納の有無に関係なくても、重さはほとんど変わらずに違和感もなく、更にリュックより飛び出して目立つといった事もなく、外見上の変化も見られなかったからでした。

また気付くのが、次の釣行時の1週間後となってしまった点は、多摩川へ初釣りしてから約3ケ月たっていましたが、自分としてはまだ舞い上った気持ちが続いていて、釣りへの意気込みが強すぎて、

（うそつけ）点検確認といった細やかな心遣《づか》いが欠如したからです。（これは本当かも）

つまり現場を立ち去る際に、後ろを振り返って置き去り物や、遺失物《いしつぶつ》がないかの最終的な検査と確認や、帰宅してリュックを置いた時に、中身の道具の有無の確認作業も、全く行わずにポンと、そのまま放置していた点は、恥ずかしながら全く弁解の余地なしと思っています。（神妙《しんみょう》さを一応装《よそお》っているな）

以上のようにいろいろな要因（もっとねえのかよ）があげられますが、私が今後実行すべき事は、釣行時には単にボケッと行くのでなく、（そんなのあたぼうよ）褌《ふんどし》を引き締めて出かけ、（うそつけ）常に周囲を見渡して、何か物は落ちていないか（これは金目の物かよ）と気を使い、帰る際も忘れ物はないかと、目を配るのは勿論《もちろん》の事で、他に何か置き去った物は、必ず懐《ふところ》に入れる収得心《しゅうとくしん》と、貪欲《どんよく》さの強い気持ちを持って、（おっと、まった、それはまずい。拾得物横領だぜ）二度と同じ過《あやま》ちは繰り返さないと、誠心誠意《せいしんせいい》で対処する所存でおります。

そういった訳ですので、今後は寛容《かんよう》の気持ちで接していただければ、幸いと思いつつ拙《つたな》い文（本当にまずい文だな）ですが、ここで反省の弁を終了させていただきます。

（こいつは、心底《しんそこ》反省しているかいな。信じられネエー）

ドジな話の背景は

あのさあ、これってよく電車内に傘を置き忘れたのと同じで、ちっとも珍しい事ではないでしょうが。いえ。そうじゃないんですよ。私も約20年以上釣りをしていますが、釣り場の河原で釣竿を拾った事は、正直に言いますが、残念ながら今まで全くといってないんですよ。

つまり河原には拾いたくても、自分もよく捜すんですが、残念な事に釣竿は落ちてないです。

そういう訳で逆に河原へ釣竿を置き忘れるという事はですね、なにしろあの竿は長いんで目立つし、普通ですと気付くのが当たり前であって、もしこういう事を繰り返すようだと、軽くて健忘症であり、重い場合はそうですね、若年性認知症にかかっているかもしれませんね。

あっと言い忘れましたが、完全な使用可能状態の釣竿は、落ちてないんですが、折れたりして捨てられている釣竿の一部は、たまには見かける事はあって、その時は河原にゴミを捨てやがってと、足でけっとばす事はありましたね。偉いでしょう。

そんな事ですので、即時使用可の釣竿を拾った釣人は、これは天からの贈り物かと勘違いすると共に、めったに釣れない尺ヤマメを、ゲットした時と同じように、このハレの日の幸運を喜んで、この釣竿を有り難く戴いてしまう事でしょう。

そうだ、ついでに私も正直に告白しちゃいますと、いままでで河原で拾ってきて今も堂々と使っているという、拾い得《どく》のあった物をお教えちゃいましょうか。そうですね、最近の物ではもちろん釣り竿ではなく、空《から》の肩掛けの釣りビクをゲットしたのが、一番の収獲でしょうね。これは水辺にゴロンところがるようにあって、わあぉ、魚じゃなくてこんな物が落ちてたぞ。そこで一応周囲を見渡して落とし主を捜すが周辺には誰もいなかった。

よく見るとだいぶ使い古されていて一部はハゲたりしていたので、ひょっとしたら釣れなかった腹いせに、捨ててしまったと同情的に解釈して、その上でゴミ回収という善意で自宅に持ち帰ったのさ。へえー、その後このビクは、どうなったんだい。それがねえ、久久《ひさびさ》の大物の収穫物を目の前にして、悩んでしまったのさ。

エー、なんで悩むのさ。それはこれが塩焼きで食えねえって、悩んだわけじゃないぜ。実はこのビクが、あまりにも使い込まれているために、色落ちして見映えが悪いのさ。

そのために拾得物の有効活用の面から、気持ち良く再利用してやろうという気が萎えて、悩んでいたわけさ。

それでね。思い付いたのは、こいつを全く新品のように、全身美容整形することで、使ってやるぞという気になるのではってね。

そこでだ。タダで回収した物は、タダで直さなければ本来の主旨に反するを、モットーとしているので、なにか適当な美容器具が、そこらにねえかって、にぶい頭で必死に考えていたら、そうだ、こちらももう御用ずみで納屋の奥にほうり込んである、自動車用の黒の塗料ペンがあるのを思い出したのさ。

よし、これを使えば再使用にいいやとまあ、こんな具合で、今じゃあんた、どうなったと思う。

驚くなよ。河原の時はシワシワよぼよぼで、ひなびたババアだったのがよ。

なんと一面まっ黒で日焼けしたピチピチギャルみたいに、全体が変身してしまってさ。

それで毎回の釣り場へは、前から居ましたよとばかりに肩にちょこんと乗って収まって、一緒に仲良くして大変重宝《ちょうほう》しているのさ。ウフフ。

なに、拾得物横領の罪の意識は、少しはあるのかって?

えー。やぼで固《かた》い事を聞くじゃん。世間では捨てる人は拾わないが、オレのような捨てない人が、今回拾ってきたのは、川の美化清掃に立派に貢献したので、罪の意識はないね。

ゴミ的存在から有用的存在に飛躍したこのビクは、捨てる神もあれば、拾う神もあるっての事で、今じゃあ良い《い》人に拾ってもらったと感謝しつつ、余生を送っているってとこかな。

しかしなあ。あの竿を失くしちゃった後で、何が痛かったといえば、あんた商売道具が無くなってしまったのには、まいったよ。

それでね。泣く泣く自分のボーナス時の、小遣《こづか》いから何と1万8800円也で、新しい竿を密かに買わざるを得なかったが、まあこの出費は自分への懲《こ》らしめ代だったと思っているのさ。

そういう訳でこの出費の痛さが特効薬になったからか、その後は竿を納め釣り場を後にする時は、必ず振り返って忘れ物はないかを確認しているのさ。

そうだなあ、この後はまあ釣り竿を折るといった事は、度度《たびたび》だが置き忘れは皆無ですので、ご安心下さい。

（あのさあ、もっと為になる話はねえのかよ！）

デパートのようだぜ、多摩川は

ここ迄は、ドジで阿呆《あほう》と言うか下《くだ》らない話を、ぐだぐだと述べてきましたが、ここからは一応真面目《まじめ》そうな話に、舵《かじ》を元に戻しますので。

それでは、ここで会社勤めで釣行は主に、休日限定というハンディを背負って、9年間せっせと指定釣り場を、通い続けた釣りバカから見た、多摩川とはいかなるものか?

その実態とは。一言でいうと、物欲は売り場で食欲は店舗で、そして快楽追求は施設でと、これを全て兼ね備えたまるでデパート風のような感じであって、その為にゴテゴテと飾り立てた所を流れる。総花《そうばな》的なまとまりのない川と言える。

それに対して、以前通っていた高麗川や荒川は物寂《ものさ》びた風の寂寞《せきばく》としていて、単に物を売るだけの田舎染《いなかじ》みた、まるで駄菓子屋《だがしや》風といったイメージだが、心に安らぎを与える静寂と言う気品と趣《おもむき》を醸し出す川であったと言って良かった。

では心の琴線《きんせん》に触れるが如く体感した、デパート風のような多摩川は、驚くなかれ感受性に富んだ川であって、具体的には一般客の集まる生活用品や食品の売場、更に屋上や店内に遊技場もあり、美術店やサウナ付きトレーニング施設や、通《つう》の人が行くような高級すし店なども、並設されていると言った感じの雑多で、寄せ集めた建造物の所を流れているとしか言えない川に思えてくる。

なぜかと言うと、この多摩川は青梅から上流の沢井駅辺《あた》り迄は、一応渓流らしい流れの所で、放流個所も多いので私も足繁く通い続け竿を出してきたが、主にこの辺りは電車で来る釣人も好んで訪れる所でしょう。

しかしこの沢井駅から上流の奥多摩駅付近迄は、いわば観光の為のレジャーや、スポーツゾーンそして温泉場や管理釣り場、そしてダムといった至れり尽くせりの施設が、これでもかと如くに乱立してある。

まあこれをお役所言葉で表現すると、河川を複合的かつ多目的で、しかも商業的にも有効活用されている、好例の場所であると言ってよい。

更にこの事を哲学的格調で述べると、欲望という単一の理念に奉仕する無数の事物を持ち込んで並存設置させた川であるとでも言うしかないが。

したがって、この乱立場所に竿を出す釣人は、はなはだ迷惑至極《めいわくしごく》でそれ相応の辛抱強い覚悟を決めて、入渓し竿を出さざるを得ない所といえます。

なぜなら、ここにはかの有名な御岳《みたけ》渓谷が、どーんとあると共に嬉しい事に、川に沿って遊歩道なる邪魔《じやま》物も並設されてるので、観光シーズンで休日ともなった日には、この遊歩道にゾロゾロと観光客が歩き回って、ここに竿を出していると、突然「釣れますか？」と聞かれ、針に付けた川虫の泳ぎの訓練中ですと言って追っ払うつもりだったが、ビクの中を覗かれてバレてしまうが、心静かに釣りに集中没頭が出来ず、そんな心理状態が竿にも伝わって、餌も揺れてしまう。

その為踊《おど》っている餌に食い付くバカな魚はいない事が分かります。

その上、なんとこの御岳渓谷にはカヌーの練習兼競技場も、作られているではないか。

ここは筆者にとっては、25㎝クラスの良型のイワナがしばしばヒットする。垂涎《すいぜん》の的の釣り場であって、時々美味しい思いをさせてもらっていたのだが。

そこへこのカヌーが、俺の場所だぞ、どけとばかりに、ズカズカと流れ下ってきてしまうと、その都度竿を上げ釣りを中断し、仕方無くこのカヌー野郎めとじっと睨《にら》み返すしかなす術はなかった。

そしてこの時は、憎きカヌー野郎の水をかくパドルの音が、魚に異常事態発生を知らせる、緊急避難信号として伝わるせいか、イワナやヤマメもあかんべーをせず一目散に、さっと岩の間などに隠れて姿を消してしまい、誰もいない水中を美味《おい》しい餌だよ、食べたい魚はいませんかと空《むな》しく流れるだけとなり、こうなるとよほど食い意地《いじ》が張り脳味噌が足りない魚以外は、御呼びでない事になってしまう。

更にはもっと悪質で腹が煮え繰り返ったのは、競技シーズンともなると、スタートやゴールの地点の川面《かわも》の全面に、目印のロープが張り巡《めぐ》らされて、こうなるとこの下の魚達は安泰《あんたい》で、幸せ感を満喫《まんきつ》し我が世の春だが、こっちとらは竿出しが全く出来ず、怒り心頭で憤懣《ふんまん》やる方なくて、ガックリと肩を落としシブシブと、ここを後にして諦めざるを得ないという、憤怒《ふんど》と怨念《おんねん》の場となったのです。

この御岳渓谷のすぐ上流には、ニジマス専用の管理釣場も、本流に並設してあるではないか。しかし、ここは嬉しい事には我が会社主催の釣り大会が何回か開かれた。

この時は私も相当興奮してトランポリンに乗ったように夢中で跳び上がり意気揚揚と参加し、自称プロ級の隠れた腕前を、ここぞという所で社員の目の前で見せつける形で披露して参加人員の中で最高の釣果を上げ（本人の思い込み）、日頃の仕事のうっ憤《ぷん》をここで見事に晴らし、鼻高々で釣りバカ男の数少ない最良の日となった。

そして上流には幾つかのキャンプ場と松ノ湯温泉施設なるものも設置され、もっと上流は鳩ノ巣渓谷が両岸を断崖で形成し最後に白丸ダムで上がりとなる渓相であった。この最上流の奥多摩駅から小河内ダム迄は本格的な峻険《しゅんけん》なる渓相となる。この辺りは無窮《むきゅう》にも思われる静寂に包まれた中で、視線を下方に転じると、峻拒《しゅんきょ》な崖下には、とうとうと大岩によって白波が躍《おど》りまくる冷冽《れいれつ》の流れが、凛然《りんぜん》と厳存している渓澗《けいかん》には、ただただ驚愕《きょうがく》。ここへの入渓ルートもわずかである為、休日でも釣人の姿は見られなかった。

此処《ここ》こそは、私が多摩川で釣りをした中で唯一、辺りが厳粛《げんしゅく》な静謐《せいひつ》の雰囲気の中で谷間の澄明《ちょうめい》な流れに竿を出す事が出来、時々運がよければ放流魚とは全く別の東京美人ならぬ、多摩川美魚の別嬪《べっぴん》な天然ヤマメがヒットした。

また期待外れの時でも、渓流釣りの風情ある楽しさを、心ゆくまで堪能出来て周囲の風物と融合し、清爽《せいそう》な陶酔《とうすい》の情の想起《そうき》の場で、この情景を思い起こすと、懐旧《かいきゅう》の情にかられます。

餌対策、考え抜いた先は

さて突然ですが、ここで多摩川での放流釣りに完璧《かんぺき》に対処すべく、私が独自に考え抜いた上で、それを実行し荒川での、その一の「正気特殊仕掛け」に続く、その二に該当して、ヤマメやニジマスの釣果を上げる事が出来た、グッドアイデアについて、それがどのような経緯で生まれ、どんなやり方かをお話しします。（残念ながら秘伝の技術ではないが）

実は多摩川での放流当日の、あのお祭り騒ぎに参加して、つくづく場所が一番の決め手と思い知った。

その後はこの教訓を基に、放流日には必死になって、場所取りを試《こころ》みるが、どこに陣取れば、一番釣れるか煩悶《はんもん》の日々だった。

この事は今迄の人生の中で、二度か三度真剣に悩んだ時の一つであり、どうでも良いような事を悩む、良い習慣の一つでもあったのだ。

また当時の餌は、他の釣人が良く使い代わり映えしない、市販のイクラやブドー虫を使っていましたが、これらの餌では一時《いっとき》は食うが、時間が経つと魚も飽きて警戒し、パタッと止まって食い渋《しぶ》る為釣果は今一つでした。

その時物は試《ため》しにと、例のピンチョロを使ったところ、なんとあろうことか、大変食い付きが良いばかりか、長時間使ってもアタリが止まる事は無かった。

そうか、これこそが所望で最適の当たり餌だと、気付く事が出来た。

そして、そうだ！、高麗川にはこのピンチョロが、本当にピンピンと群れて豊富にいるではないかと。

それならここで採捕《さいほ》して、特に放流日などに使えば、ぐーんと釣果も上がるしなんと言っても、餌代がタダとなるぞとまるで、大発見した如く舞い上がるという安本丹《あんぽんたん》であった。

だがこの時ふと思い至ったのは、放流当日に、このピンチョロ採捕には、少なくとも30分以上は、かかってしまうだろうし、もし一日分の充分な必要容量を確保しようとすると、まず1時間ぐらいは費《つい》やしてしまう事だった。

その為気合い充分に早起きして、目指す場所へ着いた時には、この川虫採捕での時間ロスで、先行者に好ポイントを先取られてしまうといった、痛恨《つうこん》かつ無情な実態が予見《よけん》された。

この危惧《きぐ》していた事が、実際に起こってしまった事があるので、その悔恨《かいこん》話をここで披露します。

その日は早起きし、気力で朝飯を腹に強引に詰め込んだ後、まず高麗川へはバイクであっという間に岸辺に着き、文目《あやめ》も分からぬ暗闇《くらやみ》の中、ヘッドランプを頼《たよ》りにまずはこの河原に、昼飯と釣り道具一式が入ったリュックを置くと、手にこのリュックの中の網を持ちまだ冷たい川の中に入って、ひたすら岸辺近くの浅瀬に集まっているピンチョロの、寝込みを襲って網で追い回してすくい採《と》っていると、なにやら背後でガサガサと音がするではないか。

何だろうと振り返って見ると、暗闇で目だけ光った野良猫が、リュックの中のビニール袋を破って、握り飯を今将《まさ》に食い漁《あさ》る直前であった。

びっくりして網を振り上げ「こらっ」と一喝《いっかつ》して追い払う。（この時の野良猫は、こう思っていたかも？こんな真っ暗い中でオイラの縄張りにノコノコ入ってくるとは。

しかも水辺でバシャバシャと遊んでいやがって。

どこの素《す》っ頓狂《とんきょう》のバカ者かな。それにしても惜しかったなあ。

もうちょっとで久久《ひさびさ》に御馳走《ごちそう》を、食べ終えられた所なのに。全くついていニャアオーと）

この予想外のハプニングに、全く油断も隙も、あったもんじゃないなあと思いつつも、握り飯の無事を確認して一先《ひとま》ず安堵《あんど》。

その後もまた、阿呆みたいに採捕作業を再開して、やっと、まあまあの量が確保出来て、やれやれと腰を伸ばして終了する。

それっとばかりに心急《せ》いてバイクを飛ばして、東の空が白《しら》じんだ頃に、多分ここがベスト場所と決めていた、青梅の放流個所の対岸の岩場へと、どうか誰も居ませんようにと祈りつつ向かうのだが。

ときめき心で岸辺に着いて見ると、なんとすでに、俺の場所だとばかりに、釣人がどっかり座っているではないか。

ガックリと気力が一瞬萎えてしまった。ひどく気落ちしてショック死しそうである。

居たのは多分、地元が塒《ねぐら》のベテラン釣師のよう。

放流時の最大釣果場所を知りつくして、地の利を活かして、陣取り完了済であり、こっちとらは後塵《こうじん》を拝する事となってしまったのです。

それにしても今日こそはと、張り切ってきたのに。やっぱり初っ端《しょぱな》のあのハプニングでの、住所不定無職で窃食未遂容疑《せっしょくみすいようぎ》の、あのニャンコとなんだか、全く運が尽いていねえ点で、同様の恨めしい心境になった。

そしてこんなに苦労して餌を採ってきたのに、あと一歩及ばなかったとじたばたして悔む。

そこで気を取り直して、やむを得ずこの釣師の釣竿が、邪魔しない約2mぐらい離れた、隣の岩場にシブシブ道具を置かざるを得なかった。

しかしこの高《たか》が2mの僅差《きんさ》でも、魚の集まるポイントから外れる為に、釣果に影響するのは、すでに分かっていて今日の勝負は、この時についたと観念してしまう。

しかしまてよ、あっちは多分買ってきた餌に対して、こっちとらは天然の産地直送で、ただいま採れたての生きの良いピンチョロだーい。この餌の違いは大きいぞ。

よしこの差で釣果は挽回《ばんかい》する事が出来るぞと期待と自信が湧いてきたのだが。

(では、この後釣果の方は、果たして思惑《おもわく》通りに挽回したのかどうかは、これをお読みの皆様方のご想像におまかせしますので)

このような過去の苦難の体験があったため、これを打開し満足するには、ドウスベエーと考え、そうだ何も当日に採捕せずに、事前にこのピンチョロを捕《と》って置き、当日にこれを持って行けば、採捕のロス時間も無く素早《すばや》く現地に到着出来、好場所を確保出来るのではないかと、甚《はなは》だごく単純な物事に気が付いた。

しかしここで問題は、事前に採捕して当日使った時に、死んでいたりぐったり弱った状態のピンチョロでは、ヤマメは目が利《き》いて頭もバカで無く、自然に流下していないと不審を抱き、絶対に食い付かない事は、自明であった。

では、どうすれば良いか?

そこで誰も思い付かないような奇抜《きばつ》で、優れた謀《はか》りごとを言う「奇策妙計《きさくみょうけい》」の言葉ではないが、考え出したのが、自称「置きエサ」であった。

それは生きの良い状態を保つために、採捕してきた川虫を容器に入れてから、川の流れの中にこの容器ごと置いておけば、元気に生き続けてくれるが、そんな都合の良い容器なんて果たしてあるのだろうか。

そしてこの容器の条件としては、まず川の流れの中に置き続けても、絶対壊れないような頑丈《がんじょう》さが特に必要。

更に水を通し易く、しかも中に入れた川虫が逃げ出さないような、出来れば目の細かい金網状で、大きさもあまり大きくなく運び易く手頃な形状で、川虫の出し入れし易い、蓋付きの容器がベターなのだが。

自分で手作りは面倒臭く大変なので、市販品の中にそんなぴったりの条件に合致するものが、果たしてあるのだろうか？

そこでホームセンターへすっ飛んで行き物色していると、なんと台所用品売場に、これらの条件にどんぴしゃりと合致するのがあるではないか。

目に留まってこれだと思ったのは、細かい目の金網で出来ているボール容器で、用途は茶こし用とあったが、まさか茶の代わりに川虫を入れて使うなんて、誰も思い付かないだろう。

嬉しい事にこの容器はちょうど上部に、蓋が付いていて開閉自在で、しかも完全にロック出来、形状は箱型と丸型の２種類あって、大きさは直径９㎝位と欲を言えばやや小さく、ここに多量の川虫を入れすぎると、きゅうくつで弱ってしまうのが弱点だった。

しかしこれを見付けたら、もうこれ以上の容器はありそうに思えなかったので、即座に購入を決断して、両方の型の合わせて3個を一緒に買った。

これで自分の会心のアイデアである「置きエサ」の最大の難関である容器探しは、クリアーした。

しかし、残る問題はこの容器に川虫を入れた後に、どの川の流れの中に一時置くかだ。

それについては後半でお話ししますが、まず購入したこの容器の使い方を先にお話しします。

思い掛けずほぼぴったり条件の容器を、偶然見つけ出して使い出したのは、放流日の事前と言っても、2~3日前の時もあれば、1週間前の土曜日の時もあった。

どの時も放流当日用の1回分か翌日用を含めた採捕量の多少で、持参する容器の数を決めていた。

そして3月初旬の放流日に合致《がっち》したピンチョロ採捕は2月末頃となる。

この時期の日射しは夢見る自然の微笑《ほほえ》みのように柔らかだが、高麗川の水はまだ冷たい。

寒寒《さむざむ》の中を熱い心情でピンチョロを追い回し、これで充分とふと痺《しび》れた腰を上げ周囲を見渡すと、荒涼《こうりょう》とした画布に恰《あたか》も筆で横に掃いた風で、我が心情と共感したかの如く鮮《あざ》やぐ暖かな色調で描写したような紅梅が、今や盛りと咲き誇っているこの目を奪った風景は今も心にえいえいと刻《きざ》まれています。

さて、採捕し元気一杯のピンチョロを入れた容器の置き場所選定には迷いました。幸運にも当時住んでいた団地の周辺には、高麗川へ流れ込む清らかな支流がいくつもあるので、どの場所にしようかと悩みあれこれ決めかねた。

そこで早春でも水量が減少しない支流で、欲を言えば道端にバイクを止め易くすぐ回収出来て、しかも人の目に届かず見つかって持ち去られない場所を、幾つか選んで置くようにしたのが、実はこれこそが「置きエサ」たる名称の所以《ゆえん》です。

そして頻繁《ひんぱん》に設置した最適場所は、国道の下に横切る形でトンネルがあり、この中を水量がある小清流が流れている所でした。

ここはバイクを止めてから容易にトンネル内に入れる利便性と隠匿性《いんとくせい》に富んでいた。

設置方法は、ボール容器全体を水中に沈めて、上部と周囲に石を置いて、見えないように隠しつつ、流されないように工夫を凝らした。

ほとんどここに置いて当日回収して使うようにしていましたが、時には当日回収してみると、急な大雨増水で土砂がこのボール容器に流れ込んで、中のピンチョロの3分の1近くが、この土砂に埋って死んでしまい、使えず何とか遣り繰《やく》りして急場をしのいだ事もあった。

幸いな事にボール容器が流されて消失したり、人に見つかってヘンな物が水中に置いてあるぞとばかりに、退《ど》かされたり持ち去られた事は、9年間の多摩川の釣りで一度も無くてラッキーでした。

なおこの「置きエサ」が最も効果を発揮したのは、何回か放流が行われた3月初旬から、5月までの放流釣りの時に限定されます。

これ以外は当日時間をかけ捕えてから釣り場へと向かいましたが、川虫の方は6月に入ると、全体が白い色のピンチョロは羽化して居なくなって採捕出来ませんが、その代用でやや大きい別種の黒色のピンチョロを求めて、高麗川の上流部の石の多い早瀬を中心に宝探しのように、必死に探し回っていた事を覚えています。

そういう訳で、この「置きエサ」は多摩川での放流釣り時の限定期間内でしたが、当たり餌を充分量確保出来た上で、目指す好ポイントの場所へ一番乗りで行く事が出来、それによって釣果を上げる事が出来るといった有効な決め手となったのです。

では高麗川のような清冷な川にしか住めないピンチョロは、どんな所に居住しているのか？

彼等《かれら》の最適住み処《か》は、緑濃い岸辺の浅瀬付近で、流れが悠然《ゆうぜん》とした砂地の所を好み、ここで仲良く集団生活を送ります。

しかも早春の水冷時には、落ち葉の集積した淀《よど》みでヌクヌクと過ごしますが、水温が上がり出すと、流れのあるタルミへと、一丁前に引っ越しします。

また元気一杯に成長した奴は、流心近くに遠泳《えんえい》して遊び回ると言った、羽化する迄の短い青春を謳歌《おうか》した、釣人の餌用としても何とも素敵すぎる川虫野郎です。

おかげで釣れに釣れたぜ

次にこの「置きエサ」が緒《しょ》に就《つ》き、得難《えがた》い効能の結果、多摩川で最高の釣果を上げられる事が、実証された日の事をお話しします。

なおここでお断わりしておきますが、これからお話しする事は決して自慢話ではなく、実証話として純粋な心から発したもので、あの「置きエサ」がもたらしてくれた効能の効果を、正確かつ誠実に伝えるべくした報告書代わりですので、勘違いなさらぬようにお願いいたします。

その日は昭和63年5月15日（日曜日）で、ヤマメ、ニジマス放流当日でした。

前日にいつものように高麗川で、約1時間かかってピンチョロを採捕し、ボール容器2個にそれぞれ入れて、例のトンネル内の清流の水中に隠匿《いんとく》したのを回収し無事を確認し、いつも以上にワクワク、ドキドキし現地に急行する。

この日は日記帳によると起床午前2時半、自宅発同4時5分、ここぞと一番乗りを決めていた軍畑到着が同4時40分とあり、いかに発奮《はっぷん》ホルモン大放出中で、イカレていたかが判明する。

ここでイカレ結果の釣果だが、魚もイカレて37匹だった。内訳は20㎝から17㎝迄のヤマメが11匹、20㎝のイワナが1匹、そして最多はイカレたニジマスで、28㎝から20㎝迄で25匹という大釣果だった。

ここまでどうして釣れ過ぎたのか、その訳はやはり場所選定がドンピシャリだったからです。

その場所は放流個所の対岸側の中州だったから。

しかも当日の餌採りもなくて、単にボール容器を素早く回収する手間だけで、全く時間ロスもなしで現場直行して、誰も姿なしの所に陣取り出来、その結果魚が散らずにいる好ポイントへ、当たり餌を流せた事が最大の勝因でした。

つまり他の釣人達が使っていないピンチョロという当たり餌を用い、魚の鼻先に流してこれを見てたまらず食い付くイカレた事が、「置きエサ」で生きの良い状態で、充分な量が可能となったから、達成出来たと言えます。

いわば「置きエサ=大釣果」の因果関係が、これで明確な形で実証された事になります。

それではお待たせしましたが、当日の様子をまた日記帳よりそのまま書き出してみます。

「午前2時半に目覚め、そのまま朝食をとり（「置きエサ」を回収して）東の空が明るくなった中（はやる気持ちを押え神妙にバイクを運転しつつ慎重に）信号無視で軍畑へ急行する。

軍畑の釣り具店は早朝から開いていて、車で来た釣人2名居るとこ（の場所）で入渓するが人影もなく一番乗りで、早速（中州の）砂地側の西端へ腰掛けを広げ場所取り（完了。これで一安心と気持ちが落ち着いてからここで）試めしに（ピンチョロを餌にして）竿を入れるがアタリなし。（午前）5時半頃隣の釣人に、アタリがあったようで、上に行った後中央岩の下へ腰掛けたまま流すと、マスが1匹かかる。また手前の瀬でヤマメ18cmも上がり、放流前に2匹とは上々のスタート。

（3月初めの第一回放流日には）この（両岸の）場所で50名ぐらい（の釣人が）いたとか、隣のベテラン釣人が話をしたが、今日は合わせて30名ぐらい。対岸（左岸）は15名ぐらい。砂地（中州側）には5～6名。

放流は（午前）8時頃。バケツで10杯ぐらいと昨年より多い。マスがほとんどでヤマメ、イワナも入っている。

放流直後から小雨が降り出すが、大《たい》した雨量もなく午後はやむ。放流から30分以上は、対岸のやや上でポンポンと上り、そのうち対岸の岩場側でも釣れ出すが、砂地の所ではいぜんあまり上らず。やっと1時間ぐらいしてから掛かり出す。

始めは7号針で二度バラして急きょ5号針、ハリス0・2号に切り替え、以後ほとんどこの仕掛けで通し、針はほとんど飲まれ切って付け替える。砂地の端で午前中は瀬頭《せがしら》を流して15匹ぐらいか。昼頃から増水し瀬から手前側に横に竿を操作して、初めてイワナもかかり、増水後は瀬ではヤマメが多く釣れ出す。

午後増水後は、中央岩の下のやや流れの穏やかなポイントに移り、ここで数をかせぐ。この砂地の釣人3～4名はいずれも川虫（ピンチョロモドキ）で攻《せ》めて、20匹ぐらい上げた人もいるが、このポイントへ竿を3～4名で入れるので、気をつかい上流側から仕掛けを流すと（絡まるのを）恐れながら振り込み、下流の浅い所へ行って竿を横に上流に引っ張るようにしてヒットする。午前中は3Bクラスの重いオモリ、午後は軽いのに変える。（中略）（こうして）37匹の大豊漁。

（帰宅すると用事で出ていた家族達は、まだ帰っていない中で、例の大苦行の魚の）腹さきに1時間かけて費やす」以上です。

さてここまでの経緯をお読みの皆様には、この後は、この「置きエサ」という力強い追い風に乗って、釣りバカ丸は多摩川を順風満帆《じゅんぷうまんぱん》に、ボカスカ釣りまくり後生楽《ごしょうらく》だったと思うでしょうが、途《と》でもない。

実はこの幾年か先には、この船の前方に予期せぬ滝が出現し、航行出来なくなり、やむなく下船しこの多摩川とオサラバせざるを得ない事が起ころうとは。

よく人生は「一寸先は闇」とは言ったが、まさか自分にその後が波瀾万丈《はらんばんじょう》になろうとは。この時、この絶頂期が永遠に継続すると思っていたか。否《いや》それはない。そんな大《だい》それた考えは、サラサラ頭に浮かばなかった。

人は今の幸福の永続をひたすら信じて、前に歩むしかない弱い存在です。

そしてそれが、人生を行き抜く賢い知恵かもしれぬ。そう、ケセラセラの不可思議な心意気を抱きつつ。

放流尺物ついにゲットだぜ

さて多摩川での釣り談義も終盤となり、残り少なくなりましたが、ここで遂にと言うか、ようやくと言うか、我が釣り人生で初めて、放流物で多少残念ですが、年月に対しては敬意は持ち貫禄《かんろく》だけはあり、気品なしの尺ヤマメを釣り上げて溜飲《りゅういん》が下がった時の話です。

多分この釣られた尺ヤマメは、比較的狭い養魚場の中で、争い抜いてヌクヌクと固型の配合飼料の餌を、強者として独り占めした結果、30㎝というドデカイ大きさに、成長出来たのだろう。

一般的には放流魚は、放流場所への運搬中に満腹状態だと、死亡する率が高まるので、放流2日前から餌を与えず絶食状態で運搬して川へ放流されると言われています。

そうであるとするとこの尺ヤマメも、絶空腹のまま突然いままでとは全く別世界の、多摩川の流れの中に放り出されてしまったという、気の毒な運命だった。

そしてこの放り出された直後には、周囲の仲間達は空腹に我慢出来ずに、流れてくる美味しそうな、イクラやブドー虫に次々と食い付いた結果、あんなにいたのがほんのわずかしか残っていない。

これを見てどうも様子が変だと気付き、用心、用心と肝に銘じたのだろう。

そして放されてから2日目の今日になって、腹は減るしもう我慢も出来なくなり、何か食い物が流れてこないかなあと、警戒心を緩《ゆる》めていた所に、ピチピチして旨《うま》そうなピンチョロが、鼻の先に流れてきたので、前日とは全く違う餌なので安心し、たまらずにガブリと食らい付いてしまったのだろう。

まるでこの尺ヤマメの運命は「**盛者必衰**《じょうしゃひっすい》」の今栄えて絶頂に居る者も、必ず衰える時が来るものであるという名言に、ピッタリと当て嵌《は》まるではないだろうか。

そう言う複雑かつ訳ありな事情でこの尺ヤマメが御用となったのが、多摩川釣りデビューをして7年目の、平成5年5月10日であり、この日は追加放流日の翌日に該当します。

場所は青梅の畑中地区の多摩川の右岸の突出岩場付近で、ここは度々訪れ前日もこの岩場で竿を出して、ヤマメ9匹、ニジマス26匹の合計35匹を釣り上げた、実績のある場所だった。

なおこの日も、前日と同様に「置きエサ」で、この時はボール容器2個を回収して使い切った。

それでは、ここでもいつものように当時の日記帳をひもときます。

「昨夕からの雨は、午前11時頃まで降るが、その後は曇空。（中略）（突出岩場のやや下流にある）中間岩場で午後1時すぎの増水前に（ついに）念願の30㎝のヤマメを上げる事が出来た。

（これはこの）中間岩場のやや上より流し、（アタリがあってヒットし）掛かってすぐ下の取り込み（可能な）場所へ（竿を持ったままあやしながら）移して（このヤマメの）上下流と動き回るが、なんとかタモに収める。ちょうど下げビクと同じ（サイズなり。このヤマメが）鼻の頂部がだいぶすり減って、尾も切れて見栄《みば》えは、天然ものに比べて落ちるがやはり嬉しい。

こんな大物を放流したとは驚きだが。0・2号で。（こんな細糸でよく切れずにゲット出来たことか）

（後略）（この）尺ヤマメは帰宅後、他の23㎝クラス（のヤマメ）と一緒に昨日と同じく塩焼きにするが、味は大味《おおあじ》の感」とあった。

竿出すも、生活基盤はグラグラだ

実はこの平成5年は潮目が変わって、人生行路の岐路《きろ》に立った困惑《こんわく》の年だった。水の流れと同様に人の将来もどうなるか全く予測不能であるという故事用語に、「水の流れと人の行く末」があるが、正にこの言葉通りとなったのです。

では何かと言うと、私は若い女性がウヨウヨ居るのでという不純な動機で入社した途端、中学と高校が同一の先輩が取《と》り仕切《しき》る特許というレアな仕事に、否応無しに引《ひ》き摺《ず》り込まれた。そしてこれを天職と勘違いしてお気楽にシコシコと23年。長期勤続なら誰でもが成れる専門バカにすくすく育った。

そして、一方は特許という仕事の専門馬鹿であり、他方は釣り馬鹿専門と、一応これらのパアは同程度と見られるでしょうが、実はイカレ具合と執着及び愛着度では、月とすっぽんのようであった。そんな訳で罪深い事に天は専門バカと釣りバカの二物《にぶつ》を筆者に与え、更にバカに付ける薬も二種必要になるという困った事態となった。

ところが歳月があっという間に流れ、こんなダブルバカを抱えた我が会社も、段々と傾き出してとうとうあの尺ヤマメの「盛者必衰」と同じようにまず本社用地売却の荒療治《あらりょうじ》を行った。

その荒波がなんと我が身にも降り掛かり、遂には経費削減の餌食《えじき》で営業へおっ放り出すよと告げられた。

それを機に、もうこれ迄と沈みゆく船に未練《みれん》はないと豪気に出て、一応潔《いさぎよ》い形を示し何とかなるだろうケセラセラの心意気で会社を飛び出した。

その後我が人生2度目の浪人生活を送りつつ職探しと釣りを自分で言うのも痴《おこ》がましいが、一時は適当に熟《こな》そうとしていた。

しかし潰《つぶ》しが利《き》かないせいかこの職探しの方は連戦連敗となり、正直に告白するがこんな専門バカに似合う職などどこもなく、水を離れた魚も同然の当てが外れ、途方《とほう》に暮れ後悔して胸中は黒洞々《こくとうとう》が広がって悄然《しょうぜん》としていた。

今迄は月〜金までは一応会社へ出向き、そこそこの俸給で甲斐性《かいしょう》ありの亭主と勝手に豪語《ごうご》していた。

更に土、日は家族サービスの方は目をつぶり釣りを確固たる習慣化させ現《うつつ》を抜かしていたが、それは強固な生活基盤の支えがあったので可能であると薄薄《うすうす》気付いてはいた。

言うなれば、どっしりとした盤石《ばんじゃく》の岩場の上で、思う存分に竿を出して安《やす》んじていたと言えます。

ところが、それがもしぐらぐらした岩場の上での釣りだとしたら、どうだろうか。

いつ崩れて落下してしまうじゃないかと、気が気でなく不安一杯で釣りに集中出来ないだろう。

当時は正にこんな心労状態で、不安と焦燥《しょうそう》でいつもの能天気は、とっくに素っ飛んでいた。

そんな心理状態は、辛《かろ》うじて不安定ながらも職を得た、平成5年後半からその後も、平成7年にかけても延々と続きました。

ところでこの職なんですが、もうどこでも食い扶持《ぶち》が稼げればいいや、という自棄《やけ》心境での漂着《ひょうちゃく》先は、例の保険の勧誘《かんゆう》と言う、ノルマ達成度で給与が上下する、これぞぐらぐらの岩場の見本のような職業であった。

取り敢《あ》えずこの職で何とか、手元不如意《てもとふにょい》にはならずに糊口《ここう》を凌《しの》ぎつつも、肝心要《かんじんかなめ》の釣りは全く懲《こ》りずの意気軒昂《いきけんこう》で、家族達の以前より一層冷たい、眼差しを後にして、多摩川へ竿を持ち出動していた。

そんな中で、当時の光景がありありと浮かぶのは、会社を飛び出した後の、3月初旬の釣行日の事です。

当日は天気晴朗《せいろう》なれど、出動時の足取り重し。善戦目指し一層奮励《ふんれい》努力するも、気分転換にと違う釣り場ではアタリなし。

竿を置き悄然《しょうぜん》と対岸を見る。

そこで目に入ってきたのは、今正に、紅蓮《ぐれん》の炎の如くに咲き渡っている紅梅ではないか。

その瞬間、なぜか目頭《めがしら》が急に熱くなった。

その時の心情は？以前なら竿を出した時に、至福感や充実感が、ジワジワと溢れ出ていた。

それが今は、竿は重く感じ、胸中に填充《てんじゅう》されていたのは、暗い重愁《じゅうしゅう》であった。

しかし、あの梅を見た瞬間に、心に響き渡った。

そうなんだ。今年もいつもとなんら変わる事なく咲き誇っているではないか。

自分は今こうして心が重く沈んでいる。

だがあの梅もきっと、大変な時もあったろう。それを乗り越え今がある。

私も泰然《たいぜん》として、苦境を遣《や》り退《の》けていけるかと思ったからか。

また舞い戻るよ、故郷《ふるさと》へ

そんな心のモヤモヤが晴れない中で、遂に多摩川とオサラバせざるを得ない事態が起こったのが、平成8年に入った時だった。

母が亡くなり、独《ひと》りとなった高齢の父の住む、故郷である前橋へ家族全員で戻り、ここで新たな職探しをして再スタートをするという、苦渋《くじゅう》の決断をしたが。

これも人生の混沌《こんとん》なのか。

追懐の情溢れる多摩川よ

それでは、前橋へ戻る話の前に、昭和62年から平成7年迄の9年の長期にわたり、まるで何かに取りつかれたように、通い続けた思い出深い多摩川への釣行を、もう一度振り返って見て、この川で何《ど》れ程の釣果を上げたのか、日記帳から算出してお伝えします。

おっと、ここでも再度念のために、お断りしておきますが、この釣果公表の真意は、決してダボラを吹いたり、自慢話として言うのではなく、私の釣り中毒症が、この多摩川で更に増悪《ぞうあく》し、いかにこの9年間にわたって、症状が酷《ひど》かったかと言う事を、知って貰う為の説明ですので、どうか誤解のないように願います。

それでは表形式で説明します。

まず一番上が多摩川へ釣行した年度。その下はこの年に釣行した回数。

更にその下は釣果数で、ヤマメ、イワナ、ニジマスの合計総数ですが、サイズは上は30㎝から下は

15㎝以下も含まれますが、時により川虫でヒットした、主に小型のアユは除外しました。

そして一番下は参考の為に算出してみたもので、1年間の釣果総数を釣行回数で割って、釣行1回当たり何匹釣れたかを示す、平均的な釣果数を出してみました。

また最後の欄は、9年間を総括《そうかつ》し、合計した上での前述と同様のそれぞれの数量です。

昭和62年	30回	69匹	2・3匹
同63年	30回	118匹	3・9匹
平成元年	18回	62匹	3・4匹
同2年	27回	107匹	3・9匹
同3年	29回	114匹	3・9匹
同4年	21回	98匹	4・6匹
同5年	15回	50匹	3・3匹
同6年	11回	34匹	3・0匹
同7年	7回	18匹	2・5匹
9年間	188回	670匹	3・4匹

ここで再めて解説しますと、前記の表は釣り中毒症の症状変移《へんい》を示した病勢《びょうせい》報告で、言い換えると

深刻な病状のまま、この釣り中毒症が、9年の間でどのように症状が推移したかの記録です。

つまり昭和62年から平成4年迄は、精神的にも沈着冷静《ちんちゃくれいせい》な平常心を持って、竿出しが出来た意欲満満《いよくまんまん》期であったのに対し、続く平成5年から平成7年迄の3年間は、前述したように苦汁《くじゅう》感に駆《か》られて、情緒も不安で焦心《しょうしん》の意欲減退期だった為、釣行回数が激減《げきげん》した事からも、その深刻度が増していた事がお分かりでしょう。

更に、釣り中毒症の症状ですが、平成2年から4年にかけてが、症状悪化のピークで言い換えると、多摩川での釣りの絶頂期で、この醍醐《だいご》味《み》を思う存分に満喫《まんきつ》出来た、至福期であるのに対し、その後は、一転して気分が萎えたせいか、それとも生活不安定期だった為か、この重症状は一気に軽症化していったのが分かります。

さてこの表を見て、「わあを、すごいじゃん。こんなに釣れたなんて」と言った声の人や、「なんだぁ、こんな物かよ、俺だったら、もっと釣っているぜ」と言った感想を持った大多数の方々《かたがた》は、残念ながら私の想いに反しており、ただ単に釣り上げた魚の数のみに拘《こだわ》っている人達でしょう。

しかしもし、「嗚呼、こんなに大変だったんだ。（いえいえそれ程でもないです）この一つ一つの数字には、沢山《たくさん》の感動や、その当時の忘れがたい想い出が詰まっているよね。（ええ、そうなんです。その通りです）」と感じてくれて、心で読む人は多分皆無《かいむ》のような存在でしょうが、この人のこの感性《かんせい》こそが私の伝えたい想いその物なのです。

私の一見線香花火《いっけんせんこうはなび》のような人生に於いても、いままで体験してきた幾多の出来事の想い出は、時の流れと共に次第《しだい》に、忘却《ぼうきゃく》という深遠《しんえん》なる闇の中へ、ゆっくりと埋没しようとしている。

その中でこの多摩川での９年間は、今迄の高麗川や荒川の時以上に、釣りの深遠な歓楽《かんらく》が、釣行前日から釣果に至《いた》る連接《れんせつ》の時空で産出の心情変化に伴う、感動を実感出来た事です。

ではその心情変化とは。ワクワクの期待感から始まり、次にはゾクゾクの高揚《こうよう》感へと変貌《へんぼう》し、そしてグーンとする達成感になり、終《つい》にはジーンと来る充実感へと推移した、これらの数々の熱烈《ねつれつ》な想いは、いつ迄も自分の宝物として、心の奥に光り輝き続けると共に、これらの機会に恵まれた事への感謝の念が、清水《しみず》のように絶える事なく、コンコンと湧き上がってきます。

この多摩川の話が、ここで終えるに当たって私の独り善《よ》がりの熱い想いが、どうしても拭《ぬぐ》いさる事が出来ないので、どうかもう一言述べさせて下さい。

この川を初めて見た頃は、まず直情的に感じたのは、前述したように実にゴチャゴチャした、まとまりのねえ川だなあ、という事だったが実はこの時はじっくりと竿を出して味わわずに、見た印象だけで、私の悪い癖《くせ》の独断性が先走《さきばし》って、偏向した捉《とら》え方をしてしまった。

しかしながらその後に、足繁く通い竿を出し続けていくうちに、まてよ、この多摩川は思ったよりもスゲエなあ。強《したた》かさを秘め遣《や》る気を起こす川であると、気付くと次第に魅了されたと言うか、恋してしまって、それからドップリと浸《つ》かり、９年の年月があっと言う間に経《た》ってしまった。

ではここまで通い続けさせた多摩川の魅力とは、一体何だったのか。

それはですね。この川に放されたヤマメや、ニジマスの魚の数の多さによってもたらされた、魚影がいかに濃かったかという事でした。

そういう意味では、この多摩川は通の釣人にとっては、滅茶苦茶《めちゃくちゃ》豊穣に富んだ川だったと言えます。

それを示す例として、私はこの９年間で、なんと６７０匹という、自分でもこんなにもと、驚きの釣果を上げる事が出来たが、この釣果達成出来た裏には、ヤブレカブレで考えた末に編み出した、多摩川専用の独創的な「置きエサ」の遣り方と、自分で言うのもおこがましいが、涙ぐましい程の場所取りの努力とが、互いに融合《ゆうごう》した結果花開いたのだと、勝手に決め付け、悦に入っている。

それからですねえ、もう一つ恋してしまった理由があるのですよ。それはこの多摩川は場所さえ合えば、一発大当たりの大漁が約束される川で、つまり特に放流時の場所しだいで、大当たりの大漁か、ハズレた時は貧果かといった、極端に勝ち負けが、否応無しに明確に出るような、いわばギャンブル性が高く出る川で、良く言えば快楽追求そして邁進《まいしん》にと、多大の貢献と寄与した特異な川であったと言っても、過言ではありません。

そんな深い訳があれば、筆者のような釣り中毒症の釣りバカにとっても、こんな一発大漁が期待出来る、素敵な川を前にしたら、もうヨダレたらたらで、願ったり叶《かな》ったりで、軽薄盲動が大得意な自分に、ピッタリの川だと思い込み決め付けたのは、当然な事です。

更にどうしようもない事には思惑《おもわく》がピッタリ合って、大漁の美酒を一滴《いってき》でも口にし素敵な酔い心地《ごこち》に浸ってしまうや、もう病み付きでドップリ嵌《は》まって、まるで何かに取りつかれたように一途に快楽追求へと、猪突猛進《ちょとつもうしん》してしまったのです。

そんな訳でこんな釣りバカ男が９年間も続けてきても、まだまだ短すぎるくらいで気力充分であり、ヤル気も満満すぎるのも、充分頷《うなず》けるなーと、勝手ながら未練タラタラだが独り合点している。

そこでこの多摩川を、今度はちょっと別の角度から俯瞰《ふかん》する。

すると高麗川や荒川などは素朴《そぼく》でいかにも田舎風な川なので、料理に例えて見れば、提供される食材はハヤやヤマベが主で、もし運が良ければニジマスが混じるためか、あっさりとした淡白《たんぱく》な風味が特色の和食の雰囲気で、郷愁を感じさせる古風で風情《ふぜい》ある川のイメージを描く。

それに対してこの多摩川はどうかと言うと、一見華《はな》やかで、どことなく都会風の川でもあり、しかもヤマメなどの魚が多いせいか、味も口当たりがよくて上品な旨味《うまみ》が口の中で複雑に構成する洋食のような川といえる。

こんな風趣《ふうしゅ》に富む川でありながらよくまあ飽食せずにこの洋風の深みがある味をひたすら追い求めて、竿を出し続けて思う存分堪能し味わい尽くして来たと思っている。

だがこの川辺でゆったり竿を振るう姿をもう思い描く事が出来ない辛《つら》さと、もっと味わいたい気持ちを抑えざる無念さとが、葛藤《かっとう》していたけれども今は前を見詰めていこう。

そうだ、ここで最後に哀惜《あいせき》の籠《こも》った一瞥《いちべつ》を送って、過ぎ去りし日の思いを馳せこの多摩川へ、どうしても言っておきたい。

長かったようでほんの瞬《まばた》きだった9年間、上品な旨味を心ゆく迄提供し続けてくれて本当に、アリガトウと。

そして自分の脳裏には口の中の快《こころよ》く深い味を、決して忘れる事なく深く深く刻み込み、後《うし》ろ髪《がみ》を引かれる思いで静穏《せいおん》に退出する。

ここでもう一度惜別《せきべつ》の情を込めて、サヨウナラと。

得る事が出来たか、安定した職を

さてここからは、後の章で詳しくお話しする、サクラマスと同様に、私達も遂に故郷へと、回帰する事に相成りました。

ここで大きな相違点は、サクラマスの方は単独行動で、産卵が一番の目的であって、定住場所も決まっていないのに対し、こちとらは一族郎党と言っても自分を入れても、4名ぽっきりを引き連れて、堂々の御帰還であり、定住先も親の家を建て替えてピカピカな所へ住む事になったのです。

しかし移り住んで一番の悩みは、釣りで言う所の獲物を確実に釣り上げる好釣り場所があるか、つまり盤石《ばんじゃく》の職を得る事が出来るかどうかであった。

それではこの職探しが、果たして良好に推移出来、思い通りの食い扶持《ぶち》先が見つかったかどうかの、その辺の釣りバカ男のお家の一大事の顛末《てんまつ》はこの後すぐ。

筆者にとっては、古巣へのUターンであり、女房や子供達にとっては埼玉より遡上《そじょう》する形であって、全体的には行くつく所へ流れ着いたと言える。そして第二の安住先の前橋で、何はともあれ日々の食い扶持を得るための職探しで、私の人生のモットーは「何とかなる」だったが、転居して焦《あせ》りは禁物《きんもつ》のはずなのに、うかつにもすぐに流れて来た、見た目は柔らかげな餌に食い付いてしまった。

これがなんと葬祭《そうさい》の互助《ごじょ》会員獲得《かくとく》というノルマ仕事で、これは以前やった保険の仕事と、本質的に代わり映えしない、例の岩場ぐらぐらの仕事だった。

ここに勤務してすぐに、この仕事は前と同じで生活基盤が不安定でアカンと、少し賢くなっていて気付いたが、岩場もとうとう崩れ落ちる寸前の時に、なんと不信心な私にも見かねたのか、天から思いがけずに幸運がもたらされました。

それは後で聞き知ったところによると、急に一人退職して欠員が出たので、急きょ募集せざるをえず、これが新聞の折り込み求人チラシに載り、偶然にもこれを目にした事でした。これによると求人の年齢不問と緩《ゆる》いが、過去の幾多の応募経験から悲しい事に、疑い深くなっていて期待は全く持てないが、一《いち》か八《ばち》かダメ元のつもりだが、挫《くじ》けてなるものかと、前向きな気持ちで心の準備はして、ひょっとしたらと一抹《いちまつ》の望みをかけて応募したところ、なんと社長と直々《じきじき》の面接と相成った。

そして思い掛けずに正社員として、晴れて採用となりびっくり。

そう、遂に今暗闇を抜けた瞬間だった。この時我が輩の御年《おんとし》51歳で、五十路《いそじ》の春を迎えてとうが立っていた。

正に、今は不幸不運であっても、次に良い事が待ち受けているかもしれないと言う、あの「沈む瀬あれば、浮かぶ瀬あり」の言葉通りとなって、ツキが回って来たようです。

その後はなんとまあ、定年の65歳迄働く事が出来たのも、本当に幸運な事でした。

しかもこの会社の仕事の関係で、「浄化槽管理士」の国家資格獲得の援助もしてもらい、この資格を楽々と取得して、仕事に役立てた事は言う迄もない。

仕事一筋で、釣りは中休みだ

こうなると、義理人情に厚い?自分としては、この釣りバカ男と知らずに引っ掛けて釣り上げてくれたこの恩義《おんぎ》に報いるには、心を入れ替えて神妙にし孜孜《しし》仕事に励むしかないと誤って判断したのです。

その為ならこの際釣りバカは一時足を洗い旺盛な欲望は封印すべしと、苦汁の決断をしてしまった。

その結果、この崇高《すうこう》なる誓《ちか》いは定年迄守られた。

病院用語では「症状が落ち着き安定して完全に治ったわけでなく、このままずっと安定しているかもしれない状態」の事を、難しい言葉で「寛解《かんかい》」と言うが、正にこの釣り中断時期は「釣り中毒症」の「寛解」状態に当たり、症状は静止していたのです。

（釣りの中休みでよくいかれてしまわなかったかって）

うーん、心中はモヤモヤして後悔と諦めとが葛藤《かっとう》して苦しんでいたのさ。やはり禁断症状は出たぜ。

それはだね。これを見るとまたムラムラとヘンな気を起こしそうなので、我が子同然の釣り道具をこの際さっぱりと始末したぜ。

ヘエー。どうやって？。まさか全部捨てたのかよ。

イエイエ。目に止まらないように押し入れの奥に「また会う日まで、しばしの別れ」と言ってやって、放り込んだっていう訳さ。

これでやっと胸の詰まりや、心の蟠《わだかま》りがスゥーと取れ、思い入れも吹っ切れたのさ。

後は、潔《いさぎよ》くきっぱりと決断した事を、ひたすら実行するだけさ。

でもねえ、よくそこまで我慢する気になったよね。あんなに狂っていたのに。

エヘヘー。実はね。本当の事を言うとさ、かなりビビッテいたって訳さ。

なぜかって？それはね、もし以前のように仕事そっちのけで、釣りにのめり過ぎて会社をクビになったら、もうこの先、こんなうまい仕事はねえぞとビクついていたからさ。

それともう一つは、こんな歳食ったヤツを拾い上げてくれた、社長の温情を裏切って泣かせちゃ男が廃《すた》るという、男気の心意気が、釣りへの誘惑よりも強かっただけさ。

ホー。なかなかジーンとくる話じゃねえかよ。エヘヘ、それほどでもないさ。

でも、しつこいようだけど、やっぱり釣りの未練は残っていたんだろう。

実は当たりきなのさ。それで、今度竿を出すつもりの利根川について、アンテナを張って下調《したしら》べしても、罰《ばち》は当たらないと思い付いた訳なのさ。まあ調べるたって釣り雑誌が主なネタ元だけど。

それで少しは情報収集して、分かったたか。

それがねえアンタ。この利根川が、釣りフィーバーの真っ最中で、スゲエ事になっているらしいのさ。

なんでもこの坂東堰《ぜき》下に、大物の戻りヤマメが、バンバンとゲット出来るって言うので、シーズンともなると、高速道を使って釣人達が、ワンサカと押し寄せてくるって訳で、遂にはここで、釣り大会も開かれたっていうじゃねえかよ。

へー、スゲエじゃん。でも自分にとっては、今は関係ねえと思っているだけなのさ。

そしてこの釣り中断期間は、「耐えがたきを耐え、忍びがたきを忍んで」と言った忍従《にんじゅう》の心情でもってさ、ひたすら定年までは、仕事一途に、じっと頑張るしかねえと思っているって訳だぜ。

(ヘエー。そういう事だったのか。少しは分かったぜ。やるじゃねえかよ)

定年だ、再開だ、釣り稼業を

ワァオー。待ってました定年が、遂に平成22年6月にやってきたぞォ。これで長期拘束《こうそく》の仕事の呪縛《じゅばく》から解《と》かれ、思う存分自分の確信通りの釣りの生き方をするぞの、心意気一杯だぜ。

ところでこの6月はシーズン途中なので、来年の平成23年3月から、心機一転《しんきいってん》で釣りをまたやるぞ。お魚さんよ待ってろよ！。

なにしろ今迄は、土、日休日限定のサンデー釣師だったが、これからはきっぱりとオサラバ出来、毎日サンデーとくりゃ、今後はお魚さんの都合の良い意向《いこう》をくんで、ゴメンなすってお邪魔いたしますて伺《うかが》え、こりゃウファ、ウファで、心気爽快《しんきそうかい》だぜ。

それにしても今度の利根川は、恐ろしい程広くて、デカイなあ。

こんな川に合う竿なんて、まだ持ってねえぞ。よしこの際思い切って、これに合う竿を奮発《ふんぱつ》して買っちまうか。

しかしどうやって竿を決めるかだが。まてよ。昔から男のいち物は、太くて長いのが一番の理想とくりゃ。よしこの基準を、利根川の基準に合わせて考えてみりゃ、値《ね》は張るが一番長そうな、9・5

m竿にしちゃえと。

その後は懐《ふところ》とじっくり相談しつつ、順に8m竿と7m竿を、揃《そろ》えれば間に合うだろうな。

とまあ、こんな具合でいたが、この意気込みと言うか、バカさ加減は尋常《じんじょう》ではなかった。

それと言うのも、雌伏《しふく》15年間の溜《た》まりに溜まったマグマが、一挙に噴出しそれが原因で、再発狂しちゃったからで、無理もないかもしれないが。

ところで片思い先のこの利根川とは、変な所で縁《えん》があって、私の娘が嫁《とつ》いだ先の姓名が「利根川」であったのも、何かの因縁《いんねん》だろうと思っています。

更に姓名と言えば、同姓の誼《よしみ》の小林一茶の名句に、こんなのがありますよね。「是がまあ　つひの死所かよ雪五尺」と。

自分の行く末を厳しく見つめた、潔い名句だと思っています。

そこで私としては、この広大な利根川を前にして浮かぶのは、この句に少しでもあやかりたいと思い、（全く救いようのないダジャレだと思うが）「是がまあ　つひの釣川かよ　幅五十尺」と言った心境で竿を出していく気だが、でもやっぱり、しょぎしょぎと嬉しくあらんぞかな。

（あ、そうそう、あの9・5m竿だけど、利根川へ竿を出してから、その後大いに持《も》て扱《あつか》っているかって）

それがねえ。とんだ益体無《やくたいな》しでウドの大木《たいぼく》と分かりうざい存在なのさ。

それで今じゃお役御免《やくごめん》となってさ。押し入れの奥で独り寂しくオネンネして、ホコリを被《かぶ》って、余世を送っている始末さ。

なぜかって？これがオイラのいち物として使うとしたら、この歳でもまだ有効活用となるけどな。

なにせ、手で持って使う物だろう。長いだけが取り柄で、その分やたらと重くてさ。

例えば河原で２時間もこれを振り続けてみなさいよ。

腕は痛くなるし、もしこの時に当たりもなしで、更に空っ風にでも煽《あお》られでもしたら、全く目も当てられない程悲惨《ひさん》で、嫌気《いやけ》が差して、何でこんなのを選んで買ってしまったのかと、今じゃ自分の勇み足に、後悔しっぱなしのありさまよ。

（後悔先に立たずとはこの事だよな）

面喰《めんくら》い、手強《てごわ》いぜ、この利根川は

ここからは、47年振りに邂逅《かいこう》し終《つい》の釣り場となる利根川への釣行についての話となります。話すと長いので肝心要《かんじんかなめ》の、この利根川へ初めて本格的に竿を出した日と、続いてここでの、御初《おはつ》となる放流当日の様子を、お話しします。

この両方の日共に久々の釣りバカのバカの本領を発揮の、目も当てられない散々な結果と相成りましたが、そこはガックリした筆者と同様となって、気を落として聞いて下さいな。

その原因は二つあって、一つは9年間の多摩川の実績と経験が、頭の中にどっぷりと染み込んでいて、この通りにやれば利根川なんて、ちょろいと鼻から決め込んで、驕《おご》りが溢れていて、浅はかだったとしか弁解の余地がありません。

二つ目は言う迄もなく、この広大な利根川についての情報不足もあり、専門的な本流釣りの経験が全く無しの中で、ただがむしゃらな竿出しの、当然の報《むく》いといえる。

ではおっちょこちょいで、頓馬《とんま》であり過ぎた話をする。

なんと言っても敗因は餌にあって、多摩川で抜群の当たり餌のピンチョロが、ここでも一番有効だと思い込みはなはだしくて定番のイクラやブドー虫は、全く用意しない安易な竿出しだった事にある。

実はこの利根川釣行の両方の日共に、事前にこのピンチョロ採捕出来そうな場所を必死になって探し、見付けたのは渋川の北橋地区の利根川の岸近くで、ここでせっせと数少ないこのピンチョロを捕って用意周到ではあったが。

しかも放流当日の時は、多摩川の場合と同じように、「置きエサ」をしていたという、今思うとなんとも空しい努力を、必死になって行っていたことか。

更に釣り中休み中に、前述したように、釣り雑誌でこの川の情報を仕入れ、特に坂東地区の例えば駐車可で、入渓し易く好ポイントらしい所を、ピックアップした上で下見も数ケ所していて、自分としてはますます用意万端であったと思い込んでいたのです。

しかし、いかんせん経験ゼロなので、初陣に選んだ坂東地区では、漁協による放流日や放流個所が全く不明のままの出漁であり、このドデカイ場所に、果たして魚が居るのか、居るとしたら何処かが、分からないまさに暗中模索《あんちゅうもさく》での釣行であったと言えます。

それでは、初めて本格的に利根川へ、竿を出した記念すべき初漁の日である、平成23年3月2日（水曜日）の様子を、釣行データとして記録しておいたメモ帳から転記します。

なおこの日の釣り場は、坂東地区の浅田と言う宮田橋上流の場所で、昔は「坂東に浅田あり」と評された、絶好のアユ釣り場だった所で、水深が３ｍ近い大淵があって、事前にここを下見で訪れた時には、この大淵なら解禁直後に、きっと釣れるだろうと早合点《はやがてん》していました。

それでは、どうぞ。

「この（大淵の）場所は昨日（3月1日）に放流したようだ（と勝手に思い込んでいた）が、北風が強く（吹き）しかも寒いので（大）淵のみに竿を出すが全くアタリなし。しかし瀬尻側では、ハヤらしいアタリはあった。

入渓した時は、（この大）淵には誰も居なくて、上流では釣人一人居たよう。その後、この（大）淵付近に合わせて二人入る。

一人はルアーで以前6月頃に、（大）淵より下流の大岩付近で46㎝クラス（のサクラマス？）を上げたとか（ホラ話か？）。

9・5m竿で膝ぐらい立ち込んでも、左岸よりのテトラが入っている流心には届かず。

水温は入渓時に7度ぐらい。ルアーの人の話では水量は少ないとの事。（結局、今日は1匹も釣れずじまい）今後は強風の時は、釣行しない方が良い。

餌は苦労してピンチョロを、採取しても無駄なのでイクラで攻めるしかないよう」以上。（どうです、バカ丸出しでしょう）

利根川は、ああ残念。やっぱり違うな

さて次は、初めての利根川での放流当日の釣りについてお話しします。

今回竿を出した場所は、19歳の浪人時代のハヤ釣りで、懐かしさが湧き上がる大渡橋付近でしたが、当時はこの橋下流の左岸に沿って、大型のテトラが林立《りんりつ》していたが、大増水の勢いでこれらが一挙に流失したのか、今ではほとんど消失し、わずかに下流の残骸《ざんがい》にうたた今昔《こんじゃく》の感に堪《た》えず、半世紀も前だったという時の無常を感じてしまう。

今回の放流は、この橋上流の左岸側で行われるようだが、自分は釣人が入りにくい、右岸の教習所側から入渓し、広い河原を横切って左岸寄りの、早瀬に膝下まで立ち込む形として、荒瀬が左岸にぶつかる瀬ダルミに竿を出すことにした。

この日は平成23年3月20日（日曜日）でした。それではその時の様子も、同じくメモ帳からひもときます。

「放流は（上流の）坂東橋下から午前7時から（スタート）で、大渡橋上には午前9時頃漁協の人が来て、バケツで7～8杯ぐらい（放流した）。

釣人は放流場所の左岸で約40～50名前後。右岸（側の瀬の所で）10名ぐらいで、荒瀬の放流（し

た向かい側の）所へ陣取っていて、あまり釣果出ていない。（私は持参した分の）ほとんどピンチョロで流すが、アタリなくイクラが良いようだが、（今回も）持参せず。自分の下流（側に位置する）人がイクラで15匹ぐらいの釣果で、聞くとヤマメは小型が1匹のみとか。次回は3月27日の予定で、この時はイクラを用意しておくつもりだが、多摩川の放流時には、後半にピンチョロで釣れたが、今回は予想外でガックリ。放流したヤマメは、ほとんど釣れていないようだが、黒川虫で釣れ出すのはもっと先のよう。（ここで何とか）18㎝のニジマス1匹だけピンチョロで、（大渡）橋やや下流の瀬頭からやや脇沿いで釣れた。（後略）」以上。

（どうです。今度は本当にバカ本領発揮でしょう）

その後は、色々学んで竿出ししたぜ

その後は、段々と利根川での放流ポイントでの竿出しが馴れ、餌もピンチョロの使用は諦め、イクラとブドー虫に切り替えた事で、そこそこの釣果も出て、まずは目出渡しだった。

更に放流が一旦終了した6月に入ると、主に釣り場が坂東地区となり、本流釣りが本格的になりこの時の餌は、川で採捕なのでタダの黒川虫1本で瀬狙いで釣り続け、翌年の平成24年のシーズンからは、渡良瀬川の放流個所にも竿を出すようになった。

更に平成25年からは、利根川と共にこの渡良瀬川の支流の、小黒川、黒坂石川そして小中川のそれぞれの放流個所でも、竿を出すようになって、釣行の行動範囲を拡《ひろ》げ、その結果釣り中毒症は、重症のまま慢性化し、釣りへの熱い血をギラギラと滾《たぎ》らせて、現在に至っています。

初めての大物を、ジーンと拡がる悦《よろこ》びが

ところで人生色々で、よくこの人生には晴れた日もあれば、雨や曇った日もあり、また山あり谷ありと言われますが、そろそろ、釣りバカ人生の話の方も、終わりに近づきましたので、ここで私が利根川で、初めて38㎝のサクラマスを釣り上げ、いわば釣り人生の中で不思議な陶酔《とうすい》に戦慄《わなな》いた、最良の日であり、一つの山のピークに、登り詰めた日とも言える幸運の日の事を、お話しして締《し》め括《くく》りたいと思います。

（なおサクラマスについては、後述する「大物釣りについて」の中で詳しく解説します。）

その日は平成28年6月14日（火曜日）の事で、奇縁《きえん》にも私の71歳の誕生日の前日の事でした。

なお参考の為に、この日の天気は、前日の雨がやみ晴れ間も広がり、川の状態も前日の雨で多少増水して、絶好の釣り日和でした。

そしてこの日使用した竿は、7・1m竿で仕掛けは、0・6号糸で7号針を用い、また場所は宮田橋下流の瀬でした。

では、前と同じで釣行データのメモ帳から転記します。

「ついに初めて、天王淵の上流の入渓口近くの瀬の、この瀬尻側で午前9時45分頃に、クロカワでサクラマスがヒットし、手前へあやしてゲット、クロカワは飲まれていたが、メジャーで測ると38㎝のビッグサイズなり。（中略）

ここに入渓するのは初めてだったが、期待通りの結果となって（本当に）嬉しい。

ここに入渓したのは、午前7時30分すぎで、入渓地点からまず下流に向かい、天王淵の下流の瀬から釣り上がる形としたが、この下流は全くアタリなし。

次に天王淵への流れ込みの瀬や、この上流の段々瀬の大岩の下の背を、クロカワで流すもここも全くアタリなくて（戻ってくる形で）入渓口のやや深みのある瀬に、ここは膝ぐらいの深さ（の中を立ち込ん）で、流心から瀬尻側に流して（竿を持つ手に、微《かす》かな重みを感じるような）アタリあり。

少し下流の更に瀬尻側へ移動して（竿を出すが、先程のアタリが止まったので）その後再びアタリのあった立ち込み位置より、流心側へ流すと（ついに）瀬尻側でヒットし（このヒットした時は、何か重い物が引っ掛かった感覚が、竿を通して伝わったが、その直後に上流側にそして流心側へ激しく動き回り、竿を横に倒す形でこの動きをあやしつつ、徐々に後退《あとずさ》りして岸辺に誘導し、空気を吸わせるべく竿を立てる。

頭を一旦水面に出した後に、今度は首をバシャバシャとはね回し、必死に抵抗するように、これはヤバイと思うが、自分もこんな激しいやり取りは、なにしろ初めての体験でオタオタし惑乱《わくらん》したので、本来なら手元のタモへ、ゆっくり導き入れも出来ずにいたが、岸辺が砂地なので、抜き上げを考えていて）なんとか手前の岸へ引っ張り上げる形でゲットした。（後略）」以上です。

この巨魚との死闘の、全神経と全精神の集中と緊張から解放されたが、動揺は依然として余震中だった。

そして、遡上途中で使命を果たせず無念の思いだったろう、ピクピクと横たわった勇猛なファイターを、惚れ惚れと見入った瞬間に、熱い心情の得も言われぬ嬉しさが、一挙にグァーンと全身を駆け巡った。

そして感に堪えずに心底より痛快に独特の大胆さで呟《つぶや》く。

（なお、喜びの雄叫びは性格上と近所の魚達の迷惑を考慮し、自重した）

「アア！ついにやったぞー」と。

（この感激は、取り敢えずなんとか帰宅する迄は打ち振るえ続ける事ができた。

なお、こんな感動を伴った達成感は、専門馬鹿の仕事の時ですら味わえ得ず、これはフン詰まりが一気に解消した時と同じ爽快《そうかい》事です。だが今は、あの闘士への哀惜《あいせき》の念が自然と湧き上がってくるが、これはある境涯《きょうがい》に至ると、突発する情緒錯乱《さくらん》の前兆現象だろうと思って気にはかけない）

口中がピンク色で正真正銘のサクラマスと分かった。

この時は川の流れも、まるで称讃《しょうさん》と祝福するかのように感じられ、その流れが喜びとなって、小さなさざ波のように胸一杯に、ジーンと広がって来た。

この対応には驚き、でもシメシメさ

さて、このサクラマスをゲットという、自分にとっては歴史的快挙？達成に対して、ここで気になる女房殿の対応はどうだったか、少しお話しします。

この魚は巨体で、ビクの中では折り曲げないと、収まらないまま持ち帰る。

このビクの重さは、釣ってきたぞと言う感激の重さと、同じかそれ以上であり、さぞや女房殿も腰を抜かし、感涙《かんるい》にむせぶと得得《とくとく》の気持ちの余り、ニヤニヤ顔で着いてみるが。

ところが、なんと、あっちの方は全くの予想が外れての対応だったのには、逆にこっちの方が驚いてしまったのだ。

そもそも今迄には、こんな大魚を釣って持ち帰った事がないので、ビックリ度の免疫《めんえき》が全く出来ておらず、せめて目を輝《かがや》かせて、食らい付くかと思いきや、うちのカアチャンの言うには「こんな大きいのは気持ち悪いし、美味しくない」と宣《のたま》い、「食べない」と、つれない素っ気無さに、本当にびっくりするや、期待外れで呆気《あっけ》に取られ落胆《らくたん》したのだ。

だがここでこの予想外の対応についてじっくり考えてみると、そもそもサクラマスが美味《びみ》なんて全く御存じないだろうし、それよりもサクラマスの存在すら知らず。ただ単に大きすぎる魚は肉も硬くて、美味くないので食べない方が無難という妄想に、凝《こ》り固まっていたが、農家育ちのうちの山の神としては、この食性対応は至極当然《しごくとうぜん》で理にかなっていたようです。

この思いもよらないショックから立ち直って、それでもなんとか頼み込んで、これを塩焼きにしてもらい、自分だけのをうっとりして、内心はシメシメと、淡白で口に拡がる優雅な味を独占する幸せを感じつつ、数日かけてじっくりと、清澄《せいちょう》で油も乗っている魚肉に、舌鼓《したつづみ》を打ち、やっぱりウメェなあーと堪能《たんのう》しすっかり平らげた。

しかしまてよ。もし仮に、この奇跡の第二段がまた次に起きてしまい、これと同じくらいのサイズのサクラマスを持ち帰った時は、果たして今回と同様の拒食対応をとるのかが今のところ、分からないのが気になってしまう。

なぜなら今回美味そうに、ぱくつくのを、密かに見られたかもしれず、しかも男を後悔させるのは、食べ物を利用するのが一番と思い知って、突然食い付きが覚醒《かくせい》して今度は食べると賢明な判断をして箸を持つ可能性もあり、そうなると、自分の食べられる量も減ってしまうと、些細《ささい》な事にこせこせしていて、バカな事を心配している、意地が汚くて小人物《しょうじんもの》の変人が今ここに生息中ですので。

感謝の心で、お先に失礼したい

現在という時間の底を掘り起こせば、幾層にも堆積した人生の時間の記憶が現れる。そして楽しかった記憶は頭脳の中でより強固で鮮明に回想力として織りあげられていく。

そこで往時《おうじ》を追懐《ついかい》すると、今も鮮烈《せんれつ》で明瞭に感悦《かんえつ》として、懐古《かいこ》の情景が歴歴《れきれき》と思い出す。

そして万感《ばんかん》にじんわりと迫るのは、あの川で出会い楽しませてくれた魚達や心に刻まれた情景の数々でした。

それは法悦《ほうえつ》に浸《ひた》り魅入った早春の絹糸の束のような流れ、また緑濃く深い静寂に包まれた谷間を澄明な流れが奏《かな》でる瀬音、ひっそりと爽涼《そうりょう》な歌声を渓にこだまし、深い情感に根ざした河鹿の透明な鳴き声。

追憶は止めどなく湧き上がり、水晶のように冷たい水中を熱い心情で、夢中で川虫を探し求めふと見上げた高麗川での事や、暗雲の如く重苦《おもくる》しい気持ちを胸に秘めた状態で、竿を一時そっと置いてふと対岸を見やった多摩川での事で、これら両方の時に、それぞれ目に沁みて今も脳裏にはっきりと刻み込まれている紅梅。

そう凛《りん》たる気迫で清麗《せいれい》に咲き揃ったあの紅梅などなど。

今こうして数え上げても、限《き》りがない程自分にとって、どれも掛け替えのない宝物であり、特別な思い出と想いが、今も自然に情感として込み上げてきます。

そして歳月が流れ、いつの日か竿を置きもう二度とこれを、手にする事が無くなる日まで、この体が許す限り、これらの思い出と想い作りの、釣りを続けて行こう。

そうすれば、その時にはこれらの思い出と想いが、きっと自分の中で逞《たくま》しく大きな木となって、成長するだろう。

その成長したこの樹には、これらの思い出と想いが、花となって一面に咲き誇《ほこ》るさまを、何枚かの絵とし思い染《し》め記憶の網膜《もうまく》に焼き付けていきたい。

そしてもはや存在の理由がなくなって、遂に表舞台から永遠に去り、自然の土に帰る日を、静かに迎えて人生を総括《そうかつ》する時には、この時こそ最後に、円熟した心の、思慮深い静寂な気持ちで、振り返って見て、自分の人生は悔いは無く、充実して幸福な人生であった事に、深い感謝の念を込めつつ、安らかで満ち足りて、そして何の蟠《わだかま》りもなく清らかで澄み切った心境を指す、あの「明鏡止水《めいきょうしすい》」の心情に安らかに包まれたい。

この広大で無窮《むきゅう》の宇宙の悠久《ゆうきゅう》たる時の流れに比べれば、ほんの瞬息《しゅんそく》の光の瞬《また》きに過ぎなかったが、私の胸中でずっと長い時と共《とも》に灯し続けてきた明かりが、深遠な漆黒《しっこく》の闇の中へ吸い込まれるようにそっと消えていくと言う、平穏《へいおん》なる内省《ないせい》の境地に到達出来たら、なんと素晴らしい事だろうと思い膨らませています。

もういいかい、（マーダダヨ）優待状は

ここまで私の釣り人生遍歴の釣路をクダクダと述べてきましたが、最後に一言申し上げますので。私が寝心地《ねごこち》が良く末永く安眠できそうな棺《ひつぎ》に入る際は、日釣券代の六文銭と共に置き忘れがないかしっかり確認した上で、楽しみ？にしている三途の川用の釣竿も持っていくつもりでいます。

更にその際には前述した飾り文句の永訣《えいけつ》の辞風の文書も、一緒に持参する予定です。

そこでこの文章を読まれた皆様方の中で、もし多少なりとも、感銘を受けたと思った人がいらっしゃれば、私の意図した思惑通りに運んだなあと考えています。

何故ならこの文章の内容の一番の役割は、実は例の閻魔様の前で読み上げ用としても使えるように、熟慮の上で御気《おき》に召《め》すように配慮した自信作ですので。

ではその訳はと言うと、これは例の目眩まし作戦の最後の切り札として用意した物で、閻魔様はこ

れを聞いて深く感銘してしまい?、その結果最良の心証形式を抱いてくれるのではと、画策したからなのです。

その為に本来は秘密でこの発覚を懸念《けねん》し、この文章の内容の公表は控えておりました。

ところがあろうことか最近冥土の旅ツアーの期間限定で、お一人様専用の優待状の発送リストに、私の名前も自動的に登録させていただける運びとなり、この感涙にむせぶ程の大変温かい御配慮に対して、なんとしてもお礼の気持ちを示す事が、出来ないものかという事に思い立ちました。

そこでそうだ、本書をお読みの皆様方だけでも、せめてこの内容をお知らせすれば、一時心が休まるのではと思い付いた次第です。

そのような諸般の事情をお含みの上で、出来ましたら以前の画策の時と同様に、大袈裟になるのも心苦しいので、世間の目には出来るだけ触れ回らぬように、そして口外も慎《つつし》まれるように、お願いしつつこの章に於いての私の最後の言葉とさせていただきます。

第二部

「利根川について」

今思えば、自分が「釣り中毒症」の発病の発端となった、大学受験の浪人時代の利根川でのハヤ釣りからスタートして、道中双六《どうちゅうすごろく》ではないがここが振り出しで、高麗川、荒川そして多摩川へと、転々と釣り歩く事となってそれに伴ってこの症状を悪化させてきたが、再び縁あって上がりでこの利根川へ戻る事になって、言うに言われぬ懐かしさが湧き上がってしまう。

この舞い戻りも運命の巡り合わせなのかと思ってしまう。

それにしてもこの縁深くて愛着を覚える利根川を、この際にもっと良く知りたいと思い立ち、そこで以前に足繁く通った荒川や多摩川などの、他の河川《かせん》に見られない、この利根川独自の特異点は、どんな点が挙げられるかと言う事を、独特の見地から考察してみたらと、考え付いた次第です。

なおこの考察では、釣り中毒症の療養の為、今も頻繁《ひんぱん》に竿を出している所の、渋川から沼田迄の坂東地区を、メインにお話ししますので、くれぐれも見当違いなさらぬように。

一、「ダム設置の多さ」

坂東太郎と呼ばれている利根川は、鮭が海から遡上する南限の川として知られているが、その長さは信濃川の３６７㎞に次ぐ、日本第二の長さ３２２㎞の大河である。

そしてここには、農業や水道用水、発電、更に治水等を目的とする多用途ダムとして、上流部に現存7つのダム（綾戸、相俣、藤原、薗原、須田貝、奈良俣、八木沢）が設置される、多さを誇っています。

つまり一般的な河川では、勿論高麗川では皆無だがせいぜい２つか、多くて５つぐらいで、荒川水系全体で６つ（玉淀、浦山、合角、二瀬、滝沢）のダムだが、多摩川ではわずか２つ（白丸、小河内）だけで、いかにこの利根川のダム設置数が多いかが、お分かりいただけたかと思います。

その為に、この利根川はこれからのダム群によって、この後にお話ししますが、人為的に操作された流れが続く事が多くて、いわば日本を代表する長大な人工管理河川であると言っても、言い過ぎではない。

二、「水量の年間の変動」

利根川上流の山岳地域の積雪量の多少が、前述したダム群によって調整されるために、この水量が年間を通じて一定せず、大きく変動するのも、この利根川の他の河川にない特異点と言えます。

つまり渓流釣りが解禁となる3月初旬から、その後の4月上旬にかけては、まだ雪解けが始まっていないので、通常は昨年の秋期から続く、水量が非常に少ない減水状態がそのまま続いています。

そして上流の山岳地帯の降雪による雪解けにより、これらのダムの貯水が、満水状態に達するのが5月上旬から中旬頃であり、例年だとこれらのダムが、満水になる前の4月10日頃から、藤原と薗原の両ダムからの放水が、始まるために水量は減水状態からやや増水となり、5月の連休頃には、この水量が遂にピークとなり、減水時の約2倍ぐらいの大増水となります。

藤原や奈良俣のダム放水が止まるのが、通常は6月上旬から中旬頃で、この頃になると雪代《ゆきしろ》（雪解け水）の大増水が、増水へと水量が再び減ります。

これはちょうど梅雨に入ると、利根川下流域（群馬の平野部、埼玉、茨城）の田植えが一段落するので、農業用水の放流が少なくなるので、これを取水する利根川の水量も少なく出来るからです。

その後7月1日より、夏期の貯水池運用と呼ばれる水量管理が実施され、農業用水の水需要に対応するために、放流していたダム放流量を、今度は夏の渇水に備えて貯め込むため、放流量を大幅に減少させる措置を行います。

つまりこの7月1日を境に、利根川本流の水位が一気に激下してしまい、これは雪代ピーク時の水量半分ぐらいの、秋冬の減水状態と同じレベルに再びなってしまうのです。

その為この7月1日か2日に河原を歩くと、岸辺には大増水時の水位の跡を残して、干上がった石がゴロゴロしており、更にこの岸辺の僅《わず》かな水溜まりには、大きく成長したチョロ虫が、取り残されて永遠の命だと言わんばかりに、干からびた死屍累累《ししるいるい》を目にした事もあった。

その後は台風などの影響で、一時的に大増水や濁流などが起きますが、9月20日の渓流シーズンの終焉《しゅうえん》はだいたい減水状態で迎え、また来年のシーズン迄は、この状態を保持していくという、パターンを毎年繰り返すので、盛りの付いた釣人にとっては、シーズン中の「女心《おんなごころ》と秋の空」以上のこの水量の変動に、一喜一憂《いっきいちゆう》しながら翻弄《ほんろう》され続けるので、全くもって我ら釣人達の思いを考えない、冷たく思い遣《や》りのない迷惑千万《めいわくせんばん》な川が、この利根川であると断言出来ます。

面会不可だよ、多忙狼狽《たぼうろうばい》中につき

ここで一言アドバイスをしますので。

それは何かと言いますと、7月1日から3日目ぐらいの間の期間内で、もしこの間に休日があったので、それっとばかりに釣りに出掛けても、多分期待外れに終わる事が多く、ましてや良型のヤマメなどは、この期間は釣れないだろうと言うのが、苦い体験上から言えます。

なぜなら前述したように、7月1日の水量の一気の激減という事は、ここで気楽に心穏やかに暮してた魚達にとって、「寝耳《ねみみ》に水」のような、全く事前にお知らせもなしの急な事態勃発《ぼっぱつ》に、びっくり仰天してしまい、為《な》す術《すべ》もなくただ狼狽するのみであったのです。

そしてこの事によって、魚達の生活空間が、この日で激変する事を意味し、例えば餌の川虫が多く居て、そこで捕食出来ていた瀬が、急な水位低下で非常に浅くなってしまったり、場合によっては干上ってしまい、川虫が死んだために、他の深場へ急きょ移らざるをえず、魚達にとっては右往左往《うおうさおう》している状態と言えます。

つまり魚達にとっては、大変多忙で取り込みの真っ最中に、御免《ごめん》なすって、お邪魔するぜと言って訪問しても、全く見向きもされず相手にされません。

これを人様の時に例《たと》えれば、突然大家《おおや》から出て行けと、追い立てを食らって、どこか別の住み良い転居先がないか、てんやわんやで探し回っている時と同じで、こんな時は心労のあまり、食欲もほとんど湧かないのと同じ事でしょう。

そんな訳ですので、この期間の釣行は極力避けて、1週間ぐらいして、魚達も新居に落ち着いて、食欲も以前と同様に回復し、安穏《あんのん》な時に訪問すれば、温かく迎えてくれる事間違いなしでしょう。

三、「雪代大増水の影響」

雪代は水を濁らせると共に、川幅を一気に拡げます。

ただでさえ川幅のある利根川に、この雪代が入り増水そして大増水となると、9m竿や10m竿といった長竿を使っても、更にはこの長竿を持って川へ立ち込んでも、仕掛けを魚が居るポイントに流す事が出来ない事態、いわゆるサオ抜けという事が起きてしまい、釣人側にとっては大変迷惑至極です。

一方ヤマメ達にとっては、生息範囲が思い掛けず一気に拡大した事によって、天敵の釣人が入れず、この広くなったスペースを、伸び伸びと気楽に泳ぎ回って、流下してくる餌を思う存分に取れ、安心して過ごせる事が出来て、楽園が突然出現したような事で大きなメリットをもたらします。

また、この雪代による大増水によって、石と石の間やこの裏などに居る、チョロ虫や黒川虫といった川虫達が、流れの勢いが強くて引っくり返されたり、石によって流されたりし、そこでこの流下の多量の川虫を捕食して、飽《あ》くなくせっせと食べまくるので、ぐんぐんと成長し、その結果3月頃の魚と、雪代が終わる6月中旬から下旬頃の魚では、重さで倍、いや3倍近く肥大《ひだい》するといわれています。

そのためにこの利根川は、釣人達の垂涎《すいぜん》の的となり、優に40cmを超えるまでに成長した戻りヤマメが生息する、魅力タップリの川となったのです。

この事は故事の言葉の「**水広ければ、魚大なり**」に当て嵌《は》まるといえます。

更にこの雪代で、海から遡上するサクラマスや大きな淵などに居ついたヤマメが、産卵のためや餌場を求め上流へ向かう、機会を与える事になるなど、魚達にとっては至れり尽くせりの、大きな恩恵をもたらす事になります。

そしてこの利根川での雪代大増水は、通常は4月中旬から6月中旬までの、せいぜい2ケ月ぐらいです。

ところが上流山岳の積雪量が特に多かった年には、次々と雪解け水が流れて、上流の多くのダム湖に貯えられるので、これらのダム湖から延々と放水が続き、なんと7月中旬頃迄の、約3ケ月にわたって雪代による大増水が続いた事もあります。

こうなると釣人の方は、なかなか竿を出せずに、イライラがつのるが、これに追い討ちをかけるように、台風や夏の激しい雷雨などの集中豪雨による大増水が起こったり、更に近年は水余りの時代と言われ、ダムに貯水された余剰水が、積極的に本流へ放水されるようになった。

その為サクラマス等の大物の絶好の釣り時期の、6月から7月一杯が大増水継中で竿出し不可の、機を逸《いっ》する事が起きてしまったのです。

そんな訳でこの6月から7月にかけて、幸運ならこの大物をゲット出来るという事に、一番の楽しみと言うか、大仰《おおぎょう》に言うと生き甲斐を賭けていたのに、この夢が無残にも断たれてしまう事が何度も起こりました。

ところで、かの著名な松尾芭蕉は「水は動いて情《じょう》を慰《い》す」との名言葉を残しているが、これは川の流れを見ていると心情が慰《なぐさ》められるとの意味です。

だがこの時は筆者にはこの言葉と全くそぐわない事態が起こっていたのです。

つまり前述した好時期に、ここぞと決めた好ポイントに佇立《ちょりつ》した時に、眼前をごうごうと地響きのような音をたて、筆者の心情の怒りを表《あらわ》すかのような激流に対し、ただただ唖然《あぜん》と立ち尽くし、茫然《ぼうぜん》と見つめ、ああ、大物魚狙いの最適シーズンは今年もこれで終わったと心にぽっかり穴が開き、期待が大きかっただけに胸中にこみ上げるのは、悔しさと空《むな》しさと、更に自然のせいとはいえこの苛立《いらだ》ちをぶつける相手がいない事に対する腹立たしさであります。

川も生き物、変貌するぜ！

ここで一息入れて、堅苦しい話からユルイ話に代えます。

ではまず、変貌を最も馴染み深く親しく接するであろう、人様の話から始めます。

この人様は、老化現象によるシワ、タルミなどの自然発生的な成形変更で、ご面相が自分勝手で見事かつ著しく、変貌作用を引き起こしていくのが一般的です。そしてこの変貌は、本人のみならず世間様にも気を使ってか、知らず知らずに顔面崩壊へと進行していくという、大変心温まる気配りを示してくれます。

つまり例えば、30年以上経過すると自分だけが信じきっていた美貌という思い違いは、ついに真実が露呈されて、皮膚の劣化疲労で見るも無惨《むざん》だが、本然《ほんぜん》の姿に立ちかえって様変わりし、そのありさまでシゲシゲと鏡を見つめたその顔付きは、まるで見ず知らずの他人のように見えることでしょう。

その時は、ここに映っているのは「どなた様ですか」と、お尋ねしたくなるのも心情的に、おおいに共感を覚え納得がいくことです。

そんな人様に負けじと張り切って、なんと川も同じように意味深長なる変貌をとげるのを、お気付きでしょうか?

しかも、この川の方たるや世間様にとんと気遣う事もなく、ある日突然の変貌を起こします。

そのため、全く想像すらしなかったので、エ!ウソ!とビックリ仰天するや、降りかかったこの変貌という災いに対して、ただただオロオロする事態となり、どうしようもなくみっともないことで、更にこのことは大変始末が悪いのを、御存じでしょうか?

そこで、ここからはこの始末が悪すぎる川の変貌とは、いかなるものかの怨念《おんねん》話を暴露します。

では、誰よりも間違って釣りを愛した人にとって、この川の変貌がどんなに気持ち良くない心情を与えてしまうのかを、主に心理的かつ物理的な面から考えてみるのも、まあ、暇な釣人なら出来る一興でしょう。

それでは、熱情の釣人側から見て重大かつ非情なる悪影響を与えるであろう川の変貌は、大きく分けると次の三つになります。

① 川の形状変更

②川の中の大石の流失や消失
③川底への土砂の堆積化
以上が、憎き三悪の変容と、取り敢えずあげられます。まずこの①ですが、これは例えば川の蛇行が直線的になったとか、中州で分けられていた流れが、合流して一つの本流になったとか、あるいはこの逆の二つの流れに分岐したとかなどです。

そして、この①の変貌は主に川全体の現象で、どちらかといえば中小河川で、遠慮がちに起こりやすい特徴があります。

次に②は、例えば川の中の竿が届く位置の大石が、想定外の大増水によって、突然流失したり消失してしまうといった事態です。また③の場合は、同じような大増水により川底に多量の土砂が堆積してしまって、淵や深瀬をあっという間に浅瀬に変えてしまい、場合によっては容易に渡河出来る程に、浅くしてしまうといった事例です。

そして、これらの②と③の事例は、困った事に大河といわれる利根川などで、地球温暖化の嬉しくないせいなのか、最近は傍若無人《ぼうじゃくぶじん》ぶりを発揮して、局所的で強引かつ頻繁《ひんぱん》に起こります。

しかしながら、前述の①のケースなら釣人にとっては、大事すぎてまだ諦めやすく、しかも代替場所もすぐに頭に浮かび、ショック度も弱くて心の回復力も迅速に得やすなどの思い遣りも残しています。

所が、特にここでヤリダマにあげたいのは、前述の②と③のケースが起こった時なのです。なぜかというと、釣りバカ状態の釣人にとっては、絶好ポイントを密かに多く知りつくしていて、これらを適宜《てきぎ》に活用していくことが、このバカをやり続けていける要因なのですから。

それが、なんと絶好ポイントたる大石が消失してしまったり、深瀬があろうことか浅瀬やチャラ瀬に、突然変貌してしまったのを目にした時の心情たるや！

失望観というか悲観ぶりは、当事者でなければ言い表せない、まさに天変地異に見舞われて意気消沈の状態なのです。この衝撃事は自分の手足の一部がもがれたようで、時と場合によってはこの衝撃波が脳に到達して自死してしまう釣人が出てもおかしくない程の、深刻度は強烈で落胆の切なさに、深く傷心してしまう。

つまり、よく川で原因不明によって釣人が亡くなってしまうのも、ひょっとしたら前述の②か③のケースのショック度が、あまりにも強烈であったために、この世ではなくもっと具体的な川の非情をはかなんで、自死したからかもしれません。

では、こんな事態に遭遇した時には、どのように対処すれば良いでしょうか？

思うに、今後における釣人たるものの心構えというか処方箋《しょほうせん》は、いかなる事態（大魚を釣り上げた時や、美人釣師と会った時以外）が発生しようが、取り乱したりせずに常に泰然自若《たいぜんじじゃく》の心情を抱いて竿を振るうしかないでしょう。

そして、釣りなんてのは所詮《しょせん》運と不運が混在した単なる遊びにすぎないと、きっぱりと達観する心意気を持って、気楽に振る舞い早まった行動を起こさないことにつきます。

それでは、ここからは大変為になりそうな気にさせる話に戻します。

4、「冷水化の影響」

前述したように、多数のダム群からの雪代は、この利根川で釣人達や魚達に、恩恵をもたらせたが、忘れてはならないのはもう一つ、負の面と逆に正の面の双方が起きたのが、川の水温の低下つまり冷水化が起こった事です。

その訳は幾つもの広いダム湖に雪解けの冷水が多量に流入し貯水され、これらのダム底部側にある放水口から、地下水路を通って上牧《かみもく》や岩本の発電所に流出された後に、これらの放水口から直接利根川本流へと、この冷たいままの水が一気に放水され続け、それが雪代となって長期間続く為に発生した人為《じんい》的な川の水温低下現象の事です。

この結果一番被害を受けたのが鮎であり、この鮎の冷水病による大量死が起こってしまったのです。

冷水病とは

ここで、鮎の冷水病について、簡単に説明します。

そもそも鮎の冷水病とは、淡水の細菌による疾病《しっぺい》で、通常は12℃以下で稚魚に発病し、ただれ、出血、体表の穴あきなどの、特徴的な症状が見られ、遂には死亡する恐ろしい病気です。

この発生は川の水温が16～20℃ぐらいになる5～6月に集中し、この菌の病原性は弱いが、一旦発生して蔓延《まんえん》してしまうと、川の中の鮎が全滅という大量死を引き起こし、甚大《じんだい》な被害をもたらす病気です。

そういう訳でこの利根川には、いままでは多数の姿が見られたのが、一転して今はこの鮎の姿がほとんど見られない川となり、その為鮎釣り師達は、やむなくこの川で竿を出す事を諦めたが、それは釣り人口の減少、そして漁協の売り上げ低下を招く事となったのです。

ところが、この鮎の冷水病の被害とは全く対称的に、川の冷水化によってヤマメにとって、快適な生息環境がこの利根川に現出されました。

つまり、一般にヤマメの活性が高くなる滴水温は、13〜18℃ぐらいと言われ、まさにこの利根川の冷水化は、この条件にぴったりと適合し、大変生息し易い川に、劇的に変貌《へんぼう》をとげたのです。

その結果この利根川は、関東でも屈指《くっし》の大物ヤマメの、釣り場として俄然《がぜん》脚光を浴びるようになったのです。

昔々の事だが、県庁裏の利根川で、コロガシによる鮎の引っ掛け釣りは、現在はもう見る事が出来ず幻《まぼろし》となって残念だが、今度はこの県庁裏でもヤマメ釣りが楽しめるのも、万物は流転《るてん》するものであり、永久に変わらないというものは世の中に一つもないという「諸行無常《しょぎょうむじょう》」とは言え、複雑な気持ちになってしまいます。

そして懸念されるのは、地球温暖化の影響で、積雪量が減少してしまい雪代の期間が短かくなったり、あるいは気温の上昇で水温も徐々に上がり、特に真夏の減水時において、夏場の高温が続いて、それにより水温も大幅に上昇してしまうといった事態も考えられ、今は我が世の春とばかりに謳歌《おうか》している、この利根川のヤマメ達の将来が危惧《きぐ》されます。

川も街もそっくりだね。世の流れでは

ここでふと気が付いた。

まてよ。この利根川の冷水化と似たような事が、私達の身近な所でも、今起こっているのではないだろうか。

それは都会の商店街の空洞化、つまりシャッター店舗の増加という事です。

一時はこれらの商店街の個々の店に、人々が買い物で押し寄せたのだが、例えば近くに大型ショッピングセンターが出来た為に、店への買い物客が激減して、閑古鳥《かんこどり》が鳴いて、シャッターを下ろしての店仕舞いは、何だか利根川の冷水化の被害の鮎と似たように見え、逆にこのショッピングセンターの方は、品物が多く便利になったので連日お客が喜んで集まり、中にははるばる県外から車で、買い物に訪れるといったさまは、利根川のヤマメの時と似たように見えてしまいますが、いかがでしょうか。

5、「川石の多さ」

利根川の特異点として、最後に挙げるのは、この利根川の流れに鎮座《ちんざ》点在する岩や石が、他の河川に比べ圧倒的に多いという事です。

私は放流が一段落した主に6月以降は、足繁く通って竿を出し続ける好ポイントが、多数ある釣り場を抱えています。

その場所はどこかと言いますと、まず上流から挙げて見ますと、渋川と沼田との市境近くにある綾戸峡谷《あやどきょうこく》、そしてその下流の棚下付近、続いては敷島橋の上流域や、宮田橋の上下流域そして吾妻川合流付近迄の区間ですが、これらの一帯は所々に鋭角状に、蛇行を繰り返して流下している場所であり、これらの変化に富んだ所の河原や、流れの中には、大岩や大小の石が、ゴロゴロした個所が、至る所に多数あり、そのような大小無数の石には、多くの水生昆虫が宿る為に、ここにいる川虫の餌を求めて、戻りヤマメや居付きヤマメが住み着き、釣果が期待出来る有望な、ウファウファな場所です。

ここでちょっと専門的な解説になりますが、前述した釣り場所は、赤城山が噴出した溶岩による赤城溶岩や、火砕《かさい》流によって堆積した赤城火山岩屑《がんせつ》、更に沼田方面より流下して来た、沼田礫屑《れきせつ》等によって、長い年月をかけて岸辺や川の中に堆積し、流れで削られて形成されて出来たものと考えられます。

そういう訳で利根川の長大な流域の中では、ほんの20〜30㎞程度の短区間の事ですが、この利根川が赤城山という、火山活動の影響を受けて、この流れの中や岸辺に無数の大小の石や岩を、残してあるという事は、他の河川には見られない大きな特徴の一つで、これによって川虫や魚達そして釣人に恩恵をもたらしたのです。

聞いてくれよ、グチのこぼれ話を

さて「利根川について」の章が、ここで終わります。

そこで、余談になりますが、最近の釣行とその心情の話をします。

放流釣りで出る際には山の神から「(塩焼きのため) グリルに水を張って待ってるよ」と尻を叩く風で言われた時もあった。

だが本流釣りになると穴《けつ》を叩く風もなし。気味が悪くて志気も上がらず。

その為勝手に思慮《しりょ》すると、「夕食に魚が食いたけれゃ、帰りに安売りの鮭の切り身2つも買ってこいや」が本心で、これは賢明《けんめい》で正鵠《せいこく》を射た見立てをしているようです。

ところでサクラマス狙いの釣行時は、婚活《こんかつ》の参加とそっくりです。なぜなら筆者も色男だと、山の神が思い違いして食い付いたとする妄想と同様に、奴も早合点の勘違いして齧《かじ》り付く奇跡を信じて出漁するから。

だが柳の下にいつも泥鰌《どじょう》はいないのか、サクラマスの2度目の拝顔は叶わず、苛立ちが増加中です。その訳は大増水で竿が出せない非情な情況が増えて、その為歳のせいか往生際が悪くなり、イライラ感が募《つの》る為か。

そこでその託《かこ》つを率直に吐露すれば、スッキリするのではと思い至った。

でもこの心情をあからさまに話してしまったら、心を痛めてしまうかもと、変な所で気を使《つか》いそれではと駄作《ださく》だと自他共に認めるでしょうが、中には勘違いして素晴らしいと思ってくれる人も出る可能性に賭《かけ》て、世迷言《よまいごと》の零《こぼ》れ話として、寓話《ぐうわ》風に創作してみました。

この話の役回りは、利根川は道で、サクラマスは象であり、私はダニに該当すると、勝手に想到《そうとう》されても結構。それが本意《ほんい》ですから。

それではどんな話になりますやら。

「ここに、1匹の老いぼれたダニが居ます。

このダニは、光り輝く永遠の価値を持つ、しなやかな生き方を貫いてきていた。

そして、今は道端の草むらの陰に、ひっそりと隠れるようにして、通りかかる獲物がこないか、今日も息を潜めて待ち構えている。

この老ダニの頭から離れず待望している事があります。それは毎年6月から7月にかけて、ほんの数回だけこの道を、ドッシドッシとやって来て、通り過ぎる象の事でした。

それは今思い出しても血が騒ぐあの日の事で、あれはもう何年前になるだろうか。

確かあの日は、6月の半ばだったかな。前日の雨も上がり風もなく晴れた日で、今日こそは獲物に飛びかかるのに、絶好の日に遂に、あいつがとうとう姿を現したっけな。

それを見た時は興奮して足がガクガクしたが、通り過ぎる直前に無我夢中で、この象の足に飛び移ってこの時ばかりと、この足に必死に食らい付いたのさ。

そしてなんと3・8ccの今迄の最量の血を、吸い取る事が出来たっけな。嗚呼、なんて旨《うま》かったなあ。

もうあの味は一生忘れられねえので、病《や》み付きになってしまったよ。

よし、今度は老体にムチ打って前回以上の4ccを目指して、ひたすら待ってやるぞと、高ぶる気持ちでいるせいか、他のダニ達に比べて年甲斐《としがい》も無く、ギラギラした心情で、まだまだ元気一杯である。

なにしろこの老ダニは、勝手に決めた目標実現のその日のために、晴れの日は殊勝《しゅしょう》な心掛けで草の上で、足腰を鍛え筋トレを行っており、そのせいか飛躍《ひやく》力も吸血力も、他の40歳台のダニにも、引けを取らないと豪語《ごうご》しているありさまであった。

つまりこの老ダニは、あの日以来あの象に一途に恋し取り付かれた思い込みで、のめり込み過ぎたあげくに、スッポンのような執着心が溢れ出たジジイと成り果てた。

だが当の老ダニはこんな周囲の困惑《こんわく》など屁とも思わず、今日もひたすらあいつが現れ来るのを、鶴の如く首を長くして今か今かと一日千秋の思いで待ち焦がれていたのです。

そしてこのダニにはある決意を内に秘めていた。

それはもしあいつの足に取り付きそこねて、その足で押し潰されても潔《いさぎよ》しとする一大決心の、凄《すさま》じい覚悟が凛凛《りんりん》として出来ていたのだ。

しかしながら運命の女神が、再びこの老ダニに微笑《ほほえ》む事はなかった。

毎年6月が来るといよいよあいつが現れる日が近付いたと、血が騒ぐので普段より血圧が上昇し、息遣《いきづか》いも荒くなってしまうが、食欲は一段と増し元気モリモリでジリジリしつつ辛抱強く待つ日が続いた。

しかし無常にもこの6月から7月にかけて毎年大雨が降り続く日が多くなり、あの象がこの道を通って再び目にする事はもうないのである。

この想定外と言う非情な事態に、ガックリし悔しさを滲《にじ》ませながら、この老ダニは微小な脳ミソを何とか東奔西走《とうほんせいそう》させて、原因を必死に考えてみた。

歳のせいの白内障で眼が霞んで見えにくいせいせいかな。

いや違うな。それじゃ、大雨のせいでもう道とは言えない酷《ひど》く、通り憎い場所となったので、別の道に変更して行ってしまったのかな。

うーん。それはありかもしれないな。だが多分一番の原因は、大雨の最中は自分は草の下で、雨宿《あまやど》りしてウトウトしている時に、大雨の降る音が大きくて気付かない中を、通り過ぎてしまったのが最も有力な原因だろうな。

ちょっとこじつけみたいだが、もしそうだとしたらもうお手上げだな。

なにしろ雨の中では相手を見付けても、滑《すべ》ってしまい此奴の足に飛び移る事は、出来ないからなあ。

どうしてこんなにも大雨が降るようになったのかな。

うわさによると、人間が悪《わる》さをして地球温暖化の影響だとか、言っていた博学《はくがく》のダニもいたっけ。

そうか、一番の原因は天候の激変かな。そう思い詰めるとこの老ダニには、為《な》す術《すべ》はなかった。

大雨が降っても変わらない、歩き易い道端迄の長い距離を移動して、ここに居住する体力もない事を、この老ダニは身の程を弁《わきま》えていて自覚していたから。

そう思うとここで夢を追い求めつつ、朽《く》ち果てるしか手はないようだなあ。

どうか神様、仏様、オイラが元気なうちで天気が良くて、風も無く飛び付き易い日に、またこの道にあの象が現れて、そこで足に飛び移って、思い切りあの美味しい血をたっぷりと吸わせて下さいな。

その夢が叶《かな》えられれば、もう言う事はなく本望《ほんもう》で、そうなれば他のダニ達よりも先に、オサラバしても良いと思い定めていますので、どうかこのダニの小さな願いを、実現させて下さいませ」以上です。

やはり至高《しこう》の文ではないですね。

それでは、話が脇道に逸《そ》れましたが、本筋に戻り次の章に移りますので。

「放流釣りについて」

「放流釣り」とは、私が独自で勝手に付けた名称で、今回お話しするのは、この「放流釣り」の中で、本物の餌を使うやり方で、ルアーやフライなどの釣り方に比べて、比較的扱い易く、まだ補助輪付きで走っている感じの、素人《しろうと》の釣人向きと言える餌釣りを対象としてお話しします。

それでは、この自称「放流釣り」とは、どういう釣りかと言うと予《あらかじ》め決めていた放流日と放流個所に、漁協の手で主にヤマメやニジマスの養殖した成魚を放流し、それを釣る事を言い、特にこの放流当日か翌日までの期間内の釣りの事をここでは指します。

なお一般的な「渓流釣り」は天然魚や、主に放流された川に馴染《なじ》んで野性化して、居着いた野性魚を対象とした釣りであるのに対して、この「放流釣り」は放流魚を対象としているのでこの「渓流釣り」と全く違う考え方や、知恵と方法が必要となってきます。

そしてこの「渓流釣り」がいわゆる手練れの玄人《くろうと》に近い釣人が行っているのに対して、「放流釣り」は養殖して直接放流した魚を釣るので、川に確実に放流された魚が居て、容易に釣れます。

川釣りの大半の釣人が、この「放流釣り」を満喫《まんきつ》しているでしょう。

ところが、この「放流釣り」に関する、テクニックなどを詳しく紹介した本が、ほとんどありません。

そこで、この「放流釣り」を長年にわたって、多摩川とこの利根川で体験し、そこから得た魚を釣り当てる、勘と冴《さ》えの感覚といった、経験を通じて明晰《めいせき》になった知恵を、項目別に分けて説明いたします。

そしてこの文意の企《たくら》みは、小利口《こりこう》で安直《あんちょく》な釣り方は、体《てい》良く阻止する内容で、その代償《だいしょう》として適度に為《ため》になり、釣り中毒養成用の指南書と成れば、まあ良しとする程度であります。

ところで、この「放流釣り」についてお話しする前に、この釣りのベースとなる「成魚放流」に関して、予備知識として知っておいた方が良いので、まずこの話を先にします。

1、成魚放流について

まず成魚放流は、大体17～18㎝位のサイズからの魚が放流され、自然繁殖《はんしょく》が望めない川に、すぐ釣れる釣り場を提供するのを目的としているので、成魚釣りは短期回収の釣りと言えます。

そしてこの成魚放流は、漁協の経営という観点から考えると、放流費用を効率的に回収するためには、遊漁料が徴収しやすい、釣人が多い川で、しかも監視しやすい里川での放流が最も良いと考えられます。

そして放流した魚は、放流当日に最も多く釣られてしまいますが、数日間は放流地点から大きく移動せず、更に雨が降ってもそれほど濁らず、しかも水量が安定した水質の良い川が、放流河川の条件として挙げられます。

それから放流場所として最適なのは、深い淵の所と言えますが、増水時に放流すると、放流された成魚は、流れに乗って一気に降《くだ》ってしまい、放流個所では思った程釣れないという事態も起こります。

以上簡単に成魚放流についてお話ししましたが、ここで各地で最近行われるようになった親魚放流について、一言お話しします。

この親魚放流は、産卵期（禁漁中）に親魚を放流し、自然に産卵させるやり方です。

そして、放流された親魚の雌は孵化《ふか》しやすい産卵床を自ら探し出し、そこに河川に残留していた牝が加わる事によって、孵化率が上昇し、ひいては河川の魚の増加をはかるものです。

では、ここからは本題の「放流釣り」に関して、具体的に列挙しながらお話しします。

2、放流魚の滞留《たいりゅう》場所について

「渓流釣り」では、①場所②餌③経験と腕の、以上３つの要素を合わせた総合的な力量がないと、釣果は期待出来ないのに対し、この「放流釣り」は、前半で述べた多摩川の時のように、場所が一番であって、他の②～③の要素の重要性は多少低いと言えます。

そこでこの場所ですが、最も大事な事は、まず自分が陣取った場所が、実際に放流された場所かどうかで、釣果は決まってしまいます。

言い換えると、放流された場所でないか、或《ある》いは放流された場所よりだいぶ離れた所で、竿を出しているといった時は、狙う獲物は現段階で、目の前に存在していないので、その場所に居続けると最悪のケースでは、この放流当日に場所によっては、1匹も釣れないいわゆるボウズも起こってしまいます。

それではここで、私がこの最悪のケースを、実際に体験した恥ずかしい出来事を、ここで暴露して溜飲《りゅういん》を下げますので。

首尾《しゅび》は裏目に、空振《からぶ》り場所で

それは初めての渡良瀬川の放流日の事でした。

その放流場所は御初《おはつ》ゆえに事前に下見はしたが、放流個所が全く不明なままにここなら大漁間違いなしと、当てずっぽうに場所は決めていた。

当日は真っ暗な中を車をすっ飛ばし一番乗りで、ここぞと決めて陣取ったのは深さは３ｍはありそうな大淵《おおぶち》の淵頭《ふちがしら》の所だった。

当時はこの大淵へ放魚が集合していてバンバン釣れると夢想《むそう》する御目出度《おめでた》い余裕はあった。

そしてこの淵頭にリュックを置き竿を立てて用意万端で意気揚揚と、放流はまだかまだかと首を長くして待ち構えていた。

ところがいつまでたっても他の釣人は、誰一人として自分の居る場所に入ってこない。

それでもまだ強気ごうきで放流は今や遅しと、手ぐすね引いて待っていたが、次第にイライラが募《つの》ってくる。

そこで上流を見渡すと本流側にはポツリポツリと釣人は見えるが、大多数の釣人はこの本流から一旦離れて分流《ぶんりゅう》となり再び本流に合流する、浅く狭い小川のような傍流《ぼうりゅう》の区間内に、両岸からびっしりと竿を出しているではないか。

これを見るや迷いと当惑は限りなく膨らみ心配になってくるが、エエイ、ママヨと一縷《いちる》の望みを託して此の場所で空しく竿を出し続ける事なんと半日。

この間一度もピクリとアタリは全く無し。実は放流されたのは自分が居た場所よりかなり離れたこの傍流だったと、気付いた頃は時既に遅しだったのです。

しかもここを速やかに撤収して、放流獲物の分捕《ぶんど》り合戦中のこの傍流の主戦場へ、強引に割り込む隙間《すきま》はなかった。

やむなく徒労だが魚影が全くないこの大淵で、やけくその悪あがきで躍起《やっき》に竿を出して見るも無残なボウズに大きな溜め息をつく。

魚が居る所でボウズならこの魚達に今日は昼食を奢《おご》ったと思い何とか気休めと寛容《かんよう》の気持ちは持つ。

だが今回のように放魚されなかった空振り場所でのボウズとは、当てが外れショックでこれぞ正真正銘《しょうしんしょうめい》のバカだと正直思った。

ガックリ肩を落とし、意気阻喪《いきそそう》で帰宅する。

だが、玄関を入るやいなや、一変して（こういう時は、平素の手練手管《てれんてくだ》を使うしかないと決めており、自分としても威厳《いげん》と誇《ほこ》りを保つべく、精一杯の虚勢を張って見せるための十八番《おはこ》の言い訳を使うので、荘厳《そうごん》を絵に描いたような重々しく）

「いや、今日は魚の方が都合が悪くてね。休みで姿を見せなかったよ」と陽気を装《よそお》って告げる。

すると相手も然《さ》る者。女房殿は（貧果やボウズの時は、いつも使っている台詞《せりふ》では、効き目なんかないぜ。オメエの方が都合が悪いのに、バカじゃん。こんな言い訳はお見通しとばかりに）笑顔でおくびにも出さずに嫌味《いやみ》に、「あら、そう、それじゃしようがないわね」と軽くいなされ、馬脚《ばきゃく》を露《あら》わさず一杯食わされた風を装ってのたまう。

その言い方は多少は落胆したようにも見え、猫をかぶったこの演技ぶりに、こっちは拍子抜《ひょうしぬ》けしてしまい、ああ、やっぱりあっちの雌狸《めすだぬき》の方が、役者が一枚上だと、妙な所で感心する。

そしてこれでもって、自分だけ悔しさモンモンのハンディキャップを抱えたまま、釣りの成果をめぐるお互い見え見えのカムフラージュ仕合《じあい》も幕を閉じる事となり、ここでも思い通りにいかず完敗で、全くもって始めから終わり迄散々な一日なりと痛切に感じ入ったのです。

しかし、今日は稀《まれ》にみる不運日だったにもかかわらず、自分の頭の働き具合は、正常並みに対処したと、勝手に憂《う》さ晴らしする。

それではここで話を正常に戻す事にして、放流場所に陣取ったという前提でベストポジションはどこかを、ここから見方を変えて放流魚の立場で考えると明白な答えが見付かるでしょう。

突然川へ放り出された魚は驚き、おどおどとまどうもその後は少しずつ馴れてきて、じっくりと周囲を見渡して、まずは安心して身を寄せる場所をせっせと探す事でしょう。

ではこの身を寄せる場所はどこか？多分一旦落ち着きゆっくり一息出来る場所であり、一時的に身を隠せそうな場所を選ぶはずです。

つまりこの放流された近辺で一時休息と待避場所に仲間達と徒党《ととう》を組んで、初めは当ても無く集結しその後は周回しながら何か餌がいつものように上から落ちてこないかと、うろちょろと徘徊《はいかい》してまわる。

その後は、元気一杯の奴になると、少し遠くの流れがやや強い所迄出て、ぐんぐんと泳ぎ回るが、大半の魚達はいぜんとして、この身を寄せる場所に留まった状態で、付近を捕食で泳ぎ回っている事になります。

このような情況で想定されるのは、放流直後から場合によって、2日間ぐらいの長期間に留まる場所か、或いはせいぜい半日ぐらいしか留まらない短期的な場所かの、2つに分けて考えた方が良いでしょう。

そこで、この長期的に留まれそうな場所としては、前述した深い淵がある所や、人工的に設置され、流れを遮断《しゃだん》する堰《せき》がある場所などで数は多くありません。

これに対し短期的に留まる場所は、数多く川に存在し、主な所では、まず一番に挙げられるのが、岸近くで流れが緩《ゆる》やかで、時には流れが巻き返しになるようなタルミと言われる場所で、更にここが少し湾曲したり深くなっているようなら、ベストの場所と言えます。

その他に思い付くのは、深瀬が良くしかも水中に大石などが、点在する所であれば、最高の場所です。

更に瀬から瀬に移る段々瀬の、段差のある手前の所や、川幅に渡って石や大岩などで、流れをブロックして変調させている場所、その他には放流された個所の下流が、急に白波が立つやや浅い荒瀬になっている手前の所は、下ろうとする魚がちゅうちょして、一時的に留まるので、この場所もおすすめします。

ところが、このように挙げた場所は、長年通い続けている手練れの釣師は、これらの所での放流時は、釣果が上がる事を体験上知り尽くしているので、最先に陣取りされてしまう。

その為ここの最先着は相応の労苦を要する。

長旅《ながたび》は疲労困憊《こんぱい》、食い気減少

さてここで余談となりますが、養魚場から放流個所までの、放流魚の運搬距離の違いによって、この放流された魚が釣れる迄の時間に、果たして差異が生じると思いますでしょうか?。

私の独善的な憶測《おくそく》によれば、この差異はあると確信しています。

それではその訳をここで解明してみたいと思います。

私が竿を出している利根川に放流する魚は、現在1つは新潟県の魚沼市から、もう一方は桐生市からで、また渡良瀬川の場合は、同じくこの桐生市とみどり市と、更に足尾町の方から、各漁協によってこれらにあるそれぞれの、養魚場から運んできて放しています。

つまり運搬の移動距離が、長い方は100km近くあり、高速道を使って運んでも、最先の放流個所に着くまでは、約2時間以上かかるのに対し、近い方はわずか20km以内をせいぜい約30分前後で、到着して放流されるという事実であり、この時間差はなんと約4倍ぐらいあると考えられます。

すると、何が起こるかを考えてみると、魚達は養魚場から否応無《いやおうな》しに突然引き上げられて、ぎゅうぎゅう詰めのまさに阿鼻叫喚《あびきょうかん》を態《てい》している中を、狭い水槽に押し込まれ過酷《かこく》な、この集団幽閉《ゆうへい》時間の長短が、相当なストレス量と疲労度の差になって現れると思うのです。

そしてこの移動距離が短ければ、これらのダメージも軽くすみ、幽閉時間もわずかなので、放された場所で「ああ、やっと清清《せいせい》出来るな」とばかりに、すぐ馴れて元気に捕食活動を起こしやすいので、放流されてからわずかの時間で釣れ始め、後述するいわゆるゴールデンタイムが早くスタートするのではないかと考えます。

これに対して、不運な長距離幽閉組の魚達は、正にぐったりして、気息奄奄《きそくえんえん》の疲労困憊の状態で放される事になり、そうなると放されても、ある時間は体を休めそれから徐々に、この場所で体を馴らし、その後は元気のある奴から、餌を食い出すために泳ぎ回るので、ゴールデンタイムも遅れてスタートをするのではないだろうか。

もしこの推論が合っているとすれば、長距離を運ばれて放流される場所に、陣取った釣人にとっては、見方を変えるラッキーな事かもしれない。

なぜなら、放流された魚が釣れ始まるのが、通常時間よりずっと後となる。

その為に急いで竿を出しても無反応なので、この時はイライラせず、まず竿を横に寝かせ平静な心境でゆっくり気長に待つ事です。

またこの際には大漁時女房殿の破顔《はがん》を、思い浮かべて脂下《やにさ》がるのも健康面でも良いでしょう。

しかも暇時間はタップリあるので、ここの縄張り占守《せんしゅ》した所で、片足を上げ風にし電柱だと思ってマーキングもする。

出すべき物は出して心身共にスッキリすれば、余裕綽綽《よゆうしゃくしゃく》となります。

そうして関心先を取り敢えず獲物から周囲の竿を握りしめてピリピリしている生き物の方に移し、じっくりと観察すれば、貴重な社会勉強にもなって、このゆとりを持った気持ちで臨《のぞ》めば、自《おの》ずと機先《きせん》を制して、勝利の女神が微笑《ほほえ》む事は間違いなしと思うが、これはあくまでも当て推量であって、実証はされていない。

魚も同じ運命さ「ドナ、ドナ」と

上毛かるたに「裾野《すその》は長し、赤城山」とあるが、その裾野が少し平らとなったあたりの自宅から、市街地へと所用で車を走らせていると、ごくたまに、これから食肉処理施設へと運ばれる途中の、豚達を乗せた有蓋車《ゆうがいしゃ》の後に付く事があった。
数時間後の行《ゆ》く先で待つ、己《おのれ》の運命を悟って嘆くのか、悲痛の如きうめき声が、耳を澄ませずとも車内まで、哀調《あいちょう》を帯びて胸に響く時に、ふと脳裏に過《よぎ》るのは、「ドナ、ドナ」のあの歌でした。

ある晴れた、昼下がり　市場へつづく道
荷馬車がゴトゴト　子牛を乗せてゆく
何も知らない　子牛さん
売られてゆくのが　わかるのだろうか
ドナドナドナ　ドーナ　悲しみをたたえ
ドナドナドナ　ドーナ　はかない命

すると突然、この歌は飛躍して、あの養魚場から放流個所に向かう、運搬車内の水槽の魚達の事が、これもふと頭に浮かんできたのだ。

ある晴れた、早朝に　放流所へつづく道
運搬車がバシャバシャ　魚を乗せてゆく
何も知らない　魚達さん
釣られにゆくのが　わかるのだろうか
ドナドナ　ドーナ　悲しみをたたえ
ドナドナ　ドーナ　はかない命

この哀悼歌《あいとうか》を思った時、胸の中に何かこみ上げるものを感じて、私はハンドルをギュッと握り緊め、フウーと深い溜息《ためいき》をついた。

3、放流のやり方

放流のやり方は、各漁協によってもそれぞれ異なるし、また放流する河川によっても、違う場合があります。

大きく分けると、この放流作業をすべて漁協が行う場合が大半です。

この他にこの放流を漁協の人達がほとんど行うが、一部釣人がこの放流作業を、助ける形で参加して行う場合もあります。

もう一つは、これは少ないですが、放流魚の入った容器を受け取った後は、釣人がこの容器を運んで、自分達の手で放流を行うケースもあり、以上3通りのやり方があるようです。

それでは、ここでまずすべて漁協の担当者の手によって、川へ放流する例からお話しします。

稀《まれ》な放流のやり方

この漁協の独占式も分かれていて、1つは筆者が勝手に付けた名の流しソーメン式と言うか、滑り台式と言うやり方です。

これは放流魚を入れた水槽を運んだ運搬車を、岸辺に近付けてセットし、この水槽より樋《とい》のようなシュートで、魚達を次々とまるで流しソウメンのようにして、川へ放流する集中放出のやり方で、1個所で多量の魚を、人手を借りずに効率良く行えるが、運搬車を水際に近接させなければならないのと、この車を容易に河原へ乗り入れる場所が、必要になるという問題点もあり、更に多くの放流個所へ分散放流するには適していませんので、このやり方はあまり実施されていないようです。

一切成行き任せのやり方

これに対して、一般的に多く行われているのが、運搬車で運んできた水槽内の放流魚を、その都度網ですくい取って、必要数の魚をバケツに移し、このバケツを漁協の担当者が河原に下りて水辺で、ここでバケツをぶちまけて魚を放す、いわば完全独占型バケツぶちまけ式です。

それではここで、この完全独占型バケツぶちまけ式ならではの、取って置きの余興《よきょう》が見られるので、どんな余興か教えちゃいましょう。

このバケツを持って撒《ま》く人は、漁協も高齢化の影響のせいか、お歳を召した方が多く、魚が一杯入った重いこのバケツを、ヨタヨタしながら無事に岸辺に運べず、残念無念に途中で見事にズッコケて、惜《お》しくも陸上に撒き、魚達をパタパタさせ踊らさせる演技のさまに、「何をやっているんだ。このバカは。撒く所を間違えやがって」という風に、ジリジリして竿を握って待ち焦《こ》がれている釣人達の冷たい視線を浴びせられているのを、何度か目にした事がある。

まあ、三文役者の演技としては御粗末《おそまつ》ですね。

片棒をかつぐやり方

このバケツぶちまけ式を、大半は漁協の人が行うが、釣人が一部参加する形で肩代わりし、放流魚の入ったバケツを受け取り、自分が陣取った場所へ戻る形で撒く事が出来るやり方もあり、これは一部お任せ型バケツぶちまけ式と、勝手に呼ばせてもらっています。

このやり方だと、撒いた釣人の釣果が確定できる幸運に対して、撒かれなかった釣人との不運の差が、如実に現れ、釣り場では遺恨《いこん》として残るでしょう。

手前極《てまえぎわ》めのやり方

更に漁協の人手が足りない時などに行うやり方で、網ですくった魚達を入れたバケツを一列に並んだ釣人達に、各自1個ずつ渡し、これを自分が陣取った縄張りの所へ運んで放流するやり方で、これは完全セルフ型バケツぶちまけ式と呼ぶ事にします。

なおこの方式は、確実に自分が陣取った場所へ放流するので、場所によって自分専用の貸し切り釣り場に出来、思い通りの釣果を上げられるので、正に釣人の心情に配慮した、温情溢れるやり方ですが、残念ながら一般には、あまり多く行われていません。

面倒臭いので、こんな事が！

それでは、ここで放流のやり方で途《とん》でもないやり方を行ったのを聞いたことがありますので、(伝聞なので証拠価値はないが) その悪事を手短に暴露します。

それは前述した完全セルフ型の時の事で、橋から約10ｍ以上の上下方の流れのある個所へ放流した時です。

この放流個所は下の河原へ下るのが、橋を渡った先で車も通れない急な狭い坂道を下らなければならず、面倒で大変なので、運搬車をこの橋の中央に停めて、漁協の人がここから魚を入れたバケツを、1個ずつロープで下ろし、下で待ち構える釣人達が、順番に各自一人1杯分を受け取って、自分が陣取った場所へ戻って撒くやり方を、この橋下の個所での放流日には、毎回この同じやり方で行っていました。

そしてこの個所では、私も同じようにして撒いて、釣果を上げた経験もあり馴染みの所でした。

ところが私がここに釣行しなかった放流日に、この場所で起こったことです。

各釣人が自分の持場へ撒いて、それっとばかりに釣人達が、釣りを開始してしまったが、まだ橋上の車の中の水槽には、魚が残っていたので、この残った魚達を面倒臭いとばかりに、この橋上から下の水面目掛けて、まるで豆蒔《ま》きかのように、全部をぶちまけ放り落とし、そのため魚達は水面に激突して、一時的に仮死状態で浮いていた。

その話を後でここに竿を出した釣人から聞いた時は、商品たる魚をなんと乱暴で、手荒な扱いに対して、激しい悲憤《ひふん》がふつふつと湧き上がり、憤《いか》りが頭の中で渦を巻いた。

この悪事を白日《はくじつ》の下で糾弾《きゅうだん》すべく総合的に分析すると、省エネのための怠慢《たいまん》を策謀《さくぼう》するあまりに、動物愛護を無視して橋下へ投げ棄てるという、卑劣《ひれつ》な暴虐《ぼうぎゃく》行為をちゅうちょせずに実行した事にある。

演目《えんもく》は限定だよ、あの余興は

あ、そうそう、ここで言い忘れていた事が1つあります。

ハッと息をのみ心配する迫真《はくしん》の陸上へ魚を撒き散らす、余興に関してなんですがね。

こういう余興が、他のやり方のバケツでぶちまける時に、しばしば見られて羨《うらや》ましく素敵でミテエナーと憧れる方が、いらっしゃると考えるが、期待に反しますから念の為にご説明いたしますので。

実は前述した一部お任せ型や、完全セルフ型では、このような余興は、見たくてもほとんどと言って良いくらい、残念ながら見られないのも、不思議ですよね。なぜ見られないのかって?。

その要因は、バケツを運ぶ人の意識の違いにより、体が本心を表していると考えるからです。

つまり一方は、休日の早朝から狩り出され貧乏くじを引いて、重いバケツを運ぶお役目を果たすべく、老体にムチ打ってエンヤコラサと、シブシブと岸辺に向かうが、(ナンデ、こんな重い物を持たせやがって、全くシンドイなあ、早く運んで終わらせてエ)と。

これに対し、他方は獲物に執着する意欲を燃やすオジサン達により、運良く生きのいいお宝が入ったバケツを、持って運ぶ幸運のためウキウキして、心中は（ちょっと川の中で一休みしたら、すぐに俺のビクに入れてやるからな。待ってろよ。ウヒィヒィ）と。

そしてこのバケツの重さなど全く感じずに、まるで我が子を抱えるが如く大事に、ギラギラした強欲剥《む》き出しで、牛歩のように慎重にゆっくりと、足を運ぶが、このバケツの中身を確認して（なんだ、これぽっちしか入ってねえじゃん。もっと入れろよ。軽すぎるぜ）と言った強欲丸出しの、運ぶ人の心境の差になって、現れるからあの余興は起こらないと、思うのですがね。

こんな数だぜ、放される魚は

ここで、話は少し横道にそれますが、放流魚の値段と放流数についてのお話をします。

成魚放流において、魚の値段は幾らかと言いますと、勿論魚の種類によって違いますが、関係資料によると、ヤマメの10ｇの稚魚サイズで、１尾当たりおよそ18円から25円の範囲内との事で、50ｇ以上のやや小振りの成魚サイズでは、１kg当たりおよそ１０００円から１８００円ぐらいと記載されていました。

それでは前述した放流個所での、バケツ放流で、このバケツ1杯当たりおよそどのくらいのヤマメが、入って撒かれるかをここで計算して出してみたいと思います。

ここでは成魚ヤマメで、大体20㎝台サイズでは、1尾150gぐらいと想定すると、例えば小さな里川では決められた放流個所で、大体その日の放流量が、事前にチラシ等で公表されている事があり、このような例として1ケ所に、仮りに20㎏のヤマメを放流したとする時に、数えてみたらバケツ10杯分を撒いたとします。

そうするとこの20㎏を150gで割ると、133匹放流となり、この133匹をバケツ10杯で割ると、13匹となるので単純計算ですが、バケツ1杯当たりおおよそ13匹前後のヤマメが入っていて、釣人の待ち構える所定の個所に撒かれる事になりますが、釣人の人数に対して、撒かれた魚の数の、多いか少ないかは運次第でしょうが、少しは参考になりましたでしょうか。

4、撒き放す個所

ここで言う撒き放す個所というのは、放流当日において実際に、放流魚が川へ放された地点の事を意味するものです。

つまり釣人達が竿を持って待ち構える場所中の、どの個所に放されたかをいう、具体的な放流地点の事です。

そして、これは漁協の人がすべて放流を取り仕切る、前述した完全独占型で起こり、現実にはここに必ず撒くと、地点を確定する事が困難で、当たり外れがあってまるで宝くじのようといえます。こういった状況の中で、ほぼ撒く地点が特定出来るのは、例えば川に沿って移動しながら、何ケ所かに分散して放流するケースでは、川へ下り易い階段や道が出来ていて、ここに何人かの釣人達が集まって待ち構えていれば、ここに運搬車を止めて、バケツに魚を移して担当者が、何杯か撒く可能性が高く、予想通りの地点と言えます。

更に好ポイントがある訳でもなく、釣人が竿を出しそうにない所でも、事前に放流個所と書いた標識でも立っている地点では、釣人が居なくても、漁協側の勝手な都合でここに必ず放流するでしょう。所が利根川など川幅が広大な川の場合、例えば１００㎝ぐらいの放流予定個所の岸辺に、大勢の釣人達が横列に一定間隔をあけて、ジリジリと待ち構えているような時は、この広く長い予定個所で、どことどこに魚を放すのか、その決定権は多分この場に立ち会う、漁協のお偉《えら》いさんの胸三寸で決まるかもしれません。

従って、こんな広範囲な個所に於いては、一番乗りでここぞと好ポイントと決めた場所に、陣取り竿を持って待ち構えていても、ここには放流されず、ここから上流や下流に放された時は、せっかくの好場所の有利は活かせず、釣果は期待外れに終わって、その不運を嘆くしかないというのは、頻繁に起こる自然な事です。

こういう事が多発するので、釣人は諦念心が、強固に育成できます。

言うなれば、放流釣りとはいかに放流魚を確実かつ多量に回収するかだが、完全独占型ではこの回収量の多少の主導権は、漁協側にあって、釣人側には例えば宝くじの券を買っただけと同様で、これに対抗する有効な手段は全くない、無力な弱者の立場にあると言える。

嫌がらせかよ、こんな事を！

それでは、途でもないやり方を、今回は私が実際に目にしましたので、その暴虐《ぼうぎゃく》振りを、お話しします。

この時は多分このお偉いさんの正常な気分が、悪さをしたくなったのか不明だが、横列《おうれつ》に並んで待ち望む釣人達の中へは、なんとお義理に少しだけバケツで撒いた後、「たったこれだけかよ」と言う失望と怨嗟《えんさ》を込めた視線を振り切る形で、この下流の橋下の無人の所でしかも、本流から外れ緑の藻類が一面に発生している、浅い池のような所に、あろう事かバケツで２杯分を撒いたのを、対岸側の瀬から偶然目にして、一瞬目を疑いア然とした。

あのお偉いさんのうっ憤晴《ぷんば》らしと、一応理解はしたが、多分釣人への思いやり心切除術を受け、成功したのかも。

こんな緑色の水溜まりに、ヤマメかニジマスを放り込んでも、ここでは釣人も藻類に釣り糸が絡《から》まり竿も出せず、しかも気掛かりは魚はどうやったら生きていけるのか、理解不能であった。

これはまるで釣人達への嫌がらせ行為ともとれ、なんでこんな事をしたのか、不思議に思い、悲憤慷慨《ひふんこうがい》がメラメラと燃え盛りました。

ところがですね。実は、この衝撃の光景を目にした自分は、すぐさま良心的？な行動を起こしましたので、後学《こうがく》の為にお話ししておきます。

それは釣人達が待望する放流個所を裏切って、常識の域を逸脱《いつだつ》するあまりにも理不尽《りふじん》な放魚行為を目にして、これは放された魚達にとって、すわ一大事と認識するや、即刻駆付《かけつ》けて、この魚達の救出（本当は、あわよくば、こっちで戴《いただ》きと貪欲《どんよく》の為だった）作戦をすべしと思い、即座に竿を納めるや、車に戻ってすぐさま、対岸であった左岸側へ移動して、撒いた辺りの緑色の浅場へ、竿をあざとく出すのだが、やっぱり仕掛けは全く流れず、魚の姿も見えず、勿論アタリも全く無く、未練がましく残念ながら竿を納めて、この救出（阿漕《あこぎ》）作戦は完敗でした。

この悪事を白日の下で糾弾すべく総合的に分析すると、お魚達に対しては、短期生存不可場への強引な放擲《ほうてき》という非道鬼畜《きちく》行為であり、更に釣人達には、商品適所撒布義務違反の確信的な行使である。

多分この後は、この浅場が雪代大増水で、本流と合流すれば、ここの魚達も生き延びるチャンスはあっただろうが、それまで果たしてこの場所で生き続けられたかは、はなはだ疑問でした。

あれから何年たっただろうか。見覚えあるあの場所は、今は本流荒瀬に急変しているが、当時の憤慨《ふんがい》と哀切《あいせつ》とが混じった複雑な思いは、犯行現場は消滅していても、脳裏に深くはっきりと、刻み込まれています。

5、放流当日釣り

ここからは、放流日の当日の釣りについて、実践的なテクニックなどを、お話ししますがその前に、この当日釣りに関係するある事を、クイズとして三つ用意しましたので。

クイズだよ、一緒に考えてね、

(a) 水中に見えていて泳いでいる放流魚は、釣り上げる事が出来るか？

①出来る　②出来ない

(b) 釣っている途中でバレたり、釣り落とした同じ魚を再び釣る事が出来るか？

①出来る　②出来ない

(c) ヤマメとニジマスを同じ場所に一緒に放流した時に、先に釣れる順序はあるか？

①ある　②ない

これらのクイズの答えとその解説は、後半でお知らせする事にします。

それでは、先に放流当日釣りの話を、ここから始めますが、この話の設定としては、好ポイントの場所に陣取っていて、しかもこの地点に魚が放された、という前提で話を進めますので。

前述したように放流された魚は、ある程度群れとなって、身を寄せる場所に一時的に留まる事は、すでに説明しましたが、大体放流直後から30分ぐらいは、この放された環境に馴れていないので、捕食活動を行う魚は大変少ないのです。

これを過ぎて段々と馴れてくると、空腹のために警戒心の弱い魚から、目の前に流れてくる餌に食い付き、それが次々と同じ個所で、他の魚達にも食いが広がりヒットして、釣り上がり続くが、周囲の仲間が釣れて姿を消すと、餌に警戒し人を怖がって、パタッと食い止まり、あんなにあったアタリが急に無くなって釣れなくなります。

このように、魚が連続的にヒットし始めてから、食い渋って釣れなくなる迄の時間、つまり旺盛《おうせい》な食い付き時間の事を、通称でゴールデンタイムと称していますが、このタイムは大体1時間半から2時間ぐらいが、一般的です。

再説すると放流釣りは、放流魚をいかに効率良く、しかも迅速かつ適確に回収するかに尽きますが、この為には、放流された後の時間との戦いにあるとも言えます。

つまり、このゴールデンタイム中に、効率良くうまく竿を出し続けられかが、釣果を上げるかどうかの、最大の焦点となるからです。

勿論これに関しては当たり餌が、決定的要素となるが、この餌については、この後に項目を設けて説明しますので、ここでは割愛《かつあい》いたします。

それではいかにこのゴールデンタイム中に、竿を出し続けられるかと言うと、釣れた魚を針から外し、ビクに入れその後に、餌を付け直すかあるいはまだ使えるか確認し、再び同じポイントへ竿を出す、一連の操作をスピーディーに行うと共に、可能な限り好ポイントへの投入時間を多くする。

つまり、先程の一連の操作中では、極力トラブルが起きないように気を配り、仮にトラブルが起きても、迅速かつ適切に対処する事に尽きます。

それでは、どんなトラブルが起こり易いか、考えてみると、一番多いのが陣取った場所が好ポイントなので、この場所には多くの釣人が集まって竿を出す為に、どうしても竿と竿との間隔も、大変狭くなり釣りの最中によく隣の竿と接触し、仕掛けが互いに絡むといったお祭りが起きてしまい、この時はやむなく両者の竿を引き上げて、この糸の絡みを外したり、切断したりして一時戦線離脱となって貴重な時間のロスが発生してしまいます。

特にお互いが、長竿どおしと言った時には、発生し易いので、これを避けるために出来るだけ短めの竿を使うとか、両隣の竿さばきに注意をはらい、同時に竿を振るのを避け、一方が竿を振って投入し終わったら、自分も続いて好ポイントに、仕掛けを投入するといった、周囲の状況での細やかな気配りが必要となります。

その他のトラブルとしては、重すぎるオモリで根掛かりしてしまい、引っ張ってもなかなか外れず、他の竿も近接しているので、やむなく仕掛けの糸を切って、再び付け直すので時間をとられるとか、あるいは頭上や前方の木の枝に、糸をからませた時も同じように、糸を切って対処しなくてはならない。更にその他に多いのは、小さい針を使った時に起こりやすい、魚が針を飲み込んでしまい、針はずしで針を外す手間や、この針を外す作業中に誤って、この針を破損してしまい、別の新しい針に交換する手間とか、挙げれば数多くのトラブルが起こるので、モタモタしていると、釣りよりもこれらの対処時間の方が多くて、このゴールデンタイムを有効に活用出来ないといった事になりかねません。

この当日釣りにおいて、逆に好ポイントに陣取りが出来ず、しかも近くに放流されなかった悪夢のケースも起こります。この事態では非情ですが、すでに勝負ありで期待の釣果は諦め、ひたすら同じ所で竿を出すしかない。

なぜならこのゴールデンタイム中は、釣れるポイントに、釣人がびっしり群がり竿出し中なので、新たな竿出し隙間はゼロである。

そんな中に「御免《ごめん》なすって。ちょっとばかり相席《あいせき》させてもらうぜ」と、ここによそ者がズカズカと強引に割り込めば、多分どやされて追ん出されるのがオチである。

そこで釣れ残り魚の分け前を何とか与《あずか》ろうとする釣人の、まるで野良犬がごみ箱《ばこ》を漁《あさ》り回る如くの漁り釣りは、釣り場が空いてから行う。

それは、コソ泥のように目ん玉をひん剝《む》いて、きょろきょろと釣れそうな場所探しをするが、その姿は傍目《はため》には、哀憐《あいれん》と愚劣《ぐれつ》さを感じるが、当人らは威風《いふう》堂々の大まじめ風と見えます。

あ、そうか、この釣人らは、今から涙ぐましくも将来必要となる運動の放浪《ほうろう》や、徘徊《はいかい》の事前練習を、率先《そっせん》して心置きなくやっている最中だったのだなあ。

偉《えら》いなあ、見習《みなら》わなきゃ。

クイズの答えだよ。合っているかな?

それでは、お待たせしましたが、前述のクイズの答えと、その解説をいたしますので。

(a)、の見えている魚は、釣れるかという事ですが、答えは、①出来る、です。
しかし、ここでは常に出来ると言うのではなく、ケースバイケースといえます。

例えば、見えている魚の鼻先に餌を流しても、この餌を避けるように泳ぎ回っている時は、この魚はこの餌を警戒しているか、あるいは興味も食欲もないのかどちらかで、このような場合は何度流しても、釣り上げる事は出来ないと言えます。

これ以外のケースでは、要は魚との根比べで、それに勝てれば、一般的には釣れると思います。

それでは私が実際に体験した事例で解説してみます。

場所は渡良瀬川で、放流から時間が立って、ゴールデンタイムも過ぎて、釣人も移動し始め出した頃でした。川幅10mぐらいの中央の流心近くの緩やかな瀬の石の近くで、流れに向かって1ケ所をずっと移動せず、鰭《ひれ》を閃《ひらめ》かしているヤマメを偏光メガネを通して見つけ、よし、これを釣るぞと意気込み、この魚の鼻先に旨《うま》くイクラ3個付けの餌が、行くように何度も、そうですねえ、5回ぐらい辛抱強く流したかな。

そうしたら、終に我慢しきれずに食い付いて、釣り上げる事が出来ました。

これは、魚との根比べと言うよりも、意地の張り合いであり、「美味しい餌だよ。さあお食べ」と言う欺瞞《ぎまん》に満ちた気持ちで流し続けた結果だった。

こやつは、多分長時間泳ぎ疲れて腹が減ったので食い付いた、辛抱強くない意志薄弱魚だったかもしれません。

次に、

(b)、のバレたり、釣り落とした魚は、再び釣る事が出来るかは、答えは、①出来るです。

しかし放流当日は釣人が多く竿を出しているので、このバレたり釣り落とした魚は、多分他の釣人によって釣られてしまう事でしょう。

また釣り落とした時に針の痛みで警戒心を持った時は、再び餌に食い付くまで時間を要すると考えられますが、なにせ放流魚は原則として、２日前から餌だちした絶食状態で放流されるので、流れの中で泳ぎ回れば空腹に負けて、結局は釣られてしまう事が多く、少しは哀れを感じます。

このように放流当日に、同じ釣人が同じ魚を再びヒットさせキープは、難しいようです。

しかし釣れ残り野性化した魚の場合には、バレたり釣り落としたエリアが狭く、下流へ下りにくい場所での時は、例えば30分ぐらいたって、再び同じ場所かあるいはこの近辺で竿を出して、ヒットしゲット出来た事もあり、特にニジマスがこのケースに当て嵌り、私も何度か実証しています。

次に

(c)、のヤマメとニジマスの釣れる順序があるかの、答えは、①ある、です。

なぜなら、ニジマスはヤマメより気性が激しくて喧嘩《けんか》強くて、同じ場所に居るとこのヤマメを追い払ったりして、餌を横取りする性格上、放流当日は通常まず先に、ニジマスが釣れて、その後にヤマメが釣れます。

更に、もしここにイワナが入っていた時は、ヤマメの方が強いので、先にヤマメが釣れた後に、用心深いイワナが、増水してきた時や釣人の姿が減って静穏が戻った時に釣れる事が多いのは、気質はたけだけしいが疑心暗鬼《ぎしんあんき》の本能の成せる姿なのか？

6、放流翌日釣り

ここではまず、放流翌日の釣りに出演する奴は、どんな錚錚《そうそう》たる顔触《かおぶ》れの役者なのかを推察《すいさつ》してみます。

放流日は通常休日に実施されるので、当然ですが、この翌日は祝日を除いて平日である。ではこの日にしゃあしゃあと出てくる役者は、どんな釣りバカかあるいはその候補者か？

まず第1に思い付くのは少数派でしょうが、放流場所に地の利があり出勤前に残魚強奪《ごうだつ》を目論む、朝飯前の短時間出演者。

その次は年金との遣《や》り繰《く》り算段を一時忘れ、暇潰《ひまつぶ》しで叶《かな》わぬ魚との逢瀬《おうせ》と拝顔とが生き甲斐で命を繋《つな》いでいると思われる老人。

更に極稀《ごくまれ》かもしれないが、失業者と言わず単なる長期で、無期限の休暇中で英気を養《やしな》い中と言う遊び人も、ひょっとしたら居るかもしれない。

そして私が多摩川の放流日前に臆面《おくめん》もなく実行した、事前に不誠実な口実の届を出して仕事の方はほったらかして有給休暇を堂々と取得し、出演する豪の人などなど。

これらの釣人の胸の内は、昨日の大漁を再びといった夢想家か強欲家か、それとも反対に期待外れの貧果に対して、リベンジのつもりで竿を出すといった、訳ありの釣人など、様々な思惑をもって臨むのが、この翌日釣りの特異性です。

それからもう一つの特色は、この翌日釣りでは増水などで魚が下っていなければ、放流個所近辺に釣れ残り魚がまだ居る可能性が大きい中で、当日釣りに比べて釣り気違《きちが》いが少ないので、ここぞと狙う好ポイントに竿出しし易い利点と共に、ここがダメなら他のポイントと思われる場所への移動、いわば拾い釣りが容易に出来るという自由度があり、ちょっぴりですが本来の釣りである渓流釣りモドキ気分も、ひょっとしたら味わえるかもしれません。

また翌日釣りは、あくまでも釣り残っている魚がターゲットなので、当日釣りに比べて釣果は下がるのは当然ですが、ここでこの翌日釣りの方が優位と言うか、釣果が充分期待出来るケースがあり、私も体験した事がある残り物には福があった話をします。

だがその話の前にぜひ伝えたい事は、そもそも漁協による放流と言うのは、大増水の時に魚を放流すれば、ほとんどの魚は流され下ってしまい、釣れないので苦情がくると慮《おもんぱ》かってか、この大増水時は放流中止とか延期と言った、一応釣人側への良心的な配慮より、商売上の打算的な対処をしますので、まあ少しは良しとする。

所が濁りが強い時、特に放流された魚が、真っ暗くて流下してくる餌も発見捕食困難時、言い換えると最悪の酷《ひど》い濁りで、釣りは不可能であると釣人なら誰でも判断する時にも、そんな事は御構《おかま》い無しに、平然と放流を強行する事が多くて、その時は驚きそして呆れ果てます。

そんな事情下で、実は放流当日に岸辺近くの川底が全く見えない程、濁りがきつい中で放流が実際に行われた事がありました。

私はこの時、この濁りが強すぎて魚は釣れないだろうと、（今思うと適切な）判断を下して、この当日の竿出しは思い切り良く諦め、翌日にこの同じ場所に釣りに行く事に変更しました。

その結果思惑通り翌日は、褐色から多少は濃い小便みたいな色に変化し、魚が餌を見つけるのが可能な程に回復した為、いつもの当日釣りと同じくらいの釣果を上げる事が出来ました。

ちなみに放流当日に竿を出した釣人に、この日聞いてみると、やはりほとんど釣れてなかったと、憮然《ぶぜん》とした表情で話をしてくれました。

(この他人の不幸を聞いて、嬉しい気持ちになった。自分の賢明な判断の結果に、温かい液体が身体を巡るように、じんわりと幸福感が広がった)

従ってこんな事がありますから、濁りが強度の時は、漁協の強引な放流に惑《まど》わされずにここは我慢して、もし釣行の日程に余裕のある人は、この翌日か翌々日まで延ばした上での釣行をお勧《すす》めします。

7、放流当日の竿

ここでは利根川のような川幅が、約30mぐらいの大きい川の場合と、渡良瀬川のような川幅が、10m前後の中規模な川や、それ以下の狭い小さな里川の場合との、2通りのケースでの竿の使用についてお話しします。

まず大きな川の放流時に使用する釣り竿は、用意万端で臨機応変なら、出来れば主に使用するメインの短めの竿と、更に、情況によって使い分ける長めの予備竿の、2種類を用意する事をお勧めします。

そして、放流直後は主に流れの緩やかな岸辺近くに魚が集まるので、この時はメインの短めの竿の使用が有効かつ適切です。

つまり、この短めの竿なら手前側の好ポイントに対し竿が出し易く、しかも魚が掛かって、引き寄せや取り込みもスムーズでかつ早く行えるので、隣の竿とのお祭りという糸どうしの絡み合う、トラブルも起こりにくく、更に強風時に竿があおられるのも少なく、長時間竿操作しても軽量なので、腕や肩の疲労も少ないといった、幾つものメリットが、あると言う事を、頭に入れて置いて下さい。

特に3月初旬から4月上旬頃の放流時は、水温が低く魚の活性度も高くないので、放流魚は流れのきつい流心側ではなく、岸寄りの手前側に出来る瀬タルミなどの緩やかな流れの所に居続ける為、当日は終日にわたって、短めのメイン竿の使用で済み、長めの予備竿の出番はほとんどないと言えます。

しかし水温が上がってくる主に4月中旬以降になると、放流魚は活発に動き回り、短めのメイン竿では対応が難しく、釣れにくくなり、しかもヤマメや良型のニジマスが、流れの強い流心側に移るので、こういう時は長めの予備竿に切り換えて使用した方が良い。

更に、好ポイントにも釣人の姿が少なくなり、竿を出せるスペースが充分に拡大した時は、積極的に長めの予備竿に替えて、魚が拡散しているので広範囲に仕掛けを投入して、アタリを待つ竿操作が必要になります。

その際に仕掛け糸も短めの竿の時より細く、例えば0・6号糸から0・4号糸に落として流す事をお勧めします。

次に中規模の川や小さな里川の場合は、これらの川幅に合った短めのメイン竿一本のみで、通しても良いでしょう。

このケースでも、ゴールデンタイム以降は、食い渋ってアタリが止まってしまうので、細い糸や小さい針への切り換えを行って、流した方が良いでしょう。

残り魚は戴き、ひょいひょい釣りで

それでは、ここで大きな川でゴールデンタイム後に、長竿の竿捌《さば》きの腕前による釣果で、プロ級の釣師も顔色《がんしょく》なしの実例の話をする。

それは好ポイントに空きスペースが出来た時に、他から移動して来た長竿つまり7mクラスの竿を持参の釣師が、この空きスペースに入って竿を出すや、ポンポンと食い渋っていた、釣れ残りの主に小型ヤマメを、次々について釣り上げているのを目にした事でした。

どうやって釣り上げているか凝視《ぎょうし》してみると、どうやらこの長竿の仕掛けは、大変軽量小型オモリを付け、餌はブドー虫を活き活きと長く見せる為に、針にこの尻あたりを刺してチョン掛けで、更にこの餌とオモリの間隔は長くとってある。

そして竿を振ってポイントに仕掛けを投入した時は、この餌のブドー虫は水面上かこのすぐ下あたりに漂うようにして、その後は竿を手前に、ひょいひょいと引っ張るように少しずつ動かし、あたかも水面近くをこのブドー虫が、動き回っているかのような竿さばきで、魚を誘引し興味を持たせて食い付かせる、いわゆる引き釣りというか、浮かせ釣りとでも言うやり方で、一種のフライ型餌釣りとでもいう方法を行って、釣果を上げていたのには驚かされました。

これも後述する放流魚は、水面近くの餌に食い付くのを熟知した、この釣師の長年の経験上から考え出された、プロ級の技の結晶と言っても良いでしょう。

まだいたよ、頑固一徹《がんこいってつ》の釣師が

ここで長竿に関して、もう一つの余談ですが今も思い出深《ぶか》い、孤高《ここう》の老釣師のエピソードをお話しします。

それは一言でいうと、ツラ構えはまずいが、川と相対した心構えは揺《ゆ》るぎなく、一途に剛毅《ごうき》な態度を貫き通した、まさに初志貫徹で、この固執事《こしゅうじ》は刮目《かつもく》に値する出来事でした。

その痛快事は利根川での放流日の事でした。私が陣取った釣場の近くに、周囲の釣人達とは浮いた感じで年輪《ねんりん》が刻まれた風貌《ふうぼう》の釣師が入っていた。

そう、他の釣人達と全く違うインパクトがあったのは竿だった。

優に8mぐらいはありそうな重い長竿を振っているではないか。

しかもその竿の振り込み先は、誰も流していない流心沿いの強い流れに、黙々《もくもく》と揺るぎない決意で投入し続けていた。

更に目に留まったのは、その餌だった。他の釣人達の定番のイクラやブドー虫でなく、我が道を行くとばかりに、マグロのブツ（切り身）には、驚くばかりだった。

この時私はと言えば、幸先《さいさき》良くポツリ、ポツリと釣れていたので、心情的にも余裕綽綽だった。

この得体の知れないまだ無釣果の釣師をチラッと見て、一端《いっぱし》のベテラン釣師気取りで（ああ！バカじゃん、あんな餌で流れのきつい所を流しても、どうせ当たりもないだろうに。本当に無駄骨《むだぼね》だぞ）と幾分気の毒がり、なかば見下していました。

ところが小1時間ぐらいたって、周囲でオオッという声がして、ざわつき出した。

気になって何かなと視線を移すと、例の釣師の長竿が弓なりになって、グイグイと引っ張られているではないか。エー本当かよーと思ってしまったが、遂には優に50㎝はあろうかと判断出来る、放流されたジャンボニジマスを、ゆっくりと引き寄せて、タモに収めるのを見て、ようやくこの釣師の目論見《もくろみ》が、この時に確《しっか》りと理解出来たのです。

そう、一度決めたら自分の行動を押し通す頑固一徹なのか、それとも、ただ1つの事だけに心を注ぐ一意専心《いちいせんしん》なのか、あるいは強い意気込みを持っているのか、本人から聞かないと分からないが、それにしてもこの大物を釣り上げる事だけを目標とし、その達成の為に食い付き易い餌を選定し、老体に鞭《むち》打ち重い竿で大物が居そうな流れに振り続け、遂にそれを成就《じょうじゅ》した信念には、ただ呆れるよりも感動と脱帽の一言に尽きる。

その後この老釣師はこの獲物をきりきりしゃんと手際良く袋に入れ、周囲の羨望の眼差しを後に、もうこの釣り場には用済みと、勝利感を味わうかのような自信に溢れた、飄々《ひょうひょう》とした足取りで河原を後に、悠々と自転車に跨《また》がって、ふうと去って行ってしまった。

世間は広く、信念を曲げない気炎万丈《きえんばんじょう》の人が、まだ残っていたとは特筆に値する。

（ここでふと帰宅時を想像する。「婆《ばあ》さんや、ほれ大物だ」「あれまあ、マグロの切り身がこんなに大きく変身しちゃった」）

8、放流当日の仕掛け

放流魚は養殖池で育てられている時は、ペレット状の配合飼料の餌を、魚が成長するに従って、小型の飼料から段々と、大型の飼料に替えながら、与えられて育っていき、更にこの餌は定時になると、水面に撒かれるので魚は常にこの水面上か、ここより落下してくるのを食べて育ってきたのです。つまり魚にとっては餌は常に上方の水面にあるか、ここから落下してくるという事が日常的に習慣化しており、その結果水面側の上方を常に注視しながら、泳ぎ回る事が体に沁み込んでいると言えます。

そのような情況下で、突然川へ放流されても、この習慣はキープされる為、放された魚は常に餌が落下する水面側に注目を払い、それ故に、川の上層かあるいは中層にかけて泳ぎ回っていて、そこで落下してくるか、あるいは流れてくるかする餌を待ち構えると考えられます。

そこで渓流釣りのセオリー通りに、底側に餌を流しても見向きもされず、アタリも無く釣れないという事になります。

従って放流当日の仕掛けは、川の上層から中層にかけて餌を流すようにすれば良いでしょう。その為の仕掛けは2通り考えられ、1つは川の水深に合わせる形で、ウキ下を短く設定して、オモリは軽めで針とオモリの間隔も短くして、この上中層あたりを浮遊するような形で、流すやり方です。

もう1つはオモリは底に着く程度でやや重くして、このオモリから針迄の間隔を、出来るだけ長く設定し、仕掛けを投入すると底のオモリを引き摺《ず》る形で、餌が中層付近をユラユラと流されるような仕掛けです。

最近はこの後者の仕掛けをもっぱら多用し釣果を上げている。

当初は知らずに底を流したが、さっぱり釣果が出なかった。

そこで思い違いに気が付いて、主に中層を流すような仕掛けに替えた事で、釣果も格段と上がるようになり、実証されたと言えます。

なおゴールデンタイム以降に、流れのある流心側を前述したような長竿に替えて流す時には、オモりも重いのに切り替え、それに伴って針とオモリとの間隔も替え、長めに設定し直すといった、臨機応変の対応をとる必要があります。

9、放流当日の水温

まずここで一番強調したい事は、魚は変温動物であるという事です。

つまり哺乳類《ほにゅう》や鳥類のような常温動物《じょうおん》ではなく、魚類はほぼ一定の体温を保持する能力がなく、体温が外界の温度の昇降に伴って上下するものであり、温度が高すぎたり低すぎたりすると、正常な活動が出来なくなり、ひどくなれば死んでしまうという事です。

従って例えば川の水温が、４℃の時は、そこに居る魚の体温も水温と同じ４℃しかないという事で、ヤマメの場合では、４℃以下だとあまりにも低水温のため、順応出来ずに、ただじっとしているだけで、こんな情況下で放流された日には、全く期待外れに終わるのを、私は身を以《もっ》て体験し、苦《にが》い教訓を得た事が出来た話をしましょう。

寒いよう、縮《ちぢ》こまって動かねえや

時は解禁早々の3月12日で、場所は渡良瀬川の支流の小中川での、ヤマメ放流日の事でした。

当日は厳寒日であって防寒着でもガタガタ震えるぐらいで、放流個所の上流のトロ瀬の水際には、なんと薄氷が張っている状態でした。

ちなみに持参した水温計で測って見ると、水温は午前9時でたったの2℃しかなかった。

この日はこの場所が最後の放流個所という事で、ブルブル震えながら待つが運搬車がここに到着したのが、午前10時少し前。この時間でも測るとまだ水温は3℃しかなかった。

ここで自分が陣取った場所へ、ヤマメの入ったバケツ1杯分を自らの手で放すが、この場所は私1人だけで、上流はもう1人の釣りバカで、2人しかこの時は居なかったので、シメシメ思う存分釣りまくり、これならバケツ分の10匹は堅いと取らぬ狸の皮算用していた。

しかし、なんと魚はショック状態で、放流岸近くで、寒いよう、これじゃじっとして静養《せいよう》だと言う様。アレレ動かねえや。手を拱《こまね》いていたがやむなく竿からタモ網に替えて、届く所に居た2匹はすくい取ってビクに収めたが、何んだか釣りではなく、元気のない金魚すくいをやりに来た気分なり。

その後は、そうだ釣りに来たんだと思い直し、試《ため》しにとこのポケッとしている、ヤマメ達の鼻先に、手を替え品を替え意地になって、イクラやブドー虫をこれでもかと、流すも全く反応せず、ただゆっくりとまるで夢遊病者《むゆう》みたいに泳ぎ回っているだけで打つ手がない。

こんな空費《くうひ》が延々と3時間ぐらい続き、やっと午後1時すぎに流心沿いを流して、瀬尻側でやっと1匹釣れ、その後もひたすらねばって更に2匹で、結局この日釣れたのは、たった3匹のみという、見るも無残な貧果の空振りだったのを記憶に刻み込んでいます。

これは、まるで薄着のまま厳寒の屋外に、放り出されたようなもので、気温が上昇し日射しの暖かさを感じて、やっと活発に動き回って食欲も回復する迄、ひたすらガタガタ震えながら、じっと待つのと同じ事が、このヤマメの場合にも当て嵌まる。

ここで教訓直言す。水温計は必携《ひっけい》すべし。

なぜなら低水温時の計測で、釣果の行く末を案じ出来、諦念しジタバタしなくなるから。

ではここで、放流ヤマメと水温と釣果との三者関係は、いかなるものなのかを、ちょっと考えて気付いたので、それをお話しします。

まず放流当日のヤマメの釣果に関しては、前述したように水温が極端に低い時はダメで諦めるが、じゃあ、このヤマメが一番活性化する13～18℃ぐらいの時の方が、釣果実が上がるといえば、そうはならず期待通りにいかない現実がある。

ではその要因はなんじゃと言うと、この適水温だと放流されたヤマメ達は、大変活発に泳ぎ回って、魚が放流個所から拡散してしまう。

従って、陣取った場所に固守して、ひたすら竿を振り続けても、散《ち》り散《ぢ》りバラバラで快活《かいかつ》に広範囲を泳ぎ回る魚と、釣り餌との遭遇は少なくなってしまい釣果も上がらず、かと言って釣人達側は、好ポイントにひしめき合っているので、移動出来ないという、ジレンマに陥《おちい》っている為かもしれない。

その結果から分かったのは、まあ、水温は下限は６℃程で、上限は10℃程の時だと、活動力は低下し余り遊泳せず、放流個所付近に多く留まり、食い気は衰えず大人しくしている為に、釣果も上がる事に気付いた。

だがこの現実を知ってもいつでも釣れる自信は、柔らかいゼリーのようにぐらついています。

10、放流日の使用餌

さて、放流釣りの話も終盤となり、ここからは放流釣りに適切な餌の話をし、終了する事にします。

放流当日の餌の鉄則は、迷う事なく複数の餌を用意して、この日一番食い付いて釣れる当たり餌は何かを見極めたら、その餌に切り替えるかあるいは、その当たり餌をそのまま使い続けるという事です。

では、この複数の餌は何かと言うと、放流釣り定番のイクラとブドー虫の2種類を用意すれば良いでしょう。ここからは、この2種類の餌の話です。

(a) イクラについて

それでは、まず先に私が放流釣りの時に最も愛用しているイクラについて説明しましょう。

でもイクラの話をする前に、ちょっと魚の嗅覚《きゅうかく》の話をしますと、魚は犬にも劣らない鋭い嗅覚を持っており、主に水に溶けたアミノ酸の匂いを嗅《か》ぎ分けて、行動していると言われています。

その良い例として挙げると、鮭が海から産まれ育った母川へ4年後に戻ってくるのは、この川の匂いを鋭い嗅覚によって覚えているからとされています。

それではイクラの話に戻りますと、このイクラはシロ鮭の卵を塩蔵したものですが、この特徴は川へ餌として流す事によって、このイクラ独特の白い煙幕と匂いが、溶け出して前述したように嗅覚の鋭い魚の食いを、高めるという効用があります。

当然市販のイクラを使用しますが、釣り具店で売っている加工したビン詰めタイプは、水に濡れても変色しにくく、適度な固さで釣り針に付け易く、しかも外れにくく保存も長持ちし易いなどの、幾つかのメリットが挙げられるが、数量の割りに高価であり、生イクラに比べて匂いが弱いといった欠点もあって、一時私も使っていましたが、現在は主に魚屋かスーパーで購入した、パック詰めの生イクラをもっぱら使用しています。

これには塩イクラと、しょう油漬イクラの2種類がありますが、どちらも使用上では差はなく、私はもっぱら品数の多いしょう油漬イクラの方を、愛用しています。

このイクラを買ってそのままパック詰めを、釣り現場に持ち込んで使用する釣人が多いようですが、このまま使ったのでは柔らかすぎて付け憎《にく》く、更に針持ちが悪くてすぐ落ちてしまい、頻繁《ひんぱん》に付け直す面倒な作業を行わなければならず、これが嫌《いや》でブドー虫の方を、使用している人が多いのが実情です。

私はこの買ってきたイクラを、一手間かけて適当な固さにしてからの使用を心掛けています。

それではここで、簡単に固くする方法を伝授しましょう。

まず一つ目のやり方は、買ってきたイクラをパックから出して、室内の日陰の所で新聞紙の上に、均等にバラバラに離間《りかん》し広げたままにし、表面の水分を飛ばすというやり方で、これだと半日ぐらい置かないと適当な固さにならず、時間が掛かり過ぎるという欠点があります。

もう一つの方は短時間で済むので、私はこっちのやり方を行っています。

このやり方は新聞紙の上にバラバラで均等離間に広げる迄は同様ですが、この後に、この広げたイクラの上に、片栗粉と塩の両方に均一に振り掛けるやり方と、これとは別に、塩だけを均一に振り掛けるやり方もある。

私は簡単な後者の塩だけのやり方をもっぱら行っている。

このやり方だと、大体2~3時間で新聞紙に水分がしみ出してきますので、この時イクラの固さ加減を少し触《さわ》って確認して、針に刺しても落ちにくい程度の固さになったと判断したら、これらのイクラをまとめてガラスなどの容器に密閉し、冷蔵庫に入れて保存すると、中のイクラを頻繁に取り出さなければ、1年は充分にもって、使用可能です。

なお私の場合では釣行時に、このガラス容器に入れたイクラは、クーラーボックスの中に冷蔵しておき、現場では使う分だけこの容器から出して、餌箱に移すようにして使っています。

しかし、適当な固さだったイクラも、釣行時の出し入れや移し替え作業時などで、陽に当たったりして、次第に固くなってきて終《つい》には、針に刺しずらくなってしまい、こうなると捨てるしかないと思うでしょう。

ところが最近になって、捨てなくても使い道がある事を知りましたので、そのやり方を教えましょう。

それはカチカチで針に刺せない程固くなったイクラを、３～４粒まとめる形で針に付け、ダンゴ状にして使うやり方です。

もう少し具体的に説明しますと、針を中心にして回りを固くなったイクラ３～４粒で押し丸め、針が隠れる様なダンゴにして付けるやり方です。

どうしてこのやり方を知ったかと言いますと、放流翌日釣りでアタリが止まった中で、さてどうしようかと悩み餌箱には、カチカチのイクラが少し残っていたので、ダメ元で物は試しとこのやり方をやってみたところ、なんと多分この場所に残っていて食い渋っていたニジマスが、「あれ丸い大きな少し匂いがする美味しそうな餌が流れてきたぞ。よし戴いちゃえ」とばかりに食らい付き、３匹続けてゲット出来た事でこれで使い道があり効果抜群と知ったからです。

それから放流当日釣りでは、私の場合は必ずイクラを針に2粒付けて流しますが、ゴールデンタイム後のアタリが止まった時には、ちゅうちょせずにこのイクラを3粒に増して付ける事に切り替えて、これによって餌を大きく目立つようにし、魚の食い気を再び誘引するようにして流すような一工夫を凝《こ》らしています。

(b) ぶどう虫について

このぶどう虫とは蛾《が》の1種で、エビヅルの虫やカマエビとも呼ばれていて、ブドウやエビヅルの枝の茎の中に潜《ひそ》む、ブドウスカシバという蛾の幼虫を言います。

そしてこの越冬幼虫が潜む茎ごと切り取って、販売されていますがこの幼虫の寄生を受けた茎は、その部分が太く膨《ふく》らみ、それより先の部分は枯死してしまいます。

なおエビヅルとは高冷地の山林で他の木に巻き付き、黒く熟した実は食用となり、ヤマブドウと言う名で良く知られています。

そして以前は釣り具店でこの太く膨らんだ茎毎に、例えば1本70～80円ぐらいの高値で売られていました。

この高値の訳はこのブドウスカシバが、今では激減しこのエビヅルの膨らんだ茎を採集するのが、大変困難になったからです。

従って今では釣り具店からこの茎は姿を消しています。

その為に釣り具店では代わりに例えば1パック20匹入りで、５００円前後というお手頃な価格で売られていて、我々が専《もっぱ》ら使用しているのは「養殖ぶどう虫」とネーミングされた、擬似《ぎじ》ぶどう虫の事なのです。

ではこの「養殖ぶどう虫」の正体とは何ぞやを、今から説明します。

実はこの正体は、「ハチミツガ」(別名「ハチノスツヅリガ」)と言う蛾の幼虫です。

本物と姿や形状が似ているのを、会社が探し出して成育させて広めて売り出したのです。

ではここで、そもそもこの「ハチミツガ」の幼虫は、どんなやつかと言いますと、あまり馴染《なじ》みがないのは当たり前と言えるが、蜜蜂《みつばち》の巣に寄生するやつです。

そしてこの巣箱の底の巣クズなどが溜まると、そこに発生するやつで一度発生すると、こやつはこの巣をボロボロに食い荒らしてしまうという、厄介物の養蜂寄虫としてこの業界では、わりと知られていたそうです。

それにしても我々には、全くもってレアな幼虫としか言えないようなのを、よくまあ、会社が多分苦労して見付け出したものだと思います。

そしてこやつは人工飼料で簡単に飼育出来て、しかも増殖出来る事が分かり、その結果釣り用で、一般に安価で提供出来て、我れらの釣人達が渓流釣りや、放流釣り用の馴染みの餌として、良く愛用されるようになったと言う訳です。

ちなみに本物たる天然のぶどう虫が乳白色なのに対し、この安価なぶどう虫モドキと言うべきブドー虫（なお、多用している養殖ぶどう虫を単にブドー虫と称して、本物のぶどう虫と区別する）は、一般的には黒く皮膚が少し柔らかい感じがしますが、今では改良されてきていて、天然物と遜色《そんしょく》ないのが出回るようになり、更にサイズも天然並み以上の、ジャンボサイズ物が市販されているなど、使用上では天然物と差はないと言われています。

それから、このブドー虫の冷蔵庫での保存ですが、通常5℃以下の冷蔵室は温度が低すぎて、すぐ弱ってしまうので、野菜室の方が好ましい。

しかし、この冷蔵庫の保存も、せいぜい2週間程度で、これ以上経過すると黒ずんで死んでしまい、使い物になりません。

聞いてくれ、本物からの声なき声を！

どこからともなく、蚊の鳴くような弱々しく憂《うれ》いに沈む感じで訴える声が耳に入ってきた。聞き捨てならぬ内容の声だったので、書き留めておいたが、その内容とはこういう事です。

私の名は「ブドウスカシバ」と、まあ自分で言うのも何だが、ブドウの木が屁をした様な妙ちきりんな名前が付いているが、これでも世間一般では「ぶどう虫」と言う立派で周知した名で、特に釣人には知られていて誇らしく思っていました。

ところが今は我が仲間達が、農薬のせいか原因不明だが、次々と姿を消してしまって、この先も悲観的で、もはや絶滅危惧種のようで後顧《こうこ》の憂いにかられています。

こんな我らが存亡の一大事の時に、なんと自分達と同じ名前を、堂々と名乗った偽物《にせもの》が現れ、驚愕《きょうがく》し困惑《こんわく》しています。

そして今じゃ、この偽物が我々本物を尻目に、デカイ顔でばっこし、のさばり世の中を席捲《せっけん》しているようで、「草葉の陰」でなく「ブドウの枝の茎の陰」で、今は亡き仲間達と共に、悔し涙にくれる毎日を送っています。

では、その悔しくて嘆かわしい内容と言いますのが、「養殖ぶどう虫」との名が勝手に付けられて、広まっている事でして、この偽物の正体はと言うと「ハチミツガ」というやつで、こいつは名からヤワで女女《めめ》しく、なよなよし嫌いなやつなんです。

じゃあ、何でこの「養殖ぶどう虫」が、ダメかと言いますと、まず第1に偽物の方が、例えばもし「蜂蜜虫《はちみつむし》」とでも付けたとしても、多分こりゃ何だ。こんな甘ったるい変な名の付いた、得体の知れない餌は、使用しないという事で、気味悪くて売れないのは、明明白白《めいめいはくはく》で、そこで安易に本物の名を、ちゃっかり使って釣人を欺《あざむ》く、いわゆる有名商品のただ乗りと言う、詐称《さしょう》行為を行っているのではと推定するからなんです。

そして最も嘆かわしくて腹が立つ事は、何かと言うと、この「養殖ぶどう虫」の名の餌を手にした一般の特に釣人達はまだまだ本物の「ぶどう虫」の仲間達が、元気一杯に多数いて、しかも養殖という名が頭についているので、本物が人工の餌でスクスクと順調に育てられ、それが出回っていると思う大誤解を与えていることなのです。

その結果この栄えある「ぶどう虫」の名前の深刻な混乱をもたらすと共に、滅亡しつつある我等の存在が無視され、忘れかねないという強い危惧を、抱くからなのです。

しかもこんな偽物を使う方も使う方で、「安かろう、悪かろう」じゃなく悪くなかろうといった感じで、ノウノウと広く使用されている現状を見ると、悲しいやら、腹立たしいと言うべきほどに、心痛《しんつう》の種となっているのですと言った。まあ、こんな言い分と言うか訴えでした。

私はこの言い分に惻隠《そくいん》の情《じょう》で、胸がきゅんと締めつけられ、そして一理があると思います。

「弱きを助け、強きをくじく」を心情とする私にとって、おっとここでは「弱きを助け、偽物を暴《あば》く」ですが、真っ直ぐ筋を通さなければならぬという、男気の筆者は、夏の自然の端《はし》くれを粉にしたほどの、この微弱虫の声なき声の、悲痛な訴えに対し同情と大いなる義憤《ぎふん》の共鳴を抱くのだが、これに対する読者の皆様にはこの大変繊細《せんさい》な事柄に、どれだけの賛同と共感を得られるかは、はなはだ自信がなくひょっとしたら、釣りバカ男の一人だけの、ごまめの歯ぎしりで終わるかもしれません。

それでは本題に戻りますと、この疑似で安価なブドー虫の使用に於いて、大事な点は、釣り場では常に良く動き回って、生きが良く元気な状態の虫を、針に刺して使う事です。

私はどちらかと言えば、メインはイクラでこのブドー虫はサブとして使うので、日持ちの良いまゆ入りを選びますが、色は特にこだわらず白色か灰色のどちらかにしています。

なお濁りがある時は、白色の方が見易いので食いは良いようです。

大きさの方は、大体15㎜から25㎜ぐらいと、大中小と幾つか種類があり、私はもっぱら数が多く小さい方を、経済的理由から選びますが、やはり魚にとっては、大きい方が満腹感が増すせいからか、理由は魚に聞いてみていないので不明ですが、ジャンボサイズの平均25㎜ぐらいの方が、食い付きが良いようにみられます。

それからこのブドー虫の針の刺し方は、ベストのやり方は尻から針先を入れて、頭の先端から抜くようにすると、針保ちが良くなりますが、この刺し方は手に取って動き回っているのを尻側から刺すのは、やや面倒で経験がいります。

逆にこっちは簡単ですが、ブドー虫の体側から針を刺して、尻側に抜くと内臓が出てしまったり、合わせを入れた時にそこから裂ける事があるのが欠点です。

ここで当日釣りの時に、私がこだわっている餌を付けて流す順番があるので、何故《なにゆえ》なのかを説明します。

それは基本的には当日釣りのスタートは、まずイクラを付けてから流し、そのまま続行するか、あるいは途中で周囲の釣れ具合によりブドー虫に切り替えますが、この切り替え後にアタリが止まった時には、再びイクラに戻して流すというパターンに徹《てっ》しています。

なぜこのやり方にこだわるかと言いますと、前述したように買ってきたイクラをそのまま使うと、針に刺し辛《づら》くてすぐ落ちてしまうのを嫌って、このイクラ派の釣人が少ないようで、スタートからブドー虫派の釣人が多いように思える為です。

つまり魚にとってはイクラが流れて来るのが少ないので珍味感と、希少価値で食い付く確率が高いのではないかという、魚の心情に立った身勝手な独断からの理由です。

それともう一つは仮に、ブドー虫を付けてスタートし、途中でどうやらイクラの方が当たり餌と気が付いて、このブドー虫を針から外すと、私は面倒臭がりで頭から刺す方なので、内臓が出たりしてこのブドー虫を餌箱に戻して、再び使う事が出来なくなる事が多くなるという、非常に手前勝手なケチケチ精神から出た理由で、始めからイクラなら付け替えても、無駄にならないと決め付けた、私の本質の性格である、吝嗇《りんしょく》な人しか考え付かない、思い上がった考えですので、あまり真似はお勧めしません。

(c) 当たり餌について

ここではまず先に、当たり餌に関して私の苦い体験のお話をします。

それは利根川での放流で当日は雪代が入っていて、増水して濁りもあり、しかも水温も10℃近くある情況下でした。

いつものように魚が撒かれ、それっとばかりに竿を出すが、何時《いつも》ながら放流直後は、魚の順応《じゅんのう》休息時間なので、まだ周囲は静かで竿の動きはない。

ここ迄は普段と変わりない光景でしたが、その日はその後が何時と全く異なり、魚の休息タイムも終了し、食事時間へと移行して、ポンポンと周囲で釣れ出してざわめき出してくるが、その中で私はと言えば、何時《いっ》ものように胸は期待で高鳴っているのに、竿の方は我関せずと無関心で、ピクリとも当たりがなく、次第に焦《あせ》りの気持ちが、忽然《こつぜん》と湧き出してきた。

とうとうこの悲観状態が、なんと約2時間以上たっても情況は好転せず、遂には、能天気な私も今日はひょっとしたら、またボウズかと諦めの気持ちで、あのスタート時の楽観がこりゃダメだと絶望的な悟りに至った。

しかし諦めきれずに多少気を取り直して、周囲を見渡すと、どうやら釣れている当たり餌は、ブドー虫と気が付いた。

所がこの時自分のクーラーボックスに入っていたのは、購入後すでに1ケ月以上経過の、全体が黒ずんで半分死に掛かったようなブドー虫だった。

これでは自分が仮に魚としても、絶対に食い付かない代物《しろもの》なのだ。

その為この餌はダメだと観念し、せっせとバカみたいに、意地になってイクラを使いざるを得なかった。

その結果は見るも無残なヤマメ1匹の惨敗《ざんぱい》だった。

この事はイクラさえ用意しておけば、大丈夫と思い込み、こんな事態になるとはとんと予見もしない見通しの甘さであり、いわば自業自得《じごうじとく》の結果と言えます。

周囲では少なくとも平均で10匹ぐらいは釣れていて、中にはビクの中にぎゅうぎゅうに魚が押し込まれ、制限数の20匹をはるかにオーバーしている、強欲の釣師も目に入って来て、ただ羨ましいの一言だった。

これは当たり餌の用意ミスが生じた人為的な結末であって、もし自分も生きの良い当たり餌であるブドー虫を、用意して使っていたら少なくとも、まわりと同じように喜色満面《きしょくまんめん》で意気揚揚といった所だったのだが。

なんにしても、この不本意な原因はピチピチ新鮮なブドー虫の不用意で、当日のお魚様のお口に合わないメニューを、提供したせいもあるが、なぜこの日はいつものイクラをお口に召されなかったかと、ありったけの脳味噌で必死になって考えた上で、自分なりに推測して下した結論は以下の通りです。

当日は4月中旬で、前述したように水温は少し高めで、しかも雪代が入って濁りも出ていた。

このような時は、なぜか当たり餌はブドー虫であり、一方の3月中の低水温で、澄んだ減水の時の当たり餌は、私の愛用しているイクラであると言う現実を基にして、魚の立場になって勝手に考えて見る事を、思い立ちました。

魚にして見れば冷たい水の中では、寒いし動き回るのも面倒だが、まてよ、遠くから目の前に赤い固形の物が流れて来て、いかにもこれを食べるとすぐに元気になりそうで、しかも栄養たっぷりそうな臭いのイクラを見つけるや、これは目っけ物とばかりにパックと戴いたという訳です。

それに対して今日は水量も多く超快適とはいかないものの、動き回るには適した水温だが、視界が悪くて、イクラのような小さな固形物は、見えにくく注目に値《あたい》しないし、しかも増水中なのでイクラの匂いも拡散してしまう中で、白くて大きく目立ってしなしなと動いていて、いかにも美味しそうなブドー虫が、ちょうど目の前に流れてきたので、ラッキーとばかりに早速頂戴したと言うのが、真相ではないかと私が魚に代わり、その食性行動を解明した次第です。

(d) 他の餌について

そうだ、イクラやブドー虫以外にもっと食い付く別の餌が、あるのじゃネエノカヨーというのは、釣りバカの強欲が餌に波及《はきゅう》した、重症化の副作用で、この為これならお魚様のお口に召すだろうと、勝手に決め付けて選定したのがこれです。

つまり、これらの餌なら絶対にお口に召して堪能した後に、釣られるであろうと期待を込めて実証した餌の一覧です。

①強烈な匂いで集魚効果抜群の、塩辛《しおから》

②マグロの赤身の、ブツ（切り身）
③金魚用のペレット状の、固形餌
④釣れたヤマメの腹から取り出した、魚卵
⑤ドングリ（クヌギ）の木の幼虫の、クリ虫
⑥クチボソなどの、小魚
⑦川虫の、黒川虫
⑧同じく、チョロ虫
⑨そして、ピンチョロ　　以上

さて、食い付き餌探索作戦はどうなったのか。

残念ながら調達が難しい⑨のピンチョロを除いて、喜んで箸が進む餌は、見受けられなかった。これには思惑が外れて失望が大です。

多分見馴れぬ餌は食うべからずの、本能から来る指令に無意識に応じる魚が多かったせいと寛大な心で受け入れてはいるが。

そして手取り早い原因究明は、お魚に好みをお聞きする事だが、お互い取り込み中で多忙な身なので、それも叶《かな》わない。

そんな中で相性が良かったのか、それともたまたまの気紛《きまぐ》れか釈然《しゃくぜん》としないが、他の釣師がこれら選定した餌から使用して、釣果を上げていた実例があるので他人の成功談の話で憂《う》さ晴《ば》らしをする。

では、⑥のクチボソの実例から。

それは利根川での放流日の事で、ちょうど自分の下流側に陣取っていた釣人が、横に設置のエアーポンプ付き水槽から、小さな網で掬《すく》い取って針に付けているのが見えた。

その後に、その釣人が目の前の流れの緩やかな瀬タルミに、竿を入れるやいなや、正に入れ食いであっという間に、主にニジマスを7~8匹釣り上げた。

自分はソコソコの釣果の中で、スゲエーなあと羨望の眼差しで見ていたが、次第に妬《ねた》みと疑念が増した。

じっと注視すると餌はクチボソの小魚で、針先を尾の付近にチョン掛けして、活発に動くように流していた。

既に周囲の竿はお休みタイムで静止中だが、この釣人の竿だけは忙しく働いていた。

このクチボソは買ってきたのか、捕まえたのか不思議だ。

よし、この入手の謎を解明するぞと大口《おおぐち》を叩いたが。スミマセンまだ謎のままです。

それでは、⑧のチョロ虫の実例では、

この実例は渡良瀬川の支流の黒坂石川での事である。

放流から約2時間以上がたち釣れなくなり、ルアー釣り人らは下流へ移動し、好ポイントの深瀬に釣人の姿なし。

すると、そこはかとなく野武士のような風体の釣人が現れた。

こいつはひょっとすると空き巣狙いだと警戒して見ていると、餌箱の中から湿《しめ》らせた布の上から何やら物を取り出して、針に付けて手前のカケアガリを流すや、食い渋っていたヤマメが、待ってましたとばかりにヒットして釣れ上がって、その深瀬でドカーンと魚が消える迄の、5~6匹を懐《ふところ》にしたのだ。

なんだよ此奴《こいつ》はシマ荒らしかよ思いつつ、どうやらこの餌は、チョロ虫だと見当を付けた。

それにしても、ここに放流された魚は、多少イカレているのか川虫に目がない。

特にピンチョロが大好物とくりゃ、この川とそっくりな渓相の、あの高麗川に放流されれば、思い切り食い放題なのになあと、あのシマ荒らしの釣人を見て痛感した。

それはそうと、ここの魚はめっぽう川虫大好きと睨《にら》んだあの釣人の、眼力と腕前は只者《ただもの》ではないが、その後この場所でお目に掛かっていない。

グルメ餌釣りだよ、出し物《だしもの》は。

放流釣りの話も本来なら、ここで幕引きとなる所ですが、カーテンコールがあったと勝手に判断しまして、今も強烈な印象として忘れずに残っている、ある餌の摩訶《まか》不思議な体験についての話をします。それは今から何年か前の桃ノ木川の放流当日の出来事でした。

放流から時間が経ち、ポツリポツリと大根《だいこん》役者の釣人も、ここでのお役目終了と表舞台《おもてぶたい》から姿を消して、空いた劇場の釣り場スペースに、岸に止めた車の楽屋《がくや》から立役者がしずしずと降りて、花道の土手《どて》沿いを真っ直ぐ颯爽《さっそう》と歩いて水際《みずぎわ》に立った。

そして徐《おもむろ》に竿を取り出して用意するや、目の前の水深約1m位の緩やかな流れの深瀬に、なにやら餌を付けて投げ込んだ。

それは短い投げ竿仕様で、重いオモリを沈めて固定し、その上の正体不明の餌が、流れの中層を漂うように長くとってあり、更にこの竿の穂先には御丁寧《ごていねい》にも、単に御飾《おかざ》りではなくちゃんとした音が出る鳴《な》り物の鈴付きとは驚きだ。

その後はこの竿を水際にがっちりと固定して立て掛けると、この立役者は一旦幕の外である自分の車の楽屋へ戻り、この中で出番がくる迄端然《たんぜん》と待機する役割であった。これで下準備が済むと、ここからいよいよ本番の幕が切って落とされ演劇が始まった。

仕掛けを投下して、まもなくチリン、チリンと鈴が鳴虫《めいちゅう》のように鳴る。

この鈴は芝居の柝《き》の時を知らせる役目と似て、獲物が掛かった合図の役目となるのだ。

すると先程の立役者が出番が来たので、楽屋の車から徐《おもむろ》に顔を出して、竿の所までしゃらりしゃらりと来て、為《し》て遣《や》ったりの顔付きで素早く竿を上げて、掛かった魚を手馴れた様子でひょいと横に置いたビクに入れるや、再びあの謎の餌をスイと付け替え、同じポイントに投げ込んで、元の場所にこの竿をしっかり立て掛けて、楽屋に戻るの繰り返しを、なんと約20数回に及ぶが、周囲の未練《みれん》気《げ》の残留の大根役者達も、この一人舞台の一連の演技による大釣果に、唖然《あぜん》と言うか騒然となり、大向《おおむ》こうを唸《うな》らせた。

私も終幕と思われる頃に興味津々で神《しん》に入《い》る技に近寄り注視すると、ビクの中には良型の放流ヤマメが、うじゃうじゃ入っているではないか。

その数は多分鳴った鈴の数と同じ20匹以上ありと見た。

あまりの多さに呆《あき》れつつ、この立役者に恐《おそ》る恐《おそ》る「餌は何をお使いですか」と尋ねると「塩辛の切り身だ」と宣《のたま》って、親切にもその現物を見せてくれたが、驚くなかれその後に「紀文《きぶん》の塩辛でなければならない」と言うとは。

冗談で人をおひゃらかすのかよと思った。

真逆《まさか》養魚場で銘柄《めいがら》不明の固型飼料の餌を、せっせと食べさせられて育った魚達が、こんなシャバに突然放り出されたのに、一流の銘柄の塩辛の餌を指名して選ぶグルメ感覚が、果たしてどうやって養われたのか、怪訝《けげん》に思ってしまい合点がいかず、奇奇怪怪《ききかいかい》であって、謎のままであった。

それでもこの事があって、どうしても気になり自分も真似しあわよくばと奮《ふる》い立って、わざわざスーパーで紀文と御指名してこの塩辛を買い求め、他の釣り場に持参して、本当かいなあと半信半疑《はんしんはんぎ》だが、当たれば目付っ物と試したが、役者の格が違うのか判然とせず、グルメ嗜好《しこう》に染まったヤマメには、予想通りと言うか全く会わずじまいとなり、ひょっとしたらあの時は、狐《きつね》にたぶらかされたのかと思ってしまう。

その後、この立役者と別の放流場所でチラッと見掛けたが、どうやら尾っぽは付いていず、尻尾を摑《つか》む事は適《かな》わず、一応人様である事は確信して、安堵《あんど》の胸をなで下ろしている所です。

魚にもいたよ、下手物食《げてもの》い?が

あ、そうそう餌と言えば、利根川で夏に思い掛けない経験をしましたので、その時の様子をちょっと番外編としてお話しして、この放流釣りをここで締《し》め括《くく》りたいと思います。

それは、いつもの黒川虫を餌に瀬尻側に流しきった時に、急にグイッとアタリが手元に伝わり、何だか鋭角的で、直線的なとでも形容したい強い引きがあり、これは22㎝以上の良型のヤマメかと、胸を膨《ふく》らませつつ竿を上げると、案に相違して18㎝のヤマメだったのでガックリする。

意外に引きが強かったのは、針が尾に刺さった為で、所謂《いわゆる》スレで上がったからなのです。

ところがスレなので元気溌剌《はつらつ》としたこのヤマメを手によく見ると、なんと口にヒルを銜《くわ》えたままの状態で上がっていて、恨《うら》めしそうな顔で見詰められたのには、びっくりしました。

こやつは、流れてきたヒルをシメシメと口にしこれからお食事開始という時に、あろうことか運悪く流されてきた針に尾の部分を引っ掛けられてしまい、哀れにも食い掛け状態で御用《ごよう》となり恨んでいたのに違いない。

何んでこんな清流に面妖《めんよう》なヒルが居るのか?。

そもそもヒルと言えば、やや汚れた川にウヨウヨいて、ぬめぬめと滑《なめ》らかで、濡《ぬ》れ光る唇《くちびる》のような、人の血を吸う生物というキモい印象があり、こんな澄んだ清流の川に居て、しかも憧れのヤマメが口にしていたとは。

どうも気になって後日、図書館の資料で精査《せいさ》すると、どうやらシマイシビルという奴と氷解《ひょうかい》した。

こいつは河川に居てユスリカ幼虫や川虫を食べていて、人様の血を吸う事は全くないという事なので安心はするが、泳ぎが巧《うま》く活発に動き回るので捕えにくく、川の中に居るミミズのように捕食されにくいという違いがあるとの事でした。

そんな訳で、このヤマメは動き回るヒルを見つけるや、多分ひもじさの為可食不明だったが、パックリと食い付いたのか、それともこやつは悪食魚《あくじき》で、このヒルは食べ馴れていたが偶然目にし、こりゃ御馳走《ごちそう》とばかりに口にしたのか、いずれの動機かは本魚の自白がとれずいまだ謎のままである。

その後現在に至るも、どの川でも再びこのヒルにお目に掛かった事は、一度もありません。

(ここでこの不運な魚の痛恨《つうこん》無念さを代弁すると

「あのヒルのヌルヌルした口当たりは、忘れられないなあ。三途の川でもこのヒルが居ればいいなあ」)

「大物釣りについて」

大物が釣れるかどうかは、頼りになるのは経験と判断力がキーポイントになるが、経験という面ではまだ実績が少なく、その為知ったかぶりして一端《いっぱし》の口を利くのはおこがましいのですが、これも「狂い咲き症候」が引き起こし、他の人にメッセージを残したいという、純粋で熱い気持ちから発したものですので、その真意をお含みの上で多少割り引いてお聞き下さい。

そして、この文意の企《たくら》みは、正常な釣人なら常に抱く大物は釣れっこネエーという日頃の弱気を払拭《ふっしょく》し、適度に為になり、そうか、大物は釣れるゾーと、強気の妄想促進《そくしん》に多大に寄与すれば、まあ、良しとする控え目な程度でありますので。

それではまずここで言う「大物釣り」とは、利根川を主な釣場としており、魚のサイズは一応30㎝以上の例えば戻りヤマメや、サクラマスといった大物を釣り上げる事を指していて、これらの大物がどのような条件下なら釣れるのか、といった釣りのやり方などを、今までの多少の経験を踏まえ、大物に手が届かない釣人へ教唆《きょうさ》し、それで大物へと洗脳《せんのう》させる事を幇助《ほうじょ》する事にある。

それでは、ここからは箇条書きにして説明していきます。

1、利根川を囲《かこ》む山々の雪積量は、少ない時の方が大物釣りに適していると言えます。

なぜなら、雪代の期間が短くなり、大増水から増水そして平水になるケースが、早ければ6月頃に多くなり、それだけ好ポイントに、竿を出せる機会が増えるからです。

例えば平成28年は、この雪積量が少なく6月1日頃から平水になりました。

ちなみにこの年の6月14日に初めてサクラマスを、ゲット出来たのも平水になり、後述する大物の居着きポイントへ竿を出せた事が、一番の要因といえます。

逆に翌年の平成29年は、雪積量が例年以上に多かった事から、雪代大増水は7月に入ってからも続き、その結果大物が居着くポイントに竿を出せない、つまり大物釣りが出来ないと言う最悪の年に、私にとってはなりました。

したがって、この大物釣りが出来るかどうかは、一言でいうと雪積量の多少で決定されると言っても過言ではない。その他に、梅雨が長期間で多雨の時（令和元年がそう）は、満水のダム群からの放水で、大増水が7月から8月にかけて続いてしまう。

正に気象の神様の機嫌《きげん》ひとつで大物釣りの可否が決まってしまうのである。

2、次に大物釣りの条件としては、雪代大増水から平水に戻り、その後に降雨で、一時的に再び増水した直後が、大物ヒット出来る一番のチャンスとなります。

つまり平水になった時の雨後の翌日か翌々日の竿出しが、申し分のない絶好日なのです。

なぜなら私のサクラマスの初ゲットの日は、この前日の6月13日はほぼ終日雨降りでした。

そしてこの雨による一時的な増水も、水中での足元が見える笹濁り程度の情況なら、釣りに影響せずにむしろ良いのですが、褐色した濁流の時は、全く釣りにならないので、濁りが和《やわ》らぐまで待つという、忍耐力と自制心が試《ため》されます。

3、大物を釣り上げるには、前述したような1と2の条件に更に、誰よりも先に目指すポイントに竿を出すと言う、いわゆる一番川へ入る事が大事となります。
つまり雨後に一旦水量が増えると、大物も活発に動き回って捕食するようになるのに合わせる形で、他の釣人よりも先にここぞと決めたポイントで、過去に大物が釣れた実績のある場所へ真っ先に竿を出す事で、大物ゲット出来る機会が増します。

この雨後の日が平日なら良いのですが、土、日の場合は釣人が増えるので、早朝出漁による好ポイント場所確保が必要となり、出来れば好餌の黒川虫も事前に採捕して用意しておけば、速やかに釣場へ直行出来て万全で、後はツキが回るように願うだけでしょう。

4、次に大物釣りに使用する餌ですが、この利根川では石の裏などに豊富にいて、雪代の時に流れ出され食べ馴れて、馴染みのある川虫の黒川虫が食い付き最高の餌と言えます。
なおこの他の大物釣りの餌としては、ミミズがあげられ、特に太くて匂いがあるドバミミズが有効で、川が濁っていて魚の警戒心が薄れている時には、抜群の効果を発揮しますが、私はこのミミズはほとんど使った事はありません。

　このミミズ不使用の訳は、釣り具店で買い求めとなり、一方黒川虫は現場でタダで容易に採捕出来るので、餌代節約を信条としている自分にとっては、正にこの黒川虫は願ったり叶《かな》ったりの最良の餌と言えます。

黒川虫とは

　ここで黒川虫について、簡潔に説明します。

　黒川虫は主にヒゲナガカワトビケラの幼虫を指し、この老熟幼虫では体長が、なんと45㎜程の大型となり、全身が黒褐色《かっしょく》で細長く、まるで蟻食《ありくい》が毛虫に変身したような、可愛《かわい》くない奴で、この幼虫は水底の小石の間に、砂粒を絹糸でつづり合わせた定住性の、ミノムシのような巣を作り、流れてくる藻などを食べて育ち、この幼虫はほぼ1年中渓流に見られれます。

　なお余談ですが、長野県天竜川の浅瀬（ざざ）で採捕されて、「ざざむし」と呼ばれている地元の有名な郷土食品は、この黒川虫が約９割を示めている人気商品です。

所で、この黒川虫は、グロテスクの割に繊細な生き物で、採捕すると口から体液を出し、これが他の黒川虫にも影響を与え、お互いがすぐ死んでしまうので、そのため採捕後は彼らの吐き出した体液を、吸収するオガクズや水苔に入れて置くのが良い。

更に一緒にしていくと凶暴性によりお互いに噛み合って死んでしまうので、なるべく個々が別々に離れた状態になるといった取り扱いに注意する必要がある問題川虫です。

しかも他の川虫、例えば穏健なチョロ虫などと同様に、めっぽう高温にも弱いので、特に盛夏の時はクーラーボックスの中の冷えた容器内に入れる必要があるなど、体付きに似合わず非常にデリケートで扱いにくい川虫であると言えます。

こんな札付きの面倒な黒川虫ですが、これを採捕する時の問題点が更に２つあります。

それは何かと言いますと、いずれも暑くなる７月以降に主に起こる事で、１つはこの７月頃から大半が羽化のため巣の中でサナギになってしまい、採捕して使える数が極端に少なくなり、しかもこの苦労して採捕した黒川虫のサイズも小型ばかりになって使い難《にく》いという点です。

もう一つの問題点は、７月頃から発生する雷雨や、台風の大雨などによる大増水や濁流が起こるために、黒川虫の川での採捕が不可になり、その為餌が確保出来ず、泣く泣く釣行を断念せざるをえない、悔しい事も起きます。

それでは次に、この黒川虫を実際に使う時に気を付ける事は何かと言いますと、竿を上げた時などに、常に針に刺した状態で元気に動き回っているかを確認し、少しでも弱っていたり、魚にかじられたりしたら、ちゅうちょせずに面倒でも、すぐに別の生きの良いのに付け換えて流す事が、大物をヒットさせる条件となります。

つまり大物は非常に狡猾《こうかつ》で用心深いので、少しでも元気がなく弱っていたり、傷付いて異変があると見向きもせず、絶対に食い付かないからです。

要はこの黒川虫が自然の状態のままで、たまたま流されてきたので大丈夫と錯覚《さっかく》させて、食い付かせるかどうかに掛かっていると言って良いでしょう。

黒川虫の針の付け方

ここで、この黒川虫の針の付け方ですが、瀬の大石などの裏に居着く真っ黒くてデカイ奴は、針に1匹掛けで充分ですが、それ以外は2匹掛けを多用しています。

ではなぜこの2匹掛けにこだわるのか？

その訳は、太くて長い物への憧れは人類の根源的な願望ですが、魚の場合はこの願望がよりリアルで切実的だからです。

つまり2匹掛けの方が、餌が一層大きく見えて目立って動く為に、大物の魚にとっても食欲がそそり、しかも一度に多量を摂取出来て効率がよいからです。

それは目の前に巨大な好物の餌が、ユラユラと流れてくりゃあ上げ膳据え膳で、堪《たま》らずパックリと口にしちゃうのは当たり前と言うもんですよね。

じゃあサクラマスも同じかよとお聞きになるでしょうが、どっこい、そうは行かないぜ。

此奴の時は、２匹掛けの本来の効果は発揮出来ないぜ。

つまりこの流下して来た巨大餌を見ても食欲は増進しないからさ。

あのねえー川を遡上する奴は、大半が雌《めす》でしかも出産予定中とくりゃあ、食い気は全く無くただ警戒心は魚一倍強いだけなのさ。

でも、そんな中にちょっと偏屈《へんくつ》なのが居てさ、こりゃ何んだよと興味心でかじる奴も居るてもんだね。

次に黒川虫2匹を、どうやって針に付けるかだが、まず1匹目は尻から入れて背側にかけて針を通し、チモトまで隠すようにして針先を出し、ここに2匹目もやはり尻側から刺して、すぐ抜くチョン掛けとするやり方です。

そしてこの2匹掛け全体が、縦長の一つの大きい川虫に見せるように付けるのが、ミソであり骨《こつ》と言える。

なお大型の黒川虫の1匹掛けも同じように、尻側から刺す事が重要なポイントです。

ではなぜこの黒川虫を尻側から刺すのに拘《こだわ》るのかと言いますと。

それはもし頭の方から刺すと、下側に尾が出る事になります。

これだと刺された元気の良い黒川虫は、石や障害物に流れながら接触すると、なんとこの尻尾の部分が、蛸《たこ》の吸盤《きゅうばん》のようにくっつく能力を持っているからです。

つまり此奴は、まるで水中吸着術を会得《えとく》した忍者川虫の凄《すご》い存在なのです。

従って尻を下にして流すと、途中で石などに吸着して動かなくなるといった、不自然な動きで、魚の方もこの異変に気付き、戸惑《とまど》い警戒して食わなくなるという事です。

黒川虫の保管方法

次に問題虫の黒川虫の保管のやり方についてお話しします。

通常の気温が高くない時は、採捕した黒川虫を餌箱に、乾いた水苔をこの黒川虫同士が、互いに触れ合わない程度の多量に入れた中で保管（半強制隔離処置）しておけば、半日ぐらいは釣り場で充分元気の良い状態を保つ事が出来ます。

しかし、気温が例えば25℃以上に高くなるような盛夏の時には、それなりの充分な保冷方法を取らないと、暑がり屋なのですぐ弱ってしまいお亡くなりで使い物にならないといった事態が起こります。

ではどうするかと言いますと、私の場合にはまず採捕したすべての黒川虫を、一旦多量の水苔の入った、風通しの良い虫籠《むしかご》の中に入れ、次にこの虫籠は保冷剤を中に入れた発泡スチロール箱に入れ、更にこの箱を保冷バッグに入れるという、所謂完全二重保冷式というやり方である。

え、そこ迄するとはちょっと大袈裟過ぎねえかよ。いえいえ、そうじゃないのです。

ここ迄しないと高温時は、黒川虫は姿に似合わず川の外ではヤワなので、早々に息を引き取ってしまうからなのさ。

そしてこの保冷バッグをリュックの背に掛けて、ジリジリと容赦ない炎天下の河原を、獲物を求めてウロウロする姿なんて、一幅《いっぷく》のバカ絵の如くで、この黒川虫を心痛《しんつう》する慈愛《じあい》溢れる行為に対しては、称賛《しょうさん》の声はどこからも上がってこない。

大物釣りの最重要な餌の黒川虫様は、常に快適な冷温状態に安置し、必要時に元気一杯な奴の提供を日頃から心掛けているところです。

5. 大物の特に大ヤマメの居着く場所は?。

そこでまず先に、大物になれるのは数々の修羅場を乗り越える適応力と、弱肉強食の水中を生き抜く強靭《きょうじん》力とが備わった奴しかなれない。

そんなスーパーヒーローが、居着く場所はどこか?。

それは一言で言うと、常時安心して捕食出来、外敵からも身を守れる場所と言える。

こういう場所は広大な川でも数多くないので、情報先から特定場所を選定した上で、最適なポイントに積極的なトライが大事です。

では大ヤマメが居着く先は具体的にどのような所かと言えば、3月から雪代が収まる6月頃迄は、主に大淵などをメインの住居として、ここから出入りして近くの瀬やカケアガリ（淵や落ち込みが、次の瀬に移る徐々に浅くなった場所）で捕食活動を行うが、水温が上昇する6月以降は、俄然《がぜん》瀬に入って、川虫の捕食活動を活発化するので、この瀬の竿出しが大物狙い目となります。

そこでこの瀬は大物が身を隠すのに必要な水深が50㎝以上が望ましく、理想的にはこの水深が１m位の深瀬のある場所なら絶好の穴場となるでしょう。

更にこの深瀬に大石や大きな沈み石が、どっしりと鎮座《ちんざ》しているような所なら、願ったり叶《かな》ったりの第一級の自分だけの秘所《ひしょ》としたいポイントです。

更にもう一つ付け加えると、この大石があるような深瀬に、特に黒川虫が豊富に居るような場所ならば、大物狙いの釣人の垂涎の絶好ポイントと言える。

実は、このような場所は非常に数少ない超穴場ですので、ここを知り尽くした上で、竿を出すチャンスが多ければ、大物ゲット実現への道がぐーんと近づくでしょう。

因《ちな》みに私が以前釣り上げたサクラマスの場所も、前述した条件がほぼ全部合致し、大ヤマメの居着く場所と重なります。

つまりあの場所は大石が点在した深瀬からの瀬尻側であり、黒川虫もこの付近に豊富に居て採捕出来、更に釣り雑誌で大物の実績ある所として紹介された近くの場所でしたから、釣れたのも必然だったかも。

6. さて、お待たせしましたがここからは大物釣りの象徴的な存在であり、利根川に於ける釣り上げ至難魚であるサクラマスの話をしましょう。

サクラマスとは何ぞや

サクラマスとは、渓流で卵から孵《かえ》り終生河川生活を送るヤマメと呼ばれる残留個体とは別に、約2年間を川で過ごし、体長が15㎝前後となった一部のヤマメが、海へ下る。

この際に海水の塩分に備える為に、パーマークが消え銀毛化（スモルト化）するが、この時の幼魚をギンケやヒカリと呼ぶが多くが雌である。

そしてこの海で主に小魚などを餌として、大きく育ち降海して約1年後に、鋭敏な嗅覚で記憶にある母川へ再び遡上し、この川で産卵迄約4ケ月を過ごす。この時最長は60～70㎝で、最重量は3・5kgになると言われ、ヤマメがマス化した巨大魚を言うのです。

この巨大なサクラマスは、すなわち故郷を離れて大都会へ集団就職した若者達の中で、功なり名を遂げた立身出世者が再び故郷へ戻る、所謂「衣錦還郷《いきんかんきょう》」と同じであり、筆者も再び群馬の地へ戻って来た同じUターン組の小者ですので、この点だけは同病相憐《どうびょうそうれん》じゃないが、なぜか親近感を覚えます。

では次になぜヤマメは海へ下るかを考えてみます。

ヤマメの降海の真相とは

以前NHKのテレビ番組で「ヤマメは、なぜ海へ下るのか」という謎を解明し、実際に下る様子のヤマメを、捉えた映像を見て納得しました。

それによると、確か川で産まれ育って、約15㎝前後に成長したヤマメとは別に、もっと育ちも良く他よりも大きくなって力も強くなったヤマメが出現する。

この強者のヤマメは、渓流の少ない餌が集まり、容易に捕食出来る領域を縄張りとして独占して、流れてくる川虫などの餌を一人占めし、正に我が物顔で振る舞い君臨《くんりん》する形となる。

その結果餌を充分に取れないので小さな他の弱いヤマメ集団を、この1匹の強者ヤマメが、邪魔《じゃま》とばかりに追い回し、専有している縄張りに1匹たりとも入れずと、追い出してしまう事態が勃発《ぼっぱつ》する。

その為に、この縄張りから追放された形の、いわば弱小落ちこぼれヤマメ集団達は、行く所がないのでやむなく、この餌の少ない渓流に見切りをつけ下流、下流へと落ちていって、遂には、海へ辿り着く事になるのだが、幸いにもこの海では小魚などの豊富な餌に恵まれて、ここですくすくと育つ事が出来たといった内容だったと思う。

この事はつまり1匹の強者のみが勝者となり、弱者の集団を自分の縄張りから敗者として追い出す行為は、非情で苛酷《かこく》な自然淘汰《とうた》から生じた適者生存であるが餌の少ない渓流では、ヤマメ全部が共倒れにならずに、子孫を残して生き長らえていくための、自然界の摂理《せつり》に基づく共生行動であり、理にかなっていると思う。

一方追い出された側も、海という新天地で、一時生を思う存分満喫出来て、逆境を克服《こくふく》して成長を遂げられるので、結果的には両者ともに、メデタシ、メデタシの結末のように思えるが、これは自分勝手な妄信《もうしん》なのか?。

サクラマスは、なぜ至難魚なのか？

この利根川で、サクラマスを釣り上げる事が、なぜ至難かと言うと、一つはこのサクラマスの遡上数が極端に少ないからです。

日本海に面して河口から短い河川では、このサクラマスが容易に海から川へ遡上出来るので、その個体数も多くて、サイズも最大65㎝近くのが数多く釣れ易いのに対し、この利根川では河口から、例えれば坂東地区までは約150㎞近くあり、しかも途中には幾つもの堰があって、ここまでの障害物の多い長距離を、無事に辿り着くのは大変で、途中で脱落したりして、結局遡上数も非常に少ないので、釣れないという事です。

更にもう一つの理由は、海から川へ回帰後は産卵のために、頑強《がんきょう》にも絶食を励行し続けるという、そんじょそこらの並みの魚顔負けの意志強固な特殊性向を遺憾《いかん》なく発揮する魚であるからです。

つまり遡上中雌は抱卵のため胃の中を空にし、また雄は白子を一杯持って産卵に臨むので、約4ケ月の遡上期間中は全く捕食せずに、産熟になる迄過ごすので、従って餌釣りで餌で食わせようとしても食わず、釣る事が出来ないという訳です。

以上のような訳で、この利根川ではめったにという程釣れないのが実情です。

サクラマスの居着く場所はどこか？

こんな深遠な事情の下で、サクラマスの居着く場所は、産卵という重大な使命を帯びて遡上中の一時の休息場所に居るだろう。

これに対しヤマメの場合は、生存の為に常に捕食活動を行うので、大ヤマメも同様の居着き場は、短期の捕餌場所となり、こっちの方は明確に特定出来る。

では、サクラマスの一時の気紛《きまぐ》れな休息場所とは、果たしてどんな所が考えられるだろうか？。

そこは多分ゆっくりと心安《やす》らかに、休憩出来る場所を選ぶらしい。

具体的に挙げると、まず遡上を妨げる堰堤《えんてい》の下や、長く続く急な瀬などを乗り越えに、苦労しそうな場所の前後にある深い淵や、深いトロ瀬がポイントになります。

そしてこのポイントの中でも、強い流れの当たる大石（受け石と呼ぶ）の前に定位する事が多いので、これらが休息をとる為の居着き場所と考えられます。

更に瀬などの流れ込み付近のカケアガリに、前述した受け石があれば、この受け石の前側が、サクラマス御指名の専用お休み処として一時貸し切りとなります。

更に淵などの流れ出しにあるカケアガリも良いが、ここに受け石があると、サクラマス様専用の指定休憩所となる訳です。

このように、サクラマスは前述したようなポイントで一時休息をとり、体力の回復を待つまで潜み、そこで増水になると一気に障害を越えて遡上を続けます。

その後も同じような個所で体を休めて、ひたすら遡上の機会を窺《うかが》う為に、障害物の上流側の淵もポイントになります。

このような一時憩息《けいそく》を繰り返し、終《つい》に、最適な産卵場所迄遡上する訳ですが、ここで注目して欲しい点は、前述した受け石の存在です。

そしてこの受け石の前側、つまりこの石に流れが打《ぶ》つかって、この流れを受け止める前方に、必ず定位するという事を、頭の中に叩き込んだ上でサクラマス釣りに臨む事が、一番の絶対条件であると言っても過言ではありません。

(なおヤマメの場合は、逆にこの受け石の後側、つまりこの石で一旦分割された流れが合流する所がポイントです)

母川へ戻ったよ、巨漢になって

さてここ迄のサクラマスの話を基にして、人間模様のヤクザ版に脚色して、ドラマ風に仕立てて見たら、こんな形になりましたので。

自分の縄張りをガッチリ固守《こしゅ》しつつ、終日のうのうと安穏《あんのん》に過ごしてきた親分のヤマメの下に、桜が散った頃のある日、ぬっと、とんでもない奴が、辺《あた》りを払って出現したのだ。

何と、此奴は以前弱小ヤマメ一家を、このシマから威嚇《いかく》して追い出したチンピラ集団の中の一人ではないか。

一寸見《ちょっとみ》だと、怖《お》じ気《け》づく程ドデカク、誰でも避けて通りたいと思うような体格で、姿も色白に変貌《へんぼう》し、のそっと顔を出して、これはヤバイぞと一瞬身構える。

ひょっとして追ん出されたのを恨んで、仕返しの殴り込みか、それともシマ荒らしに来たのかよ?。

そこで恐る恐るやや震え声で尋ねてみると、ドスの利いた声で「ちょっとばかり、厄介《やっかい》になるぜ」と凄味《すごみ》を利かせて言う。

その後仁義を切らないまま、威風堂々と貫録十分で有無《うむ》を言わせず強引にズカズカと入り込み、自分が何時《いつ》も食事を取ると決めた室の前の、目の前が大変見晴らしと風通しがとても良い離れに、ドカッと居すわってしまったのだ。

そこで意を決して「どこそこのお偉いさんとお見受けしましたが、失礼ですが何方様《どちら》でしょうか、良かったらお聞かせ下さい」と頗《すこぶ》る下手で尋ねると「なあに、何方様と言う程でも無く、名乗る程でもないが、一応巷《ちまた》じゃあサクラマスの通り名で呼ばれてるだけさ」と、やや高慢そうにニヤッと唇を歪《ゆが》めながら、返答したのだ。

これを聞いた時点から、こいつは図体はバカでかいが、本《もと》はひょっとしたら見掛けによらず、心根《こころね》は優《やさ》しい奴かもしれないと、幾分親近感を抱き胸を撫で下ろす。

そこで「お疲れでしょうから、何か美味《うま》い物でも、お持ちしましょうか」と猫撫で声で聞くと「そうだなあ、悪いが訳あって、このところ食わずと心に決めているので、悪《あ》しからず。ただここに来るまでで疲れたので、ちょっと休む為に寄っただけさ」と生真面目《きまじめ》風な答えにホッとする。

そこで「立派な体付きですね」とさぞ喜びそうな、おべっかを使って言うと、「なあに、ちょっと外海で過ごしたが「そこでの食い物が旨《うま》すぎ、食い過ぎただけさ」とやんわり受け流す。

ここで、そうか、そういえば昨年も同じような、食えない風袋《ふうたい》を見掛けたのを思い出し少し気楽になってきた。

その後は、本当に言った通りグータラで何も食わずに、のんべんだらりしているだけだったが、ふと気が付くと、ザアザアの強雨の翌日に、フゥと急に姿を消したので、やれやれこれで一安心したのだが。

ただまた同じような異様な風体の奴が来るのかが心配だな。

「それにしても何んだか、奴はメタボ姿の利発ぽいフーテンの寅みたいだったなあ」とまあ、こんな具合の話になりましたがどうですかね。

じゃあ、どうやって釣るのかよ?

ここから話を戻しまして、ではサクラマスのように餌も取らない奴に、どうやったら釣り上げる事が出来るのか。

そうですね手っ取り早い方法は、やはり直《じか》に相手の魚に聞いてみりゃいいのですがね。

前に話した放流魚の時は、会える事は会えるのですが、なにせお互いに取り込み中で多忙という事で、残念ながら聞けませんでしたよね。

所が、今度の奴とくりゃ会う事すら難しい相手でねえ。

まあ、もし会えただけでも目付け物で、運が良いかどうかに掛かっているぐらいですよ。

なにしろ奴が見えるならここぞと決めた、お休み処へ何度も通い詰めて、今か今かとジリジリして張り込んでいても、1年のうちのほんの数日間にフラッと立ち寄ってすぐオサラバしてしまうという、この一帯の魚の中でも超レアでまあ、神出鬼没《しんしゅつきぼつ》と言っていいような奴では、身柄拘束《みがらこうそく》どころか事情聴取《ちょうしゅ》も儘《まま》ならず、全く御手上げと言った所が実情なんですよ。

そういう訳で、ここではサクラマスが釣れるのは、多分こうだろうと当てずっぽうの推量で、適当に考え出したのが、次のような事です。

つまり餌釣りで黒川虫や更に他の餌のキジ（ミミズ）でも、どういう訳か釣れるのは、多分昔から独自に染み付いている、一種の縄張り意識が働いて、近付く物を威嚇《いかく》し、それがダメなら口を使って噛《か》む事で追い払う事となり、その結果針にささって釣れるのではと考えます。

しかしこの噛み付きは少し噛むだけで充分なので、その為の当たりの出《で》は微小となります。

更に海の時の主な餌の小魚を追い掛けての捕食の習性が残っている為、川で休息時に水中で動き回る物を見付けるや、反射的に噛み着く癖が出て、それで針に掛かるのではと考えます。

従ってこの推測通りなら、大物ヤマメ釣りと同様に黒川虫の2匹掛けも、目立ち易くて動くので、有効であるかもの推論に到達《とうたつ》する訳です。

（あのさあ、オイラが平成28年に初めて釣り上げたサクラマスの時にはね、何回か手元まで感じる当たりがあったのさ。

しかも餌の黒川虫を口の中まで完璧《かんぺき》に食い込んでいてさ。

その為針がこの口の奥にガッチリ掛かっていたので、バレずに釣れたという事さ。

つまり此奴《こやつ》は、戴きますとばかりに餌に食らい付いた形で釣れたので、先程言ったような下らない愚説《ぐせつ》と大分違っていて、変じゃないですか。

「そりゃ、アンタ世の中ちゅう所は広いように、サクラマスだって抜け目なく堅物《かたぶつ》がいて色々ありの十魚十色《じゅうぎょといろ》さ。

たまたまこの中で度を超し社会に不適応だった、一癖《ひとくせ》のある魚に偶然巡り会って釣れただけだろうよ。

多分、此奴はむら気で根からの食いしん坊魚で、海に居た時の食事が忘れられずに、川での遡上中に止《や》めていた食い気が、この餌を目にしたとたんにムラムラと出てしまって、遂に禁断の餌だちの掟《おきて》を破って、ガップリと食らい付いてしまったという、いわば異端魚《いたんぎょ》の哀れな末期《まつご》という事なのさ。

従ってアンタの場合は珍稀《ちんき》な例であって、そう気にするこったあないから、このいままで述べられてきた説明を、少しは信じた方が為になるかもしれねえよ」というご高説がありましたので）

以上のような訳でこのとんでもなくレアなサクラマスという生き物を、利根川なんて所でしかも餌釣りでゲットしようと目論む事自体が、大《だい》それた粋狂《すいきょう》の人が行う事です。

更にこの事は長年の経験と技量を有していても、運という特別の御好意なしでは到底達成出来ないと言ってもよい。

それ故に釣師には利根川のサクラマスは憧れの的であり今も崇《あが》め奉《たてまつ》って鎮座《ちんざ》し続けていると、言っても過言ではないでしょう。

当たりとは、何ぞや

サクラマスの当たりが微小云云《うんぬん》の言出しっ屁《ぺ》の責任上ここで当たりの話をする。

当たりとはウイット表現で魚が釣人と遊んでくれる合図で、お堅い表現で仕掛けに何等《なんら》かの反応を示した事を釣人が察知する魚信である。

具体的には目印が止まったり下ったり、また回転したりするといった微妙かつ不自然な動きの変化を、視覚的感知で捉えるか、あるいは持つ竿の手元に伝わる、コツコツといった微弱な感触の違和感を、感覚的な感知で捉えるかこれら両方かあるいは、何れか一方によって、魚信を釣人に伝える役割の総称を指すとも言えます。

言い換えると、水中の狙う魚が仕掛けの糸や針に、触れるとか食い付くと言った動きの反応を、目印や持つ竿の手元を介して、釣人に魚信として的確かつ素早く、伝える事を当たりと言っているのです。それではここで、狙う魚とこの当たりとの関連という面から、考えて見ます。

まずこの当たりが強く出て、認知し易い魚では、何と言ってもハヤが一番でしょう。瀬などの流れがある所で捕餌する魚は、流下して来る餌を逃がさぬように、素早く食らい付くせいか、目印でもまた竿の手元にも、グッと明確過ぎる程出ます。

そしてこのハヤの時も、主に瀬に入っている事が多い為なのか、この当たりが明確に出るので、習熟《しゅうじゅく》してくると、この当たりの感触だけで、ヤマメと混在する所で、ハヤかヤマメかが即座に判断がつく。

次にニジマスは、この魚もこの当たりが、特有の形としてははっきり出るので分かります。では、どのような当たりかと言いますと、一般的にコツコツと、目印をどこ迄も引いていくような、緩慢《かんまん》な当たりが多く出る為、この当たりを知ってから一呼吸おいて、合わせを入れれば良いので、釣れ易い魚と言えます。

言うなればこのニジマス釣りは、当たりの分かり易さと、遅い合わせで釣れるので、ビギナー向きの御手頃《おてごろ》魚です。

それに対しヤマメは、非常に神経質で狡猾《こうかつ》で、しかも捕餌する時間も極めて早いのが特徴ですので、この当たりと合わせは熟練《じゅくれん》の腕が必要です。

更にこのヤマメの当たりは季節によって全く違って出ます。つまり3月頃のまだ低水温時は、ニジマスの時と同様に、大変ゆっくりとした当たりを示すので、手元の竿にコツンと感じてから、合わせを入れても遅くなくてヒット出来ます。

しかし水温が上昇して動きが活発化仕出す、4月から6月にかけては、精悍敏捷《せいかんびんしょう》となって餌の追い方も素早く、捕餌すると一瞬のうちに離れようとする為なのか、この当たりも激しい作動をし、クッと目印が動いた瞬間に合わせなければ、針には掛かりません。

そして、遂に7月からの盛夏に入ると、狡猾なヤマメの本領を発揮仕出し、目印の動きも微《かす》かで分かり辛《づら》くなって、針を避けて餌の川虫の頭や尻の一部を、食うだけに止《とど》まって遁走《とんそう》する事が多くなり釣り上げる事が一層難しくなります。

所がこの時期に一度増水すると、一転して荒食いが始まるので、この時はこの当たりも明確に出て、大きな動きを示すので、合わせも容易となり釣れ易くなります。

なお利根川では、この盛夏から渓流釣り終了迄の時期は、稚魚放流された木端《こっぱ》ヤマメが、瀬に入ってさかんに捕餌行動をするので、当たりが激しくて目印を派手に引き込むなど、ハヤと同様の当たりには、困惑《こんわく》して手を焼きますので、要注意と言えます。

ではイワナの当たりはどうか。

このイワナは流れて来る餌を見ると、スウーッと餌に近づいて捕餌すると、反転して餌を口先だけでくわえて、自分の棲み家迄持ち帰ろうとする動作をします。

従って、この最初の動作が、目印の動きになりコツコツと初めの当たりとなる。

しかしここでは合わせを入れず、少し間をおき道糸は張ったまま、その後の二度目の強い当たりの時が、餌を呑み込む状態なので、この時にやや強めの合わせを入れれば良い。

この一連の動作を熟知すれば、イワナは釣り易い魚と言えます。

最後に鯉《こい》の当たりについてお話しします。

なぜ鯉かと言いますと実は、渓流と言える利根川上流部の大淵や深瀬に竿を出していると、こんな澄んだ流れになぜ居るのかと、考えさせられる鯉が、思い掛けず黒川虫で食い付く事があって、糸を切られ驚くことがあったためです。

この当たりは一種独特で、餌を口で吸い込むせいか、手元に伝わる感触はスーと引かれるような、滑《なめ》らかな感じで、他の渓流魚とは全く異なる当たりを示すので、これを一度経験すると忘れる事はないでしょう。

それにしても、こんな所に住む鯉のひもじさ振りは、いかばかりか。

アマゴとサツキマスについて

話が先程から横道に逸れっぱなしだが、ここでヤマメとサクラマスと共に鮭一族の親戚にあたり、これも大物釣りの対象魚として、主に西日本の釣人が熱中する、アマゴとサツキマスの話が、抜け落ちていたのに気付き、ついでに、これらの魚をご紹介しましょう。

まず、このアマゴとヤマメとの違いですが、まず最大の特異点は、一目瞭然《いちもくりょうぜん》で朱点が体側面に、あるかないかです。

つまりアマゴは体側に鮮やかな朱色の小さな斑点（朱紅点）が散りばめているのに対し、ヤマメにはこれが全くないので、明確に判別出来ます。

もう少し詳しく説明すると、ヤマメは黒色のパーマークと側部にうっすらと紅をはいた線があるのに対して、アマゴはパーマークがあるのは同じですが、色は暗青緑色と多少違いますし、一番目立つ特徴は前述したように、側縁の上下から背側に朱紅点が散在する事で、まるでアマゴの方が、朱紅の衣装をまとっているが如くで、美的センスの御洒落《おしゃれ》な魚と言える。

もう一つ違う点は、ヤマメは太平洋側では、北海道から神奈川県の箱根迄で、日本海側では同じく北海道から、九州にいたる広範囲に生息しています。

これに対してアマゴは、箱根以西の太平洋側と、中国地方と九州そして四国全域に生息しているだけです。

しかしこの両者は、分水嶺の境では明確に住み分けしていなくて、混在した形で生息しています。

それでは次はサツキマスの話となります。

このサツキマスは、先程お話ししたアマゴの一部が降海し、ここで銀色化して大きく成長し、新緑の頃には母川へ遡上するので、命名されました。

特に遡上する川として、長良川が有名ですが、この遡上中は産卵が目的なので、サクラマスと同様に捕食はしません。

なおこのサツキマスの大きさは、30～45㎝で体重は最大でも1・5㎏と、サクラマスに比べてかなり小さいと言えます。

では、なぜサツキマスはサクラマスに比べて、小さいのでしょうか。

その理由として考えられているのが、サクラマスの降海は、水温の低い北の海で1年から1年半の長期間にわたって留《とど》まるのに対して、サツキマスの方は伊勢湾に降海し、ここだけに留まりますが、この湾では成育に適した15～18℃以上の、かなりの水温に上昇してしまう為、夏を越せず、その為わずか半年で川へ遡上してしまう。

つまり海での滞留《たいりゅう》が短期間なので、捕食する小魚数も少なく、大きく成育出来ないと考えられています。

7. ここでは大物ヤマメとしての「戻りヤマメ」の、川での1年間の動向について、分かり易いように多分に独白調《どくはくちょう》にして、ご笑覧《しょうらん》を乞う。
（なお、本事案は遺憾ながら、本魚への事情聴取が未着手に鑑みて、取り敢えず想定に基づいて、蘊蓄《うんちく》を傾けた告白内容とならざるをえません）

我が輩は戻りヤマメである

オイラは利根川で「戻りヤマメ」と呼ばれているのさ。なにしろオイラの天敵の釣人にとっては、大物釣りでの憧れ的存在らしいぜ。

おっと、「戻り」たって間違えないでくれよ。あの「出戻り」じゃないぜ。

あっちはなにやら一緒にくっついたのが、別れて実家に戻った嫁さんだった人を言うので、それはテメエの婚歴《こんれき》の後始末の、訳あり人種の事だろうが。

ところが、こっちとらは単に言葉通りに元居た所へ、出張先から毎年戻る事を繰り返す、訳無し行動ってもんさ。

エエー、何で出張に行くのかって?。良い事聞くじゃねえかよ。

それじゃあ、教えてやろうか。それはね。食い物を求めての餌あさり仕事の出張の事なんだが、実は一番は住む所を変えて、快適生活を送るためなのさ。

ちょっとキザな言い方をすれば、生きていく為素敵で充実の魚生《ぎょせい》を送るべく、已むを得ずに引っ越し旅を続ける求適行《きゅうてきこう》と、言うところかな。

エヘヘ、まあ、風来坊《ふうらいぼう》おっと、じゃなくて風来魚とは俺の事かな。

でも、それでオイラはデカクなるのさ。

それじゃあ、オイラの1年間の真っ当なる成育ぶりを、ここで話してやるぜ。

まず冬場だけど、この時期はこの利根川の下流域にある、オイラがここぞと決めたネグラで、ヌクヌクとのんべんだらりに過ごすだけさ。

そのネグラはどこかって?。そうだなあ、なにしろ俺達は、競合《きょうごう》相手も多く、住みにくい世の中なので優良物件も少ない為に、具体的な棲み家は内緒《ないしょ》で、教えられないがね。

まあ大雑把《おおざっぱ》に言うと、大きな堰のあるプールや大淵などっていう所かな。

ところで、この時季はなにしろ寒くて暖房もなく、絶食状態でただじっとしてゴロゴロしているだけで、中には黒ずんでヤセ衰えるヤツも出て悲惨さ。

しかしこのネグラの特色は、高層ででっかく、安全安心の大邸宅といった所だぜ。

この中でも推奨《すいしょう》ネグラには、オイラの仲間達と一緒にシェアして共同生活している所もあるのさ。

そして桜も咲き終って、雪解けが始まって水量が一気に増えると、いよいよオイラ達の冬籠《ふゆご》り終了で引っ越しシーズン到来さ。

そこで、まず鈍《なま》った体を鍛えるべくこの大邸宅の周囲からご近所あたりまで、ウロウロとぶらつき出し、絶食から解放されて食欲旺盛《おうせい》なのでその後は活発に動き回って餌探しをするが、雪代の大増水なのでジャンジャカと流れてくる川虫などをいただくって訳さ。これで一気にブクブクと雪代太りになるのさ。

なにしろこの期間は、水量が多すぎて憎き釣人も、竿が出しづらく見かけないため、ノビノビと安心して暮らせて、我が世の春を満喫出来るわけなのさ。

しかしおもいっきり大食い出来るあの夢のような時期も、アッというまに過ぎてしまい、6月頃から雪解けの水量も少しずつ減るが、こうなると棲み家周辺での川虫の流下も減少しだし、餌探しも大変になってきたので、いよいよオイラの定期出張の旅が、スタートするって訳よ。

どこへ行くのかって?。まずは川を溯《さかのぼ》って途中で見つけた、これはと思う深場の大淵などに、一時的に居候《いそうろう》させてもらうのさ。

なぜこの所を選ぶのかって。それはねえ、この頃になると天敵の釣人や、カワウなどがゾロゾロと川へ繰り出すので、用心、用心という事でこの大淵を安全な隠れ家とする訳さ。

ここでもいぜんとして、食い気はマンマンなので、この隠れ家を出城《でじろ》として、時々この下流のカケアガリと呼ばれる浅場にも出て、せっせと捕食してからまたこの隠れ家に戻る生活パターンだね。

所で、この頃は食いしん坊で不運なヤツは、あの天敵に捕まって御用となってしまうが、オイラはこういう修羅場《しゅらば》を生き抜いた歴戦の猛者《もさ》だから、少しでも不自然な動きをして流れてくる川虫には、絶対口にしない事をモットーとしているから大丈夫だぜ。

ところが世の中は甘くなくてさ。徐々に水温が上昇してくるとさ。

この隠れ家も住みにくくなって、もっと涼しい引っ越し先を求めて、更に上流へと向かうわけさ。

そして行き着いた先はというと、今度は流れのある深瀬なんだぜ。

ここに決めた理由は何かって？　それはまず水温が上がっても、流れの場所なので適温が保たれて酸素の補給が常時あるって事かな。

それとここはわりと石が多い所なので、川虫も多く居着いているからさ。

しかもある程度水深があるので、身を隠すのも都合が良いなど、至れり尽くせりといった所さ。

そんな訳で、この深瀬で夏場の暑さを乗り切るつもりさ。

それからこの真夏の太陽が降りそそぐ時期の食事タイムは、早朝と夕暮れ時に限られて、それ以外は大石の陰や最深部へ潜《ひそ》んで、ゆっくりと昼寝と決め込んでいるんだぜ。

しかしねえ、オイラと同じ風来魚の中には、この時期に元気すぎるせいか、変わった所に居着く奴がいるのを、知っているかい。知らなければ教えてやるぜ。

それは、なんと白泡が立ってガンガン流れ落ちるガンガン瀬に、入り込む凄《すご》いヤツがいるって事なのさ。

なにせこの激流の利点は天敵の釣人でも、仕掛けがすぐ流され竿を出し難《にく》く、更にカワウも、入り込み難いと言った、天然の要害《ようがい》みたいな所なのさ。

したがって超安心、安全なこの時期限定の天国みてえな所だぜ。

しかしこんな流れが急で厳しい所に居られるのは、オイラみたいなメタボ姿のヤワな奴じゃ務まらないぜ。

このガンガン瀬に居着けられるのは、エリート中で体力自慢の元気一杯の、数少ない奴に限られるけどよ。

しかしなあ、夏本番になると水量も一段と低下した上に、逆に水温の方は急上昇するようになると、オイラがいるこの深瀬も、息苦しくなり出して、この暑さを乗り切れないと分かったのさ。

そこで仕方無くここをオサラバして、更に冷水を求めて上流へ、上流へと移動せざるをえないのさ。

幸いな事にこの利根川上流付近は、８月頃から激しい雷雨や、台風などの影響で一時的に増水する事が多くなるので、この増水時は待ってましたとばかりに、引っ越し移動日と決めている訳だがね。

そういう訳でオイラの、冷水温の快適地をさがす旅は、まだまだ続くぜ。

それにしてもオイラの魚生活は、前半の初夏の頃までは、なんてこの利根川は住み良い所だと、惚れ込んだのにさ。

それが後半の今じゃ、こりゃあ、まるで暑さからの逃避行《とうひこう》に追われる身になっちまったじゃねえかよ。

全くこの難行苦行《なんぎょうくぎょう》の旅は、いつまで続けりゃいいのよと、グチの一つもこぼしたくなるぜ。

あ、そうそう天敵の釣人も、オイラの姿を求めて追っ掛けるように、この利根川の坂東地区から利根地区の上流部へと釣り上がってくるので、しつっこいストーカー野郎だったが。

アレエー、9月下旬になると、パタッと姿を見せなくなって、ヤレヤレこれで人影も気にせずに、のんびりと、この辿り着いた避暑地で、ヒレを伸ばして一安心するって訳なのさ。

そしていよいよ本格的な秋を迎えて、ここで英気を養うけれど木に残る葉より、地面に散乱する葉の方が多くなり、次第に水面上にも落ち葉が流れてくるようになって、水温も日を追って下がってくると、寒さでガタガタと震えるようになり気持ちがそわつき出すのさ。

そうなるとあの温暖な元居た下流の古巣が、無性《むしょう》に恋しくなってしまうだよ。

そして空気が冷たい刃を持って霜が降りる頃になって、岸辺に流れ着いた落ち葉の堆積が増すにつれて、胸の揺れも増してやっぱりあの古巣のネグラに戻るべエーと決断するのさ。

そうするや意を決して、減水しているけど、帰りは順調に流れに乗るだけで、スイスイと下っていき、とうとうあの古巣へ戻り、ここでオイラの出張の旅もなんとか無事終了する事が、出来たという訳だぜ。

そしてこの戻った時には、一段とデカクなり逞《たくま》しくなっていて、生命が立派に成長した魚として我ながらホレボレする体付きになっているんだぜ。

そんなこんなで、オイラはこのどでかい利根川を活動拠点にして、ネグラを出てまた再び戻ると言う、帰巣性《きそうせい》でもって流れ流されていく、魚生航路をオイラの寿命の2~3年にわたって繰り返して、自分で言うのもおこがましいが、図太く生き抜く知恵を持った魚野郎であって、ちょっと自慢して知っておいて欲しかっただけさ。

さてここで、この戻りヤマメが在所で、ついに大往生をとげる直前に、うやうやしく長寿についてインタビューをしてみると、

「なあに、ずる賢く用心深く老獪《ろうかい》に生きてきただけさ」と。

「エ!それってすでに自分も実践してきた事で、ちっとも参考にならネエナー」

そこで欲をこいて、もっと為になる事を聞くべエーと、再度尋ねてみると、

「ボケッと生きているんじゃねえよ。軽薄な人生に高価値の品質を求めるには、もうとっくの昔に手遅れになっているのが、わからネエのかよ」

（ここで多少は哀れみをこめて）

「次はお前だ!」という有り難く含蓄《がんちく》に富むが、生命の光を発して真っ当に生きてきたつもりなので、どうも腑《ふ》に落ちない辞世のお言葉を賜った途端に、ハッと悪夢で目がさめてしまった。

8. それでは、次に大物釣りではどのような流し方が良いのかを考えてみましょう。
ここでは、流し方として「線の釣り」と、「点の釣り」についてお話しします。

線の釣りとは

そこで、まず大物釣りに必須な流し方とは?

一言でいうと正確なポイントへ打ち込む事と、確実に底をとらえる事です。

ヤマメは大型になればなる程、視界が開けた場所を好む傾向があります。

それはなぜかと言いますと、この大物にとって、定位している居場所が広いと、周囲《まわり》を見渡せるので流れてくるのが、餌なのか、それとも異物なのかを、そして何か不自然さはないかといった事を、じっくりと観察して判断しているからと、考えられます。

従って、このような場所での流し方は、線の釣りと言われるように、比較的軽いオモリを選択して流れを利用し、まずポイントから離れた上流へ仕掛けを投入して、ゆっくりと餌を底層に送り込み、この状態をキープしたままポイントに流れてゆくようにする事で、出来るだけ自然に流れて来たと思わせるのがコツです。

つまり必要最小限の軽いオモリなら、水の抵抗が少なくて底層の流れに乗って、スムーズに流れるので、警戒心の強い大ヤマメでも、これを見て自然に流下した餌と勘違いして食らい付くという訳です。

なおこの軽いオモリの時は、このオモリと針との間隔も、短く設定すれば良いでしょう。

点の釣りとは

ここで付け加えるとすると、前述した線の釣りに対して、点の釣りと言われているやり方があります。

このやり方はポイントが狭く、しかも流せる距離が短い個所の釣り方です。

例えば春先などに多い大淵のような所での大物釣りでは、深くて急なポイントの底迄、餌を立ち位置から丁寧《ていねい》に確実に沈める必要があり、このような場合では軽いオモリでは、餌を迅速に沈める事が出来ないので、当然ながらオモリは重い物を使うやり方となる。

なおこのオモリと針との間隔も今度は長めに設定する。

このように大物釣りではこれら両方の釣り方を会得する事が大事となります。

底層への送り込みのやり方

前述の話の中で出た底層への送り込みには、少しテクニックが必要となりますので、そのやり方をここで簡単に説明します。

そのテクニックとは、投餌着水と同時に道糸はたるませず張っておき、次に徐々に緩めつつ速やかに送り餌を着床させるのです。

その後は穂先をやや下流に運び、目印を目視して糸つけ（タルミ）を取るようにするやり方を行う事です。

もし餌を早く沈ませるつもりで、道糸をたるませて投餌しますと、水に触れた糸部分の全てに、逆に水流が一気にかかり、糸は下流に押し流され、餌は沈まずに上層に位置したまま下流へ引き摺《ず》られてしまう。

すると、底で待ちかまえていた魚は、アレレ、餌が上を流れちゃって食えないよとなる。

大物の捕餌と食い方は、

さて話を元に戻して、大物ヤマメはどんな風にして、食事をするかその行儀作法《ぎょうぎさほう》を考えてみます。通常サイズのヤマメの捕餌スタイルは、大変忙しい定位移動捕餌式と言う、私が勝手に命名した食い方で、餌取りを行っていると考えられます。

では、これはどういう食い方かと言うと、流れの決まった所に居て上流に向かって泳ぎながら、留まり（定位）、この付近に落下するか、或いは流下してくる主に川虫を見付けるや、この定位場所から飛び出して、流れ方向に合わせた捕餌地点に行って食らい付き、その後は、元の定位場所に戻って、再び上流に向いてスタンバイを、繰り返す行動を行う食い方です。

所が、大物ヤマメともなると、こんなしち面倒な事は行わず、どっしりと構えた固定位不動捕餌式と言う食い方で、腹を満たしていると考えられます。

その食い方とは、こうです。常に底近くで、時には大石の陰などに潜み、泰然《たいぜん》とした感じで眼光鋭《がんこうするど》く周囲をじっと睥睨《へいげい》しながら、目の前に流下する食い物しか口にしないのです。

言うなれば、此奴は、小物のように餌に突進して食らうと言った品のない動きはせず、ドッシリと占守《せんしゅ》場所に居座って、目の前に流れてきて、これは食っても大丈夫と決断した餌しか食い付かない徹底《てってい》振《ぶ》りと、無駄《むだ》な動きはしない省エネなのか、それとも動くのが、億劫《おっくう》で横着《おうちゃく》な物臭《ものぐさ》太郎を一途《いちず》に決め込んでいるのかは、当魚に聞かないと釈然《しゃくぜん》としないが、独特の捕餌スタイルを取る信念魚であると言える。

この事はまるで殿様《とのさま》が自分の前に出された据膳《すえぜん》でしか、お食事を召し上がらないのと同様である。

ではこんな偏食の大物をゲットするには、どうすれば良いか。答えは熟練の技が必要な事です。

それは、如何《いか》なる技なりや？　絶対的な条件としてまず挙げられるのは、魚が占守鎮座《ちんざ》の個所に向けて、餌が自然で一番多く流れるコース、つまりフィーダーレーンに沿って正確に流す事が出来れば、待ち構えるこの大物の近くには、餌は流れるでしょう。

しかしこれだけでは不充分です。なにしろ相手は百戦錬磨《ひゃくせんれんま》の強《したた》かな疑心《ぎしん》魚なので、近くに流れてきた餌を見付けるも、これを無視してやり過ごすでしょう。

ですから前に挙げた条件の上に更に、このフィーダーレーンの真ん中に餌を位置すべく導いて流す事によって、これでやっと大物の目の前に、自然に餌が流れてくる事になって、ここで食ってやるかと食い気が出て、この大物がガブリと安心して食らい付くのです。

そうなのです。このフィーダーレーンの真ん中に餌を常に流せるかどうか、言い換えると、これが常に流せる技量を持った釣人のみに、大物をヒット出来る可能性があると言っても過言ではない。

この事で、いかに大物ゲットは至難かを、少しはお分かりになり、褌《ふんどし》を締めてかかる必要があるのです。

それでは、ここでこんな難しい大物狙いの無茶を行う上で、こうすれば多少希望が持てる、取って置きの心構えを伝授します。

ただひたすら、強い信念を持って

ここでまずお断りしておきますが、これから説明する大物釣りに対しての心構えは、私を含めて凡人でビギナークラスの釣人を対象とした内容なので、お間違えないように。

なぜならよく釣り雑誌などで顔を出す、プロ級の技と目を持つ釣師であれば、大物が定位している場所を、素早く見極めてから、フィーダーレーンの真ん中にきっちり合わせて流して、ひょっとすると第1投目で、大物ゲットという離れ技を、いとも簡単に行える神対応の異次元の人は、ここではお呼びではありません。

（そういう異次元の釣師は、本書は読まないと思われへいちゃらですが）

では、前置きはこの辺にして本題に入ります。今迄ツベコベ述べて来たように、大物ヤマメはめったにと言うか、ほとんど釣れない故に、価値があると我々凡人クラスは信じ切っています。

従って前述したような深瀬で、しかも沈み石があるような絶好ポイントに竿を出す時は、絶対に今日ここで大物を上げるぞと言う、揺るぎない信念を貫き通すと共に、一途の執着心を張り巡らした、体からほとばしる気合が必要です。

その上で大物が定位しそうな場所の選定は、今言ったような条件の所を頭に入れておけば、凡人クラスの目でも、まあまあ、そうハズレはないでしょう。

そうなると問題は、何度も言うように、この定位に向けてフィーダーレーンの真ん中に、餌を正確に流せるかどうかに掛かってきます。

そんな訳でヘタと言うか、未熟な腕の釣人なら、百回このフィーダーレーンを流して、紛《まぐ》れに1回ぐらい真ん中に餌が正確に流れてヒットするかもしれないという奇跡が起きる事も考えられる。

その事を妄信しつつ、「下手《へた》な鉄砲も数撃ちゃ当たる」とばかりに、最低でも30回ぐらい、なかでも凝《こ》り性で比類なく我慢強ければ、終日でもこの絶好ポイントの大物が定位していると、思われる個所に、フィーダーレーンの真ん中を目指して、余念《よねん》がなく竿を振り続けて餌を送るようにすれば良いのです。

そうすると当の大物は「今日はバカにオレの近くに、美味《おい》しそうな川虫が、引っ切り無しに流れてくるな。どうも気になってしょうがないぜ。

しかし目の前にこないので、ちょっと変なので食う気はしねえよ。

アレ、今度は珍《めずら》しく鼻先近くに、この川虫が流れてきたじゃねえか。アア、これは、堪《たま》らねえや。よし、今まで食いたいのをじっと我慢してきたけれど、こりゃ、御馳走だ。もうダメだ。戴《いただ》きます」

と言う具合になれば御《おん》の字ですがね。

このように、飽きる程竿を振り続けて、やはりダメだったのかと少しはバカさ加減に気付いたかと思った時に、不意に当たる事もないとは言えませんので。

まあ、何にしても、兎《と》に角《かく》信念を持って粘《ねば》れば、勝利の道も開けると思う方が、賢明で真っ当な人生を送れる規範《きはん》となると思います。

（ここで、何やら糾弾《きゅうだん》する声がしたので、気になって聞いてみると
「じゃあ、オメエはどうなのかよ。ここ迄グタグタと大層偉《たいそうえら》そうな御託《ごたく》を並べ立ててきたが」

ハイな、私なんぞは自慢じゃねえが、いつかは大物がまた釣れるだろうが、しかし長年の間に釣れない悪癖《あくぐせ》が付いている為、おいそれと釣れる気になれないのさ。

またオイラは強い信念も持たず、飽きっぽくてしかも何10回も竿を振り続けると、もうヤメルゾーと脳が賢明《けんめい》なる指令を発するから。そんな訳でメチャ堪《こら》え性がなくてね、すぐに安楽な誘惑に負けてしまってさ。

「もう、こんなバカな事はやってられねえよ」と即に匙《さじ》を投げてしまい、諦め易く気力が続かない無気根者《むきこんもの》であると、分かっているだけ救いと言えば救いですがねえ。

ところが更に、今度はぶつくさ言うボヤキ声が聞こえてきた。

「あのさあ、強い信念を持ってひたすら、竿を振り続ければ良いでしょうと、軽々しく仰《おっ》しゃいま

すがねえ。

それって、ここに大物が居るって上での話でしょうが。もしそこに、大物どころか魚のさの字も、全く見渡らなかったら、つまり、無人じゃなくて無魚状態だったら、アンタこれはどういう事か、分かるかよ。

滑稽《こっけい》と言うかバカ丸出しの空振り動作を、延々と続けるっていう事は、まるで呆れ返るような一人芝居の阿呆劇《あほうげき》を、黙黙《もくもく》と自棄糞《やけくそ》に演じているだけじゃねえかよ」

「ウーン。そう言えばそうだな。まあ、正常な脳ミソを持つ人間なら、途中でバカバカしくなって、ヤメタとすぐ諦めちゃうよね。

しかしこう考えて見たらどうかな。

こんなにもして竿を振り続けている人の中には、ひょっとしたら釣道を、達観《たっかん》した人が居てさ、魚が居るかいないか、そして釣れるか釣れないかは、瑣事《さじ》の二の次であって、究極《きゅうきょく》は無欲の心情で、釣場で竿を出す事に喜悦《きえつ》と言うか大袈裟に言うと、生き甲斐を見い出した人、だったらどうだろうかっての事なのさ。

アンタは物欲にドップリ塗《まみ》れてるので、こんなスゲー人に絶対になれないと誇らしげに言うかも。

しかし心の片隅では、ここまで悟り付か無くても、この無の境地に少しぐらいは近付けるのではと、多少なり心を惹《ひ》かれ、憧れを抱ければ、大《たい》したものだよ。

そういう訳でさ。無欲の境地へちょっとだけでも、思いを巡らせれば、凡人の釣人から深思《しんし》な道理を具《そな》えた人に、ほんの少しだけ成長した事を示すのじゃないかな」

「ヘエー、何んだか言葉をちりばめて心に沁み透るような事を、重厚そうな賢人《けんじん》ぶってぬかすじゃねえかよ。まあ、敬意を払う賞賛があるので、この発言は傾聴《けいちょう》に値するかいな」）

9．次に大物釣りに最適と思われる針と糸について、私の遣り方を参考までにお話しします。

私が利根川で本流釣に使用しているのは、基本的に0・6号糸の通し、つまり穂先の天上糸の先から針まで同じ糸を連続して使い、針はヤマメ用の7号針か8号針を常用しています。

実は、これに決定する迄に、紆余曲折《うよきょくせつ》があって、何度か悔しい体験があったからです。

何かと言いますと、以前竿を出していた多摩川では、糸は0・2号糸がメインで時には、これより落とし0・175号を使い、針もヤマメ用の5号針か、その上のせいぜい6号針と言った所でした。

その後この利根川へ移って来た時も、多摩川の時と同じ0・2号糸か、まあ0・3号糸で充分通用して、大丈夫で魚もヤワの奴だろうと、鼻から舐《な》めて掛かり使って見たところが、とんでもない。

なんと、グイッと力強い引きがきて、食ったぞと小躍《こおど》りして竿を立てた瞬間、プツリと一発で糸が切られてしまい、アアー、これはヤベエと悔恨《かいこん》した事が、何度もあるのですよ。

この苦い体験から身に沁みた事は、利根川の荒々しく野性味たっぷりの、剛力《ごうりき》ファイターのヤマメに対抗するには、少なくとも0・6号糸以上にするしかネエと。

これなら大物にも、8割ぐらいの勝算で立ち向かえると、勝手に考えついた末の事ですので。

それから、この0・6号糸も情況に応じては、0・8号糸以上に上げての使用もあります。

それは特に40㎝クラスのサクラマス狙いで、竿を振るう足場が悪かったり、急流の場所などで、大物が掛かっても取り込みが難しい所では、予《あらかじ》め太い糸の1号糸で対応すべきであると考えます。

更に、濁りがある時も同様に、このような太い糸に切り替えても良いでしょう。

そして使用糸の太さは、釣りをする時間帯によっても違ってくる。

つまり早朝時や、夕まずめは魚も食い気充分でガツガツしているので、太い糸で良い。

しかし昼間の光量の多い鮮明《せんめい》時は大物の目もランランと冴《さ》え渡り、一層警戒心でピリピリしている為、この時は止《や》むを得ず細糸（例えば0・4号糸）に落としての、使用が良いでしょうが、糸を切られる可能性は高くなり思案《しあん》の為所《しどころ》となります。

何となれば、この細い糸の方が、確かに糸への水圧の抵抗も、太糸に比べて少なく、自然な形で流れ易くて大物がヒットする確率はグンと増すから。

こう考えてくると、細糸に切り替えての大物がヒットする確率が高まるのと、この細糸によって、糸を切られてしまいバラす確率が高まるのと、どちらを優先するかは、場所や技量などを勘案《かんあん》しなければならず、一概《いちがい》には結論は出せないと思います。

でも言える事は、少ない大物ヒットのチャンスを、逃したくはないので、やはり0・6号糸をメインにして、時と場所によっては、0・8号糸や1号糸への切り替えを、臨機応変《りんきおうへん》に行っていくしかないと、割り切って考えて、釣り場に臨んでいます。

最後に一言付け加えると、この利根川で45㎝クラスのサクラマスを狙う時、更にはニジマスの改良種で、引きの強さが醍醐味のハコスチを狙う時は、ちゅうちょせずにそれ相応の仕掛けが必要です。

特に道糸は少なくとも、1.5号糸以上が必要であり、ハコスチにいたっては、その売りの引きの強さは驚く程で、掛かってから何度も水面上をジャンプするなど、その強大な引きにのされない為に、2号糸使用という、渓流釣りでは超太糸でもって、臨まないと当たってすぐに糸を切られという、不覚の結果となってしまうという事ですので。

10. 更にここで付け加えるとすれば、竿の調子によって、使用糸を細糸でも充分に対応出来るのか、

それとも、この細糸では難しいので通常の相応の糸を使わざるを得ないかが、決まるという事です。

だがここで言う竿の調子とは、本来の竿の曲《ま》がりに関しての事、例えば7：3の曲がりといった事をいう、調子ではありません。

ではどのような調子かと言いますと、竿全体の硬さ具合を示す、意味合いの調子の事です。

つまり竿全体が硬い調子の硬調竿なのか、それとも竿全体が柔らか目の軟調竿かという事なのです。ここでこれらの竿について、イメージが湧《わ》かないという人の為に、特別にレクチャーしちゃいますと、硬調竿とは、ちょっと極端ですが、物干し竿のような竿で、また軟調竿とはそうですね、柳の枝で出来ているように想定《そうてい》させる竿を、それぞれ思い浮かべていただければ、まあまあ合っています。

そして竿全体がこの硬《こう》か軟《なん》かの調子の違いで、大物ヤマメの引きを制御出来る為に、それによって使用糸も、太いか細いかの違いの差を生じるという訳です。

それでは、まず硬調竿についてですが、この竿の特色は胴の硬さによって魚の引きに対応するので、この竿の弾力で釣った大物を、容易に引き寄せられる利点があります。

しかしこの弾力が逆に災《わざわ》いして、大物が掛かった時、合わせ切れを起こし易いという欠点が見られます。

これに対して、軟調竿の場合は合わせ切れは起こらず、更に大物が掛かった時、この強い引きに対して、まるで竿全体が弓なりに曲がるが如く、竿の胴の弾力で耐える事が出来ます。

しかしながら、この軟調竿では竿全体が、まるでフニャフニャと柔軟すぎるが為に、絶好のポイントに向けて正確に、振り込みにくいという欠点があります。

特に強風時には、悲惨《ひさん》で竿が風で変形させられるようになってしまい、振り込みがやりにくく、やむなく必要以上の重いオモリを付けて、振り込まざるを得ないといった操作性に於て、大きな欠点が上げられます。

更にこの軟調竿では、大物が掛かった後の、やり取りや取り込みにも、問題が見られます。

つまり大物を引き寄せる、つまりためる事が非常にやりにくく、その為に弓なりの竿を必死にキープしつつ、釣人の方でゆっくりと岸辺に移動して、浅瀬に誘導させなければ取り込めないという、事態も起こります。

そんな軟調竿ですが、この竿を使う時は、糸の太さも通常よりも一段下げても対応出来、硬調竿なら例えば0・6号糸のところを、0・4号糸でも充分時間をかけてやり取りし、慎重に取り込みを行えば、大物ゲットできる可能性があります。

そんな訳で、まあ、我々凡人クラスは、使い勝手の良さを優先して、硬調竿を多くの釣人と共に、使っている訳です。

ところが、中には大物を細糸で掛け、その後に互いの根比べの形で、じっくりとやり取りを楽しみ、釣りの醍醐味を堪能したいと思うやや変質的な釣人にとっては、この軟調竿は正に打って付けの竿と言って良いでしょう。

11．ここでは、大物がヒットした後の、この魚との遣《や》り取りと、取り込み方について述べてみたいと思います。

大物との遣り取りと、取り込みについて

それでは、分かり易いように、大物との遣り取りから取り込み迄の場面を、三通りの序盤、中盤、そして終盤とに分けた上で、個個のシーンで釣人と大物とが、どのような形態で熱戦が繰り広げられるかを、見ていきますので。

序盤

まずは序盤ですが、大物ほど当たりは微妙《びみょう》かつ繊細《せんさい》と言えます。つまり前述のサクラマスの時と同様ですが、大物は餌に対して執着心《しゅうちゃく》はそれ程強くない。

その代わりに警戒心だけはプロのコソ泥並みに強く、目の前に流れてきた餌を、まずはちょっと味見の積《つ》もりで、口には完全に食わえ込まずに、舐《な》めるといった感じです。

この場合は、目印も流れの途中で一旦止まる微細《びさい》だけに、釣人はこの徴候《ちょうこう》は気付きにくく捕らえづらい。

増してや、竿を持つ手元には、ほんの微《かす》かな揺《ゆ》れと言うか違和感が、伝わってくるかどうかですが、多分ないでしょう。

この時、ベテラン釣師ともなると、目印の動きに全神経を集中させ注視《ちゅうし》しているので、この目印の不自然な動きに、素早く反応して、少し穂先だけを上げる感じで、合わせを入れます。

すると、手元には何か重い物が引っ掛かったかなあという感覚が伝わってきます。

この段階で2度目の合わせ、つまり追い合わせを行えば、針は大物の口先にがっちりと食い込み、バレはなくなるでしょう。

しかし通常では、この追い合わせは根掛《ねか》かりかもしれないと、勘違いして行いにくいと思います。そして何か重い物が掛かったと感じ、竿を少し立て気味にするや、この瞬間にググッと引き込まれそうな重圧の引きで、竿も一瞬持っていかれそうになる。

これで遂に大物がヒットした事を知る訳と言えます。

すると、この時に鳥の力強い羽ばたきのような胸の鼓動が、突然湧き起こってきます。このヒットを察知《さっち》の瞬間、釣人の脳内には、ドーパミンが急激に分泌されます。その結果ヤッターとばかりに瞬時に興奮状態に陥《おちい》ります。

しかし、この興奮が続き気が動転して、パニックのビギナー釣人なのか、それとも、一瞬で収まり即座に冷静に事態を把握して、対応するベテラン釣師なのかによって、この後全く違った展開を見せます。

つまりこの大物のヒット後の遣り取りが、技量と経験の差となって現れ、バラしてしまうのか、それとも、首尾よく無事取り込めるのか、と言う違いが歴然と現出されるのです。

では、どういう事かと言いますと、まずこの大物は、通常針掛かりすると、急な横走《おうそう》や上流に向けて強引に暴走といった事はしません。

取り敢《あ》えずその場で身を大きくくねらせて、針を外そうとするような激烈な動きを行います。

所がこの体をよじる動きたるや、大物故にこの時の引きは物凄《ものすさま》じいと言える。

何故《なぜ》ならこの引きの強さと言うのは、魚の体長が増すにつれて、加速度的に増加する一方となるから。

そんな事は理解不能なビギナーは、この予想外の、急激で強烈な引きをくらい、為《な》す術《すべ》もなくただオタオタして驚愕《きょうがく》し、ここで竿を立て気味にしてしまう。

この時の何気ない思わぬ行動をとった事により、実はこれで勝負アリとなってしまうのです。

つまりこの時竿を立て気味にする事は、絶対やってはいけない致命的なミスで、これをここで犯してしまったからです。

何故なら竿を立て気味にしてしまうと、この竿の反発力は全く作用しない為、この強引な引きに耐えられないからなのです。

その結果、ここで糸がプツンと切れてバレてしまい、アアーと痛恨《つうこん》の声を発してしまい、一巻の終わりと言うか、一瞬で夢が潰《つい》える。

こんな情《なさ》けなくて、青っぽい釣人に対して、場数《ばかず》を踏んだ手練《てだれ》の釣師は、こんな修羅《しゅら》は経験済みで沈着冷静で、迷う事なく素早く、竿を上流に向けて約45度位に横に寝かせて、即応戦態勢をとります。

この竿操作によって、竿は弓形《ゆみなり》の如くに撓《しな》ります。これは竿の反発力利用の理に適《かな》った対応で、この大物の強引な引きに、グッと耐える事が出来るのです。

この状況下の釣師の心情は、弓形のこの竿をひたすら信じきって対応するだけです。

そして仮りにこの竿が折れても、悔いはないと思う程の潔い心構えでもって、ぐっと竿を持つ手にも力が入り、更に腰を落とす感じでこの強烈な引きに、ドッシリと構えて踏ん張って耐えます。

中盤

愈《いよいよ》ここからは、大物との遣り取りもハイライトの、中盤を迎えます。

竿の反発力の方が勝《まさ》って、猛烈な動きによる非妥協的な引きが、ブロックされてしまったこの大物は、針外し作戦を局地戦から広域戦へと変更して、闇雲《やみくも》に動く果敢《かかん》なる抵抗を繰り広げます。

つまり今度は下流かあるいは上流へと、一気に烈烈《れつれつ》と激走します。

広大な地の利を活かし激烈に動き回り、何とかこの刺さった針を外そうと、必死の抵抗を試《こころ》みます。

この時は釣糸を通して、この大物の生命から迸《ほとばし》るエネルギーが、敵意に満ちた叫喚《きょうかん》のように釣師の手に押し寄せるのを感じ、釣師も呼応《こおう》して昂奮度は最高潮に達します。

そして、この激烈な動きを、前以《もっ》て読んでいたこのベテラン釣師の方が、役者が一枚上でこの状況でも臆《おく》する色も無く、落ち着き払っている。

竿は依然《いぜん》として横向きの弓形状態を保持したままの竿さばきで、この大物の動きを巧みに牽制《けんせい》して去《い》なし、相手を疲れさす疲弊《ひへい》戦へと持ち込もうとします。この時は、大物の頭を絶対に下流に向けさせず、常に釣師の立ち位置より上流側で、動き回らせるように竿操作を行って、下流に竿が向《む》か無《な》いような誘導作戦も合わせて実施します。

更に、守勢から攻勢へ転じるべく、ゆっくりと竿で去なしつつ、立ち位置を岸側へ移し狭い範囲内で動くように仕向ける。この状況は、正に大物とこの釣師とのガチンコ対決であって、互いの我慢比べの戦いと言ってもよい。

そしてこの時の遣り取りこそが、大物釣りの一番の醍醐味《だいごみ》を満喫出来ると言ってもよいでしょう。

そしてここで遂に勝利した時の欣喜《きんき》の感動と言うか、達成感が幾久《いくひさ》しい先まで、あの時の熱い戦いとして、頭にしっかりと刻み込まれ、懐かしい思い出として残る事となるでしょう。

この時の遣り取りでの大事なポイントは、糸はある程度引っ張った形として、常に張力を保っている事が必要です。

もしここで糸の張りを緩めると、大物はしめしめチャンスが到来とばかりに、水面近くに浮上した状態でバシャバシャと死力を尽くして、激烈な首振り動作を行い針を外そうとします。

この猛烈な首振り攪乱《かくらん》作戦は、時として非常に有力な効果を発揮し、針が口先に緩く刺さっていたが、辛《かろ》うじて持ち堪えてきていたのを、ここで遂に外れてしまいバレてしまう事態が起こる事もあります。

従ってこのような事態を回避する為に、常に糸は張り続けると共に、道糸は水中の方が強い事を知り尽くしているベテラン釣師は、大物を水中で出来るだけ自由にのらりくらりと泳ぎ回らせ、次第にこの動き回る事によって、体力を消耗させ疲弊《ひへい》させ戦意喪失《そうしつ》を図るようにする消耗《しょうもう》作戦を、ひたすら取り続ける事に全力を注ぎます。

終盤

遂に攻防が山場の息詰まる終盤となる。

ここ迄来ると大物の大きさや弱り具合、更に取り込む場所などの諸事情を素早く勘案しつつ、この大物をタモに導《みちび》いて収めた方が良いか、それとも岸辺に引っ張り上げるか、どちらにするか決断します。

だがベテラン釣師ともなると、絶好ポイントに立って竿を出す前に、大物がヒットした時は、どこで遣り取りしどこへ移動しどの個所で取り込むかを、前以て頭の中で想定してあって、余裕綽綽で構えています。

従ってこの大物との遣り取り中でも、タモに収めるべきか岸辺に引き上げるかは、既にこの時には決定していたのです。

そしてこの段階迄くると、さすがの大物も体力を使い果たしてグッタリして動きが鈍くなり、竿さばきで手前側に寄ってくる。そうなるとこの大物の魚体の大きさを、ここで初めて精確に知り俄然《がぜん》期待が膨らむ。

そして大物の手前側への寄りの導きに合わせ、釣師も段段と後退《あとずさ》りし、更に岸際の浅瀬付近に、この大物を巧みに誘導するようにします。

そして、人様とは違って水中ではめったに溺れないが、水面から顔をつん出すと窒息する事を悪用して、ついに此奴を水面上に出してしまうという、とどめの一撃たる究極の辛辣《しんらつ》な手段に打って出るのです。

そのためにここで初めて竿を立てます。その事によりこの大物は水面に浮かんでくるので、ここで頭を水面上に強引に出させて、無理矢理《むりやり》に空気を吸い込ませる事で更に弱らせます。

ここでタモに収める場合ですが、正しい遣り方は、片手にタモを持ち、この大物の方からこのタモの中へと、ゆっくり導き入れるように、待ち構える形をとる事です。

そしてタモに導き入れるタイミングも、大物の弱り具合を見ながら、慌《あわ》てず焦《あせ》らずに、時間を充分かけて慎重に行う事が大事です。

このタモの場合に、ビギナー釣人がやる最大のミスは、このタモを持って近寄ってくる大物を、無理矢理に掬《すく》い取ろうとして、魚を追い回すようにしてしまう事です。

すると、すでにグロッキー気味でぐったりと観念していたあの大物が、目の前に迫るタモを見るやいなや、突然最後の凄《すさま》じい抵抗を発揮します。

その抵抗たるや、残っていた体力を精一杯振り絞って、有《あ》らん限りの力でもって、体全体をぐるぐる回すような、激烈な動きによる大暴れとなります。

この大物が見せる土壇場《どたんば》での瀬戸際《せとぎわ》に踏み止まっての、この激しい動きによって、何とここで、まさかの起死回生《きしかいせい》、一発逆転の勝利が生じる事が起きてしまう。

つまりこの大暴れで、絶対抜けないと諦め掛けていた針が、遂に外れたり、あるいは糸が切れて、頸木《くびき》からやっと解放される奇跡が起こるのです。

そして、大物はがぜん生色《せいしょく》を取り戻しながら安堵して、安息の場の水中へ戻り姿を消します。

一方この事態に釣人の方は、「アアー、何んでダー、後一歩の所なのに、クヤシイー」と落胆《らくたん》で奈落《ならく》の底に突然、突き落とされ、あの自信満満だった気力が、一瞬にして萎《な》え、茫然自失《ぼうぜんじしつ》で竿を握ったまま佇立《ちょりつ》し続けます。

なお、この取り込み易い場所は、足場が良くて開けた場所であれば、申し分ないでしょう。

逆に例えば、岸辺近くに石が点在していると、寄ってきた大物が、最後の窮策《きゅうさく》とばかりに、この石と石との間や、石裏などに入り込むといった捨て身の手段に出てしまい、こうなると引っ張り出そうと焦りますが、頑《がん》として出てこなくなるという想定外の事態が起こってしまいます。

その時ここで無理にでも引っ張って、出そうとしてこの石の角《かど》などで糸が切られ、万事休《ばんじきゅう》すといった事も起こりますので、取り込み場所の選定は、努努《ゆめゆめ》焦らず熟慮の上で決める事が大切です。

斯《か》くの如く言う私でさえも、大物では無かったが、石の間に入られてバレてしまい、間抜けざまで苦い悔しい体験があるからです。

一方、岸辺に引っ張り上げる場合は、この個所が開けた浅い砂地であれば、願ってもない理想的な場所となります。

その際に、引っ張り上げても、大物の大きさから判断して、糸の強さが充分あると考えられれば、竿の弾力でもって、陸上に強引に引く抜き上げる遣り方でも良いでしょう。

さて、ここ迄お話ししたのは、正に大物対釣師との間で繰り広げられた、一対一のバトルです。

そしてこの戦いの攻防は、弱いと見れば引き、強いと見ればいなし、大物の隙につけ込んで、何とか勝利を物にすべく虚々実々《きょきょじつじつ》の駆け引きに他ならない。

しかもこの両者の攻守の激闘時間は、多分に大物の魚体の大きさに比例して延び、長期戦を想定して臨む必要があり、くれぐれも油断めさらず、相手を侮《あなど》るなかれよ。

どうでも、いいような話だよ

ここで息抜きに、空想風コントをひとつ。

「まずオイラは、この本の紹介記事の新聞広告を見た途端に、ついムラムラと変てこな気分となって、手にとって見てやるべエーという、女風呂を覗《のぞ》き見るような気になってしまったのさ」

「そしてオイラは発売当初から爆発的に売れ残って、未《いま》だその勢いが衰えない、糞味噌《くそみそ》の酷評《こくひょう》で不評散々《ふひょうさんざん》の此本を何とか書店で見付け出し、ここ迄シブシブながら読んでみたぜ」。

「へー、そうですか」

「そうよ、愛想《あいそ》が尽きたが、目だけは通してみたぜ」

「そりゃあ、御苦労さまでしたね。ところで横で読んでいる風なのを見ていたら、ウンウンと、頷《うなず》いていましたよね」

「そうだよ。オイラが相槌《あいづち》を打っていた個所が、幾つかあったてえ訳さ」

「へエー、それはどの辺ですかね」

「実は、大物との遣り取りのシーンの所なのさ。なにしろ、そこを読んでいたら、当時の悔しかった事が、頭に浮かんだぜ」

「ホォー、歓《よろこ》びはすぐ消えるが、悔しさはなかなか消えねえ。さぞかし悔しかった事ですね」

「あたボウよ。あのときの苦い想いは、一生忘れられねえよ」

「もしよかったら、当時の悔しい出来事を、ここでぶちまけちゃったらスッキリしますよ。どうですかね」

「そうだなあ、じゃあちょっと話してやるか。あれはなあ、オイラが初めて、大物をヒットした時から始まるぜ」

「うひゃー、すげー、ヒットした時は心臓がゴトンと鳴ったでしょう」

「そりゃ、そうさ。しかしあの時は、アアー、また根掛《ねがか》りで地球を釣っちゃったかと思ってさ、ちょっと竿を上げたのさ。

そしたら、アンタ、ドカーンときて、竿を持っていかれそうになり、心臓が激しく鼓動《こどう》し始め息が止まったかと思ったぜ。

それからヤツは、周囲を激しく回り始めたのさ。ヤッター、遂に夢にまで見た大物が当たったぞうって。

なにせ嬉しさのあまり、チビッてパンツを濡《ぬ》らすところだったぜ」

「スゲエー、こっちとらはそんな経験は、トントないがまあ、その時の気持ちは分かりますよ」

「それでな。必死に竿を寝かせて、アイツの強烈な引きに耐えたのさ。そうさな、5分ぐらいその恰好《かっこう》でフンばったよ。そしたら、ヤツは今度は下流に向け、猛烈な勢いで突《つ》っ走《ぱし》ったのさ。これはヤバイと思ったぜ。

一瞬頭が真っ白になったが、なんとか果敢《かかん》に竿をしならせて、この強力なアタックに耐えたぜ。

そうしたら今度は、なんと反転しやがって、上流に向けて一気に激走してさ。

ヤツも必死だったぜ。この上流への激走に対しては、こっちも死に物狂いで、しのいだって訳さ。

そうだな、この時も5~6分ぐらい時がたったかな。

そうしたら、さすがの大物も少し動きが鈍《にぶ》ってきたのさ。よし、これでオイラの勝ちだと、ここでちょっと気が緩《ゆる》んでさ。

張っていた糸も同じように緩めてしまったのよ。そうしたら奴は待ってましたとばかりにこの隙《すき》につけこんで、水面近くでバシャバシャと凄まじい首振り動作をやらかしたぜ。

そこであぁ、遂に針が外れやぁがって。奴はこっちの勝ちだぞ、アバヨ、と言わんばかりに、水中へスゥーと、姿を消して遁走《とんそう》したのさ」

「ヘエー、そりゃ悔しかったですね。逃げた大物は、さぞかしデカイ奴だったでしょう」

「そうさな、竿が弓形《ゆみなり》の時は60㎝ぐらいと思ったが、逃げられた今は、小型潜水艦みてえだったな」(世間では「逃した魚は大きい」というがコイツは、正真正銘の大ボラ吹きかよ。まあ釣人は奔放《ほんぽう》な想像力と、口の巧《たく》みが得意だが。話百万分の一で聞いてやるぜ)

「そんな大物ですか?」

「そうさ本当に今思い出しても、あの時はホッと油断してしまったのかもな。しかし、もっと早くこの本を読んでおいて、対処していれば、あんな悔しい思いは、しなかったのだが」

「そうですね。でもこの本が出始めたのは、つい最近ですから、残念ながら間に合わなかったのですよ」

「その後は、あんな大物との遣り取りも無しでさ。いつかあの時のリベンジを果たしてやるぞと心に決めてるぜ」

「アレエーこの本買わないのですか」

「エへへー、もう立ち読みして、肝心《かんじん》な所は頭に入れたからさ。それと、カアチャンにサイフを握られているので、スカンピンでこの本を買う金もないのさ。

まあ、タダで仕入れたネタほど、価値があるってんのが、オイラのポリシーと言う訳だぜ」

「でも、頭に入れてもこんな大物との遣り取りなんて、滅多《めった》にない事変《じへん》なので、すぐ忘れてしまい、またその時になったら、オタオタするのじゃあないですかね」

「ウーン、実はそうなんだよ。オイラは生まれつき忘れっぽいたちでね。多分カアチャンから金を貰《もら》っても、すぐにこの本を買う事など、忘れてしまうだろうな」

（アアー、コイツは救いようのない、要領よしの笊耳《ざるみみ》野郎だな。この本を買って、時々パラパラと必要個所を読み返して、カサカサ脳ミソに入れて、大物狙いにチャレンジすれば良いのに。

なにせ、大物釣りはハードル競走みてえで、先程の大物との遣り取りをクリアしても、最後の関門での取り込みで、タモで大物を追い回しちゃダメだってのを、コイツは果たして知っているのかいな。

このタモのハードルを無事に通過して、これで遂に大物をゲットという、ゴールのテープを切る事が出来るのに）以上。

どうも、このコントの内容は、ひょっとしたら半分以上は現実味を帯びた話のような気がしてならない。

それとも、これって筆者独断のいらぬ取り越し苦労かな。未《いま》だ不明なり。

12. 大物がヒットする絶好の時間帯の一つとして、この大物の夕食タイムでもある、夕まずめがあります。

そして、時と場合によっては、朝まずめから日中を経てこの夕まずめ迄、延々と粘《ねば》りに粘って、我を忘れて竿を振り続け、ひたすら当たりを待望すると言う、甚《はなは》だしく非効率でバカバカしい仕業《しわざ》を、行う事もあるかもしれない。

それと同様に、この大物釣りの話も黄昏《たそがれ》ならぬ、夕まずめをそろそろ迎えたようです。

ここ迄、竿ならぬペンを持って我武者《がむしゃ》らとなって、粘りに粘って知恵を何とか絞って考え出してきました。

そして当たりを求め思考を優雅な魚のように泳がせて書き続けてきた。

だが此の期《こご》に及んで明確な当たりもない気がして、しかも行《ゆ》く先も落日《らくじつ》で暗くなり出し、目印も見えにくくなった。

そこで、物事はそれぞれがふさわしい時機に、巡ってくるのだと考えると、この大物釣りの話もこの辺で、御開《おひら》きの近付きを意識し出しました。

それでは、ここまで辛抱強くお読み下さった皆様の中には、運良くか、はたまたマグレ当たりか分かりませんが、大物を釣り上げた時か、あるいはいつも小物か中型しか釣り上げていない人の時も、少しは役立つだろう、魚の生きじめの仕方と、その後の自宅へ持ち帰り時の保存の遣り方を、お話しします。

そして魚の締《し》め方と同じように、この大物釣りの話もここで、閉《し》めたいと思いますので、もう少しだけ我慢してお付き合い下さい。

ところで、そもそもなぜ魚を締める必要があるのかという、素朴な疑問を持たれる人も、いると思います。そこで、まずこの疑問について考えてみます。

例えば、放流釣りの時に陣取った場所を全く移動せずに、デンと構えて竿を出し続け、釣り上げた元気一杯のピチピチの魚は、水中につけて置くフラシビクに入れて、生きが良い状態を保っておき、納竿後はこれらの魚を、冷却しているクーラーボックスに素早く放り込み、すぐ自宅へ持ち帰って、冷蔵庫に打《ぶ》ち込んでおくような場合は、ほぼ新鮮状態がキープ出来ている為、特に魚を締めるという面倒な手間をかけなくても良いかもしれません。

ところが、では次のような場合はどうでしょうか?。

例えば、大物釣りで、絶好ポイントに竿を出して、何十回と竿を振り続け、遂に大物がヒットしてこれをゲット出来たとします。

さて、この後どうするかです。つまりこのポイントで2匹目の大物を狙い、更に竿を振るかという事です。

まあ、強欲でなく常識ある釣人なら、この大物を腰ビクに押し込み、ここを見切って次のポイントに移動するが、だがこの腰ビク中に、半日も放置した状態にしておくと、ここで問題が起こってしまいます。

それは何かと言いますと、生き物は死ぬと内臓から自己分解を始めると言われていますが、この場合にこの大物も内臓から腐敗してきます。

そういう訳で、魚を釣り上げた時は、死んでしまった場合は勿論《もちろん》の事ですが、元気の良い状態の魚も出来るだけ、この場ですぐに絶命させる野締めと称する、生き締めを行った後に更に、この魚の腹をさいて、腐り易い内臓を取り除く作業を行うといった、後処理も早めに行う事が必要になります。

野締めの遣り方

それではこの野締めの遣り方ですが、一般的には釣り上げた魚の頭部を、指で強く弾《はじ》くとか、または石で叩いてすぐ絶命させる方法です。

この処理の際に、魚をバタバタ暴らせながら行うと、身に血が回って生臭くなり易いと言われています。

従って魚を暴れさせず素早く締める事が大事です。

実は利根川へ竿出しするようになり頻繁《ひんぱん》に釣り場を移動するので、この締めの必要性に気付き、初めはこのような指で強く弾くとか、河原にある石を持って成仏してくれよとばかりに、恨めしそうな目の魚の頭部を叩いたが、だが情が移ってしまうのか、心が痛むのか石に力が入らず、一撃では絶命せず、この死にそこないの魚は、未練が残るのか、ピクピクと悶《もだ》える始末で、何度も叩いてやっと成仏させるという、大変往生《おうじょう》した事が度度《たびたび》ありました。

その為、この遣り方はやっぱり慈愛に溢《あふ》れた?自分に相応《ふさわ》しくないと悟って、他の方法を幾つか探して見付けましたので参考までに次に挙げてみます。

まず1つ目の遣り方ですが、魚の急所は、大体エラの横と尾部にあるので、まずはこのエラ横に、刃先を中骨までグイッと力強く入れます。

次に尾の基部に、刃をこれも中骨まで差し入れる事によって、魚は呆気《あっけ》なく絶命します。

その後は、刃を入れた切り口を下に向けて、魚を水の中に入れ、魚体をくの字に折るようにして、魚が生臭くなるのを防ぐ為の、血抜きをするという結構手間が掛かる遣り方です。

何事もシンプルに行う面倒臭がり屋の私には、到底やらない遣り方です。

次の遣り方は「外締め」と言われている遣り方で、釣魚の目の後側にある延髄《えんずい》を刺して、即死に近い状態にする遣り方で、これは分かり易く至ってシンプルでお勧め出来る遣り方と言える。

最後は「内締め」という遣り方で、これは魚の表面をなるべく傷を付けないで締める方法で、魚の腹を斜め上にして置き、エラぶたを開いて、やや腹側から脳の方へ刺し上げます。これによって、延髄と血管が一気に切断されて、魚は絶命するというものです。

以上3通りの遣り方を挙げて見ましたが、これらは帯に短し襷《たすき》に長しで、どうもしっくり行かなそうです。

そこで私はこれらの遣り方は諦めて、放流日に他の釣人がビクから出した魚を、締めている遣り方を横で見て、これはいいや、手軽で無精《ぶしょう》な自分にピッタリだと、勝手に決め付け、今もこれを真似してせっせと実行している。

その遣り方は簡単で、片方の手に魚を押さえて持ち、この魚の頭頂部の目の後側あたりを、幅広のナイフの刃先を、一気に上からブスと刺して、その後刺したまま多少グリグリ回す形にします。この形を約5秒位行うと、ピクピクしていた魚が遂に、動かなくなり、ここで刃先を抜くと終了といった、実に安直《あんちょく》な遣り方である。

この方法だと、ほぼ直角に刃を刺してグリグリの段階で、ほぼ絶命するので、魚をバタバタ暴れさせずに素早く行えるので、自分にとって持って来《こ》いの、目付っ物の遣り方だと自賛《じさん》すると共に、横着な自分が特に目新《めあたら》しくもない、こんな単純な遣り方に、なぜもっと早く気が付かなかったのかと、訝《いぶか》ってしまう有様です。

魚の内臓の捌《さば》き方

次に、釣魚を野締めした後、すぐか或いは、夏期なら2時間以内に、腹をさき内臓を取り除きの捌き作業を行います。

この方法の基本は、この釣魚の下腹部にある肛門からまずナイフを入れます。そしてこのナイフの刃先を横に移動させて下顎《したあご》まで切りさき、胃袋を摘《つま》んで引っ張り出すと、エラまで綺麗《きれい》に除去出来ます。

その後は、爪の先で血わたを掻《か》き出して、流水でよく濯《すす》ぎをすれば良いでしょう。

しかし私のような面倒臭がり屋としては、肛門への刃先が入れにくく億劫《おっくう》なので、簡単に刃先を入れられる下顎から入れて、肛門に向けて裂《さ》くという、ヘソ曲がりな遣り方をしているので、その代償《だいしょう》としてエラの所を苦労して取り除く手間が掛かってしまい、従って、この遣り方はしない方が賢明ですので。

魚の持ち帰り保存方法

ここからは、当日釣り上げた魚を腰ビクに収納した後の自宅迄の、持ち帰り時の保存の遣り方についてのお話です。

自称億劫屋の私の遣り方をここで披露《ひろう》すると、腰ビクの底部の形に合わせて、1枚の新聞紙を敷きます。

（一般的には、処理した魚は塩を振って、濡《ぬ》らした新聞紙で魚を包んでおくと、気化熱で冷やされると言われているが、私の場合は、採捕した川虫用も兼ねて、腰ビク内に保冷剤を常備している為、この方法は行いません）

それから、この敷いた新聞紙の上に、川虫を入れたカゴを横に置いていた保冷剤を乗せ、更にこの保冷剤の上に締めた魚を、重ねる形で入れています。

しかし、ここで特に気を付けなくてはならない事は、締めた魚同士が、直接重なり合ってしまうと、互いに触れた部分から、魚体が変色してしまい、大変見苦しくなるので、それを避ける為に、一工夫《ひとくふう》をしています。

それはどういう事かと言うと、もし現地で採取可能であれば、大型の熊笹《くまざさ》の葉や蕗《ふき》の葉が防腐効果で最適なので、魚の個体毎の包装を勧めます。

だがこの方法が不可の時は、ビクの大きさに切って予め用意していた何枚かの新聞紙を使用する奥の手もあります。

それはこれらの新聞紙で1枚毎に、魚を包む方法で、大変お手軽なのでお勧めしますから、ぜひお試しあれ。

要は魚と魚とが互いにくっつき合わないようにするだけの事で、その為ビク内に入れた魚の並べ方や、重なり方を考慮《こうりょ》し、これらの間で隔離出来る物があれば、適宜な葉や紙を入れれば良いだけですので、あまり深く考え込まないで下さい。

大物釣りの展望

ここで、大物釣りの話も遂に、終わりを迎えましたが、終了に当たって、この大物釣りの将来の見通しなど、私が熟思《じゅくし》している事を、お話しいたします。

今迄、述べてきたように、利根川で大物ヤマメや、サクラマスに出会え、これをゲット出来るチャンスは、我々ビギナークラスの釣人では、ひょっとしたら一生の間にただ一度だけかも。

更にシーズン中にチャンスを物にする事は、長期の雪代大増水の続行で、到来《とうらい》しないでじたばたして、悔しい思いをする年が増すでしょう。

そして雪代が収まり水位が低下した時期で、前日か前々日の降雨で一時的に増水した日で、濁りも問題ない絶好日に、巡り合えて竿を出せるかどうかが、最も重要な要件と言えると思います。

更に、今後懸念《けねん》される事は、地球温暖化の影響が一層強くなり、積雪量が極端に多くなったり、少なくなったりして雪代が大きく変動すると共に、大雨や濁流大増水の多発が考えられます。

しかも気温は年々少しずつ上昇するが、年により高温現象が常態化してしまって、これに伴い夏期の水温の上昇で、ヤマメの適水温も上がってしまい、生息環境の激変で、従来イワナのみが生息していた、高所冷水温地域だけに、ヤマメが何とか生き延びているという事態の発生も起こりえます。

更に魚の生息数減少は釣人の減少となり、漁協も赤字で放流魚数も減り、それで釣人もまた減るという負のスパイラルに塡《は》まってしまうかもしれません。

更には先程述べたように水温の上昇に伴って、サクラマスの産卵が困難になってしまう為に、もしかしたらこの利根川でのサクラマスの遡上は、そう言えば過去にそんな事があったなあという事になりかねません。

このように釣りの前途は、暗澹《あんたん》で危機に瀕《ひん》していますが、こんな状況下でも幸運にも大物をゲット出来た時には、喜悦《きえつ》と一緒に当時の情況も詳しくデータとして残しておき、今後の釣行時の参考として生かすようにすると共に、この大物ゲットが貴重で忘れがたい思い出の資料に役立てる事が出来るかも。そして前途にも光明《こうみょう》を見い出す手段となるかも。

ではここで、釣り全般の展望についても差し出がましいが、多分に真実味のある小話を一つ。釣り場での合言葉の挨拶は！

昔と今は、ニコニコしながら優越心丸出しの自慢げに、「釣れましたか?」を、なんとか辛《かろ》うじて保って通用し続けています。

しかし将来は、プリプリしてやけのやんぱちだが、まだ見練タラタラなあまり、「釣れませんネエ！　魚は見当たりますか?」が、正式で普段の挨拶のやり方として、全国的に普及するかもしれません。

その時には、草葉の陰から「アレレ！　三途の川の時と同じだなあ」と、大変気にかけるつもりでいます。

そして、このように言い馴れた挨拶の人達には、こちらへは気楽にお越し下さいなと思う、なんだかしんみりとした近しさを感じるでしょう。

我が釣り人生のぶっちゃけ空論

思うに、出来上がりのおかしい自分には味わい楽しむ為の能力の熱情心が、人一倍宿《やど》り過ぎていて、常に心に刺激を与え続け、と絶える事が無かったかもしれない。

こんなのが、偶然古来から楽しまれてきた体験の釣りと言う快楽に遭遇開眼し、ぞっこん心酔して現を抜かしてしまったという訳です。

まあ、言ってみれば、人生快楽第一主義のバカ男が、運良く釣りという、いわば妙齢の美人にぞっこん惚れ込んだ末に、腐れ縁で伴侶《はんりょ》にしてしまったが、これが良縁であって、自分の人生の選択肢の中で、唯一の最良結果をもたらしたものだと、悦に入っている。

更に筆者の自慢は、誠に遺憾《いかん》ながら頭脳の不明晰《ふめいせき》さと深い謙遜《けんそん》さだけで、釣りでは川での生き生きとした幸せな活動をする魚達の泰平《たいへい》と平穏《へいおん》を願う、やや無理がある考えも多少持っている。

そういうエセ仁愛モドキの、摩訶《まか》不思議で理解しがたい矛盾の心情の中に、釣りへの熱い情熱の秘密が隠されているのだろうか？

また釣果となると、奔放《ほんぽう》な数と大きさの幻想を抱くのを、得意としています。

こんな妙ちきりん男が考える事は夢を釣る事、この夢は釣果だがこの釣果が常に実現したらどうなるだろうか。

奇跡の事態が常態化したら、果たして今迄のように、せっせと釣りに行くだろうか？と、考え込んでしまう。

まあ暇人《ひまじん》は、こんなバカげたどうでも良いような白昼夢《はくちゅうむ》しか、思い付かず本当にしょうがないですがね。

もしも、運命の最高の祝福を受けてしまったら、今迄のようなワクワクした期待感や、ゾクゾクする達成感といった熱い感情は果たして生まれるだろうか。

そうですね、多分絶対に生じないだろうと断言出来ます。

ではここでもう少し具体的な例を挙げてみましょう。

例えば明日あの瀬でもって8寸クラスの良型ヤマメを、5匹ゲットしようと考えていたとしますよね。それが何と当日思い通りになってしまい、ヤッターぞ！5匹ゲット出来たぞ！と思わず会心の笑みを洩《も》らしたらどうか。

まあこんな事は初めてなのだが、あくびの如き人生でも奇跡は起こるのだと、この時は合点して能天気でいるかもしれません。

所がその後も同じように予想した通りの釣果が続いたら、どう思ってしまうでしょうか。

更にこの先の将来にわたって思い通りの釣果が続くとなったらどうか？。

多分自分は予想出来ない事の素晴らしい愉《たの》しみがなくなってしまうで、バカバカしく思って釣りに出掛ける事をためらってしまう。

ではなぜこんな突拍子もない空想的で、現実離れの事を考え付いたかと言うと、現在70年以上を気まぐれに茫洋《ぼうよう》と生きてきてその3分の1以上の歳月を、釣りという蟻地獄《ありじごく》に落ちてこの中で踠《もが》く快楽を覚知《かくち》してしまった。

所がここで踠けば踠く程思い知った事は、先行きが不可測な現実を前にしてただオタオタし、この現状を渋渋《しぶしぶ》ながらも認めざるを得ない厳しい事実でした。

そう人生の目的とは必ずしも期待通りにいかないし、延々と証明し続け消耗させ損失もやむなしと不承不承《ふしょうぶしょう》納得させる事を、釣りでもって思い知った事なのです。

そして釣れるかどうかの瑣事《さじ》なんて、腕や経験と魚側の都合の善《よ》し悪《あ》しを考慮しても、所詮《しょせん》は運頼《だの》みの現実を許容するしかなかった。

また私の人生では困難や挫折そして苦悩も多く恵まれ感謝はしていないが、まあそういう快適でない出来事は、時の経過という自然の力ですべからく忘却《ぼうきゃく》するように出来るだけ心掛けはしている。

そんなのが学びとった事は、人生なんてこんな来《こ》し方の不本意な混迷から、行《ゆ》く末の空白の不透明の中運命を不可避《ふかひ》として受け入れて、一歩一歩ゆっくりと（旅立ち迄）歩むしかないと、高尚《こうしょう》な悟りには至《いた》らないが、釣りを通して発想レベルで思い至ったのです。

こんな低知力レベル男でも痛感した事は、人生にやはり日常の常習軌道から少し外れた「遊び」が必要だったんだとつくづく思い知らされた事でした。

ここ迄何とか苦難を乗り越え生き抜いてきた中で、この「遊び」がどれ程に意義があった事かと、しみじみと惟《おもん》みてしまいます。

そこでこの「遊び」をもう少し鑑《かんが》みてみますと、二つの意味があると考えるのです。

一つはその名の通り胸が躍《おど》り高鳴《たかな》る遊興《ゆうきょう》という意味ですよね。

もう一つは、物（部品）と物（部品）との余裕という意味です。

ここで特に私が強調したかったのは、この後者の意味の方なのです。

そして物と物との意味関係をもっと広げて、この物を心に置き換えてみてはと考えてみますと。

更にはこの心に於いて支《ささ》えと言うと中心的に成り過ぎるので、脇役として横からそっと補助的サポートと言うか、クッションの役割を持つ所の心の余裕と言う事に考えつきます。

もっと別の言い方でゆとりという意味に置き換えてもいいでしょう。

そして心の余裕やゆとりの連想の輪を一段と拡張してみると、息抜きと言う意味に行き着くと思います。

そう、そうなんですよ。この「遊び」は心の余裕と言うのと、更に息抜きと言う二面性の意味合いもあると考量《こうりょう》して結論付けられると思うのです。

そして心の中にこの息抜きとなる場を一つでも持つ事によって、これはちょっと小さいがキラリと光る宝物となるでしょう。

従ってこの息抜きを確実強固に秘めていく事が必要だと思います。しかもこの息抜きを人生の杖として常に頼り甲斐のある存在といけば、長い人生行路を活《い》き活《い》きと生き通していく上で、なくてはならないビタミンのような重要な要素となっていくのではないだろうか。

更にはこの息抜きから必然的にもたらされるであろう「和《なご》む心」の気持ちへと到達する事が出来ることによって、苦悶《くもん》の時、悲嘆《ひたん》の時、疲憊困憊《ひはいこんぱい》の時などの人生の苦境の時に、それを歓楽《かんらく》の時、嬉笑《きしょう》の時、奮励《ふんれい》努力の時に変心出来るかもしれないし、たとえそこ迄到達しなくてもこの苦境に陥った時に、この和む心を思い浮かべる事により、少しでも心の安穏《あんのん》が得られるかもしれないと、自分なりに思量解釈しています。

ここで、この和む心を抱くように努めた最近の実例があるので、その話をしましょう。

実は、もう用無しの前立腺《ぜんりつせん》と、役立たずの男の玉の精巣《せいそう》(俗称は金玉袋)に、タマタマ癌《がん》が勝手に住《す》み着《つ》き、悪さをする前に露見してしまいました。

そこでどうせなら両方同時の全摘出《ぜんてきしゅつ》なら、手間も省けて安上がりの一挙両得《いっきょりょうとく》ですっきりという事で、腹切りとなった。

そんな訳で遂に手術台に乗り俎《まないた》の上の鯉となった時は、一応観念はしたが未練はやはりなぜか残っていました。

その時頭内では、早期なので大丈夫で、大船《おおぶね》に乗ったつもりの楽観が大勢を占めていたが、片隅に一抹の不安もあった。

その時の心情は、まるで青天に湧き上がる黒雲の如きありさまだった。

そこでこの黒雲を何とか払拭《ふっしょく》すべく、決然と生み出すようにした心構えがありました。

何かと言うと、この黒雲のような気弱《きよわ》な気持ちを、別に変心するように意識的に考え思い描こうとした事です。

そう、それは釣りの事でした。じゃあ、この釣りのどんな事かと言うと、どうしても気になっていたあの深瀬を流してみるぞ。

すると瀬尻で当たりが出て、遂にここで念願の大物ゲットという、破天荒《はてんこう》な野望を思い描いていたのです。

今思うに自分にとっての身体的な非常事態発生時に、何とバカバカしい事を考えていたかを今思い返すと、汗顔《かんがん》の至《いた》りです。

つまりおはつのこの身体的な大苦難を、何とか乗り越え遣り過ごそうとする為に、能天気に釣り情景を思い浮かべ続けると、何か不安な気持ちが一時的かもしれないが、消失して心にゆとりが持てるようになり、よし、全快したら今思っていたあの深瀬に、チャレンジするぞと気持ちも前向きの穏和な和む心を、弾《はず》ませたように思い起こされます。

（なお、次のシーズンにこの必死？な思いで想い描いていたあの深瀬に、果敢《かかん》にアタックしましたがやっぱり思惑外《おもわくはず》れとなって、ダメでした。

つまり釣れなかったので気にしないで下さい。

そうそう、無事に手術が終了し手術室から病室に戻る時は、深層の不安感がホッとした安心感に変心したせいか、なぜか自然に涙が止《とど》めなく流れ出ました）

このような願っても無く歓迎しない試練の大事を体験してしまうと、今後は何事にもジタバタせずに、自然の成り行き任せの心境に到達してしまう。

つまり、受難に対しては、あるがままの鷹揚《おうよう》に受け入れて、これを包容《ほうよう》するといった、高邁《こうまい》な心情となり、唯一の現実的な知恵を受け入れるようになったのです。

そして、根性が卑しいのか「転んでもただは起きぬ」の気持ちに至ってしまう。

挙句の果てにはつむじ曲がりとして、「禍《わざわい》を転じて福となす」に至るありさまで、それ故に、生活習慣の見直しを図る始末となる。

その結果、例えば生野菜を毎日多量に摂取義務を意固地《いこじ》となって課する事態に発展してしまった。

この想定外の帰結は、現在生々しい生育をとげつつあるので、あの大事後は気色は良いが、ヘンな自己演出の展開となっています。（つまり、通俗的に言うと、健康オタクに見事に脱皮を遂げたのです）

人生は時間に拘束されるが、喜びの感情は時間の進行を速《はや》め、この速める一つに釣りがあり、この釣りで一時時を忘れ、そして二度と巡ってこないこの時の中で「遊び」の息抜きか、心のゆとりが出来る場を持ち続け、時には「和む心」を持つ事が出来れば、少しはこの人生を、肩肘《かたひじ》張らずに柔軟で、しかも前向きの意欲を燃やして、楽観的に過ごせて、人生の妙味《みょうみ》を味わい尽くせると思う。

そして自然の静寂の中で、脳を最大限に機能させて賢くする理想的な嗜みで喜悦の釣りという「遊び」を通して、息抜きを持ち続け今後も、体が許す限り続けてゆきたいと、願望しています。

そして竿と永遠の別れを告げ、釣行を決別《けつべつ》した時も、心中はゆとりと言う充実した満足感の余韻《よいん》を楽しみ、この愉楽だった釣りの事が、チロチロと残り火が燃え続けていく為の、燃《も》え種《くさ》のように時々思い出し、「和む心」として回想の中での愉楽となった時には、多分心中に熱い物が込み上げてくるだろうなあと、予感したりするのもちょっと素敵でいいかなと、今のところは夢想しているのです。

ここ迄、ハチャメチャな愚説《ぐせつ》でしたが、精一杯《せいいっぱい》心を込めて、肩の力を抜いて文章を連《つら》ねました。

ハッとさせる思念《しねん》は論述《ろんじゅつ》されていたと思いますでしょうか？。それとも、もう少し割り引いて、この空論が多少なりとも理解出来たでしょうか？。

もうここで戯言《たわごと》は終了いたしますのでご安心下さい。

第三部　「年賀状」

年賀状掲載の趣旨

ここからは、私が実際に友人、知人、そして親戚宛てに書いて送った、過去分として書き留めておいた分と、それから現在書き送った分を、ほぼそのままの文面で、転記する形で公表するものであり、更に今後投函《とうかん》するであろう将来へ向けての言詞《げんし》の文も併《あわ》せて、掲載するようにしたものです。

ここで伝えたい事は今迄既に出した分は、限定した数少ない対象者宛てである為に、その文面の内容も本《ほん》の一部の人しか知り得なかったが、もっと大多数の人に私が釣りの嗜みに遭遇した後、年々のめり込んでいるという狂った熱情の実態を、知ってもらいたいからです。

幸いな事に過去に出した一時期分の文面は残っており、年賀状という枠内に於いては伝えたい事は簡潔《かんけつ》でなくてはならない。

簡潔は機知《きち》の精髄《せいずい》であると自覚している私としては、この短枠内で心情を濃縮しエキスとして吐露出来たと思量しています。

更に将来も可能な限りこの釣りを続けて行きたいという意気込みをこめて、少しでもこの熱い想いが伝わり、こんな釣りバカが世の中に生息し今も竿を出しているのだという実態を知ってもらい、共感のあまり竿を持つ呼び水となれば、願ったり叶ったりです。

将来分の掲載の真意

さてここからは、この年賀状という形でしかも将来出す予定を画策する文面を、敢えて公表掲載すると言ういわば前代未聞《ぜんだいみもん》の愚行《ぐこう》行為の真意謎を解明すべく、果敢なる挑戦の内容となります。

よく小、中学生が卒業時に、将来の夢といった内容の作文を書いて、記念の為に文集にして載せる事が多多《たた》あります。

こっちは特にそれに肖《あやか》った訳ではないのですが、深意《しんい》はほぼそれに近似《きんじ》していると言っても良い。

だが筆者は一方が前途洋洋で困難に果敢に立ち向かえる、体力を内に秘《ひ》めた若者に対し、こっちとらは大分《だいぶ》くたびれていて、余命はまだもう少しはありそうだと、希望的観測で楽観していて人生の黄昏に入った老身《ろうしん》なのが弱みではある。

更にもっと醜悪《しゅうあく》な事にこっちとらはジジイの釣りバカ男である。

しかもその行為たるや破れかぶれで、気持ちだけはこれら若者のつもりで、挑戦と称して不可測な将来という的《まと》に向けて、素敵《すてき》なる言葉の矢を次々と放ったのだと見てもらえれば、シメシメ計略通りと考える罪深き野郎です。

この連射の矢は見た目は美辞麗句《びじれいく》で飾られていて、鏃《やじり》も一見すると鋭く尖《とが》っていて、いかにも当たる風なので始末が悪い。

そう、この挑戦用の武具の方だけは絢爛《けんらん》だが、放った当人の方は虚勢《きょせい》であり問題が山積《さんせき》予想で、筋力も視力もいずれ歳と共に衰えていくだろうし、挙げ句の果てには的の意味すら分からなくなってしまうかもしれず、全く無茶な挑戦を敢えて強行したとしか言いようがないのです。

では、なぜこんな無謀のような挑戦を行ったその真意はいずこにありやと言いますと。

将来という得体が知れない予測不可な時で、一寸先は闇のこの不可測な先行に対し、全く恐れも戸惑《とまど》いも見せずに突進して、将来へのメッセージを書き綴って公表する事は、よし、何が何でもこのメッセージ通りに、実行貫徹させてやるぞ。と言った自分に対してプレッシャーを与えつつ、逆にそれでもって自分を鼓舞《こぶ》させて奮励《ふんれい》努力するというか、目標を敢えて設定して未来を思考する心の飛翔《ひしょう》となるのでは、という大《だい》それた思い切った考えを実行しようと目論んだからです。

そのために、世間様に向けて堂々とテメエの将来への志望を恥も外聞もなく公表する事には思惑が潜む。

それは世間の厳しい眼差しを向こうに回して、これでテメエとして退路を断って、もはや有言実行の前進であるのみとしたかったからです。

その妄想実現に敢然《かんぜん》と立ち向かうべく足腰は鍛えて何とか目印の微動感知の視力は保ち、獲物は若い女性ではなく魚であると認識出来る程度は維持したいと野望は抱く。

それはひたすら頑張って見せますから見ていろよ、と言った自分の心に秘めた強がりの撤回《てっかい》不可決意文でもある。

そんなテメエだけ納得の屁理屈《へりくつ》の行為は、理解不能なのが正常な人の見立てであるのは重重承知の上ですが、不可解な行為をやるぞと決めた頑固である釣りバカ男に多少の哀れみのある同情と、呆れてしまう共鳴《きょうめい》を持って見守って下されば良しとします。

ではここからは過去に出し所蔵分で古い平成25年分から始まって、順次現在分更に将来出すであろう分も公表していきます。

新年おめでとうございます

皆様にはお健やかに、初春をお迎えのことと存じます
私共も元気で暮らしており、私は趣味の方で忙しく、相変わらず春は山菜、秋はキノコ採りですが、メインは利根川での本流釣りで、今年も三月一日からの解禁に今からワクワクしています
年々、釣果は上がっていますが、釣行時にうちの山の神から、「魚焼グリルに水を張って待っているよ」とのたまわれ、こればかりは相手の都合もあって、いつもプレッシャーを抱えて出かけているのが実情です
新春にあたり、ご多幸とご健康をお祈り申し上げます

平成二十五年　元旦

新年おめでとうございます

ご健勝にて、ご活躍のことと拝察申し上げます私共も無事越年致しました
忙しい趣味の方も、山菜やキノコ採りが年々少なくなり、その分本流釣りの
意気込みが一層増し、今年こそは、あの瀬で尺ヤマメで、竿がしなるのを思い
描きつつ、そのための体力維持で、毎日のウォーキングに励んでいます
新春にあたり、ご多幸とご健康をお祈り申し上げます

平成二十六年　元旦

新年おめでとうございます

お健やかに初春をお迎えの事と存じます

私の方は、男子の健康寿命の限界年齢に、少しずつ接近中ですが、相変らず「今年こそは尺ヤマメをゲット」という、バカの一つ覚えの懲《こ》りない変な生き甲斐と、狩猟本能で血がさわぐ丸出しのギラギラした空しい願望に、現を抜かしているせいか、まだまだ英気充分で、かつ釣竿は杖としては使わずに、自力歩行可能状態を維持しており、更に驚く事には人と魚との区別が未だにつくと共に、もっと凄いのは、実はうちの女房殿は心優しい男性ではなく、感受性が強く、おっかないカカアーであるという、高度かつ微妙な認識能力も、今のところ保持していますので、ご安心ください

平成二十七年　元旦

明けましておめでとうございます

ご健勝にて、ご活躍のことと拝察申し上げます。私の方は、いままで入院も手術も全くご縁がなかった身に、昨年「高齢者優待のガン体験ツアー」に見事当選し、なんとその目玉は「早期ガンの前立腺全摘手術」という、まあラッキーな受難で、これもわが人生の最良の試練と達観しています
一方釣りの方ですが、こちらは「かかった時」の興奮に快感を覚える中毒症状を一途に願い、更には「釣果＝オカズ」となる実利学も学べる、退屈という敵をやっつける暇つぶしの道楽に相変らず現を抜かしています
そういうわけで、今年もこの道楽にはまるべく竿を手にします
皆様の御多幸をお祈り申し上げます

平成二十八年　元旦

新年おめでとうございます

お健やかに初春をお迎えのことと存じます

私の方も元気で、相変らず釣りに現を抜かしています。昨年は利根川で本流釣りを始めて六年目で、初めてサクラマスの三十八センチを上げ、今年は四十センチ越えを狙っています。所で釣行時の楽しみの一つに、思わぬ動物達との出合いがあり、どうしてこんな人里の近くに居るのかと思いつつ、対岸より見詰められたカモシカの時や、更にはなんと目の前で、イタチの親子と遭遇した時でした期待外れで竿を畳んで立ち上ったところでバッタリ。むこうも相当びっくりしたようでキョトンとつぶらな四つの目と合った

「お邪魔しています」と挨拶しようとしたらさっと姿を消しました。その他には、渓流を力強く泳ぐ可愛らしい小さなカワネズミや、スーと飛行していくヤマセミなどなど

さて、今年はどんな素敵なランデブーがあるのだろうかと、ワクワクしながら竿を手にします

平成二十九年　元旦

新年おめでとうございます

皆様には、お健やかに初春をお迎えのことと存じます。私共も元気で暮しております。年頭にあたり少し悟ることがあります

長年グンマの釣りバカ男をとりこにしてきた「釣りの真髄」とは何ぞや。それは竿を出す前の膝が震えるような美人に見詰められた時のワクワク感か、それとも掛かった時の胃が捩れるようなゾクゾク感か、されどこれらは本命に有らずと思う。しからば何か？　我思うに今のところ自力歩行可能状態で、針と糸との使用認識能力も保持出来ている事に感謝しつつも、いつの日か帰る所の自然の中で「自分は果して美男子なのか」といった雑念を捨て、川の流れの中の目印を、期待を胸に一心不乱に見詰める、その集中没頭の瞬間の忘我の境地に有りやと思うが、いかがか

本年がすばらしい年になりますよう、ご健康とご清福をお祈り申し上げます

平成三十年　元旦

新年のお喜びを申し上げます

お健やかに初春をお迎えのことと存じます

私の方も元気で過ごしています。さて英国の釣りの名言に「釣り竿は一方に釣り針を、もう一方の端に馬鹿者をつけた棒である」とあるが、これには思い当たる節があった。まだ補助輪付きで走っている感じの釣行の頃、真暗な中を出て一番乗りした場所に、なんと放魚されずボウズとなり、その不運を嘆きバカであると思った時だ。あれから何年経っただろうか。あの当時の空振り体験を超越し今年も嬉々として魚の拝顔と絆を求める釣りバカが毅然と生息していますので、よろしく

なお一層のご健康とご多幸をお祈り申し上げます

平成三十一年　元旦

謹賀新年

今年は、自分にも全く断りもなく勝手に「後期高齢者」と呼ばれるようだが、この言葉の響きから冥途への招待状の発送が、予定と連想されてしまって、甚《はなは》だ迷惑千万の苛立《いらだ》ちを感じる。なぜなら小生は現在慢性的釣り中毒症を患っていて、完治見込みゼロで年々症状が悪化し、本年は利根川でのシマ荒らしが十年目の釣りバカ状態で張り切っていて、今年こそは大物を一発ぶちかまし、一花咲かせようと意気軒昂でいる中で、冷水を浴びせる様なこの理不尽な呼び名に対し、ムラムラと反骨心が沸く。そう今も好期好例者と頑強に信じ切っている、少しくたびれた老釣師の意地にかけても

(もっと、元気付ける言葉で呼んでよ)

令和二年　元旦

謹賀新年

米国の釣りの名言に「釣りをしている夫の姿を見た事のない女房は、自分がどれほど辛抱強い男と結婚したのか気付かない」とあるが、翻《ひるがえ》って自分は？　多分短気で少し気難《きむずか》しいと女房殿はすでに気付いているだろう。ふと気が付くと、今日もビクの中は空だった。川の中の魚はアカンベエーをして、この老釣人を腹を抱えて笑っている事だろう。しからば笑えば笑え。期待外れのショック度は年々慣れて耐性力がつき、相手の都合が悪かったと思い遣り心と原因の転嫁《てんか》心は増強したから。しかし女房殿の「ああ！又釣れなかったの」とガッカリした顔がちらっと頭を横切った

令和三年　元旦

謹賀新年

釣りの名言で中国には、「一時間幸せになりたかったら、酒を飲みなさい。三日間幸せになりたかったら、結婚しなさい。八日間幸せになりたかったら、豚を殺して食べなさい。永遠に幸せになりたかったら、釣りを覚えなさい」とある。今年もふくいくたる薫風《くんぷう》が川面を吹き渡って音楽を奏《かな》でる岸辺にゆったりと佇《たたず》み、一心不乱に黙黙《もくもく》と自信に溢れて竿を振るう単調な動作を繰り返す、まだしぶとく生き長《なが》らえている孤高の高貴好齢者の釣人の姿を目にするであろう川の流れと一体となった目印を追う、その集中没頭の瞬間に心から湧き上がる、至福の境地に浸りながら

令和四年　元旦

謹賀新年

年頭にあたり、徒然なるままに釣りの効用を思考する。釣りは針と糸とウキとオモリと餌と、更に（男子固有の一物よりもっと長く細い）竿さえ有れば、何とすべてがお安く楽しめる暇潰しではないだろうか。時には偶然にも魚と絆が結ばれた場合は、オカズとなり家計の足しになり、しかも一番のメリットは、この晩は女房殿の機嫌《きげん》も頗《すこぶ》る良くなる事は実証済なり、人生で少しは価値が有ると思う釣道楽を、長年続けていると言うみみっちい優越感を抱いて、今年も性懲《しょうこ》りなく釣り稼業を本気でやる訳でなく、程程《ほどほど》で嬉嬉として釣場に向う老釣人の姿が見られる事だろう

令和五年　元旦

謹賀新年

新年を迎えて、趣味の釣りについて考えてみた。この釣りでは予想と現実とのギャップに、何度泣かされてきた事だろうか。つまり獲物が自然界に密接した生物なので、思い通りにならずワクワク感とガッカリ感が交錯《こうさく》して、これはまるで人生の縮図と言える。しかしこれはこれ、物事に向って集中する「心身一如《しんしんいちにょ》」であれば、快楽ホルモンのドーパミンが脳内に放出され、遣り甲斐、生き甲斐のこの釣りによって気分が切り替わり、ストレスも一時解消しその事で、脳に新しい神経細胞が五倍も多く生成されるというデータを信じれば、これはもう絶対に止められない。更にこれで当分は認知症からの甘い誘惑の交際にも断固ノーと言える事だろう

令和六年　元旦

謹賀新年

以前釣りの名言で「釣人は辛抱強い云々」と目にしたが、これは小生に関しては少し当て嵌まるかもしれない。だが正確には往生際が悪いのである。そんなのが竿を手にしているので、魚が留守か居留守で魚の姿が見えない中でも、居ると信じてひたすら餌を流している光景は、不可解を通り越して滑稽《こっけい》で哀れみを催してくるだろう。そんなこんなで今やっている事は途方もなく非効率の阿呆《あほう》の事なのか、それとも破れかぶれの信念に基づく確固とした意志の上なのか、未だに釈然としないのだ。なぜなら時々小生よりは辛抱強くない魚が、我慢しきれずに餌に食い付くという不運な事が起こる事があったから

令和七年　元旦

謹賀新年

釣りという嗜みは、いわば釣人と魚が騙《だま》すか騙されるかを、陸側と水中との間で交戦する頭脳戦である。しかもうまく餌を水中で自然に流れてきた様にして、食意地の張った辛抱強くなく、頭が切れない好奇心が旺盛な魚をひたすら食い付かせ様とする、我慢比べの心理戦でもある。しかし大物魚ともなると、こんな戦闘は何度も体験済で、熾烈《しれつ》に勝ち抜いた歴戦の勇者として敬意を払う先達《せんだつ》かもしれぬ。そんなアッパレで崇敬《すうけい》な魚に対し小生ごとき小者では恐れ多いと思っている？せいか、この所大物には拝顔も出来ず御無沙汰しているが、今年こそはこの雑念を払拭してやるぞと、鼻息も荒く意気込んでいます

令和八年　元旦

謹賀新年

年頭にあたり思うに、長年心を奪ってきた山菜やキノコ採取そして釣りは、いずれもその舞台は自然界であるが、地球温暖化の悪影響のせいか猛暑日照り、冷夏低温、大雨増水濁流といった発生の激増に対しては、ただただ恨めしく天を仰いでオロオロするだけなり今後ますます状況は厳しくなって収穫や釣果は少なくなるだろうが、それはそれとして、気持は常に前向きにし、ひたすら体力維持に努めて気力充分で、今年も決まり文句の「川が呼んでいる」と宝くじを買った様な気勢《きせい》で、杖にならぬ竿を持って日本男子として、これぞ打ち込めるものぞと勝手に決めた釣りに、意気軒昂のもと、いざ出陣だ

令和九年　元旦

謹賀新年

自分が（今でも気持だけは若いと思うが）実際若かりし頃は、明日あの瀬で大物が掛かり、やっとタモに収める希望的願望の夢想は、宝くじが当たった時を思う空想と何とよく似ているなあと思う。人は若い時ほど壮大な夢を見、又憧れるのだろうか。時と共に情熱が冷め道理が分かり諦観の気持が強くなり、夢も小型かつ現実的に変わり、今では「釣りで無心に遊ぶ」を心の拠《よ》り所に、釣果は求めずにゆったりした気持で、竿を出せるという単純かつ平凡な事に対する喜びの念が強くなっている。そう、釣りに長年精力を傾注すると、大仰《おおぎょう》だが人生の無常や儚《はかな》さが、少しだけかも知れないが意識させられる様になるものらしい

では最後に一言、人生は素晴らしい。なぜなら釣りが出来たから

令和十年　元旦

あとがき

ここまで私の拙《つたな》い話を善《よ》くぞ辛抱強くお読みいただき、そしてお付き合い下さり心からの感謝の気持ちを表明しつつ筆を擱《お》きます。

ところで、かの著名なアインシュタインは、こんな意味深い金言《きんげん》を残しています。

「時間は相対的なものであり、その人の視点によって違うものなのだ」と。

けだし至言《しげん》です。この言葉は私によって深い意義と重みをもって、透徹《とうてつ》した形で胸にジーンと響き渡ります。

ではその感銘を受けたのは何か?。

私の「視点」は感覚の鋭敏《えいびん》さ、完全なる集中、生きているという強烈な実感に対する情熱をもたらした、そう、釣りでした。

この釣りの「視点」で思量してみると、単調平穏に続くと思われた人生行路が、実は波瀾万丈《はらんばんじょう》に富んでいて、この時の流れもあの通い詰めた川の流れと同じように見識《けんしき》出来た事でした。

人生は永遠の源流から河口に下る大きな流れです。

始めはこの先の苦難を知らぬかのように、単調でゆったりとしていた流れが、或る場所で一転し淙淙《そうそう》、烈烈《れつれつ》と波立つ急流となり、岩を噛《か》み狼狽《ろうばい》し戦《おのの》き翻弄《ほんろう》されるままになるが、何とか此処《ここ》を遣り過ごし、その後は静穏を取り戻したかのように、再び悠悠とした流れに転変《てんぺん》していく。

そしてある所では興奮し怒ったかのようにして、岩の間を滝の如く滾《たぎ》り落ちるが、再び今度は心の平安を願うかの如く、流れは平穏となって緩行《かんこう》しながら時を刻みつつ、川底に隠れる岩にぶつかると、溶けたガラスのように滑らかに盛り上げ、また静かに沈み込みを繰り返しながら流れ、終《つい》に豁然《かつぜん》として眼界《がいかい》が拓《ひら》けた先の海に到達すると、安息の地を得たかのように静かな威厳に満ちて吸い込まれ、この流れはここで何も無かったように消滅し務めを終えるのです。

そうなのです。この釣りと言う「視点」によって、この川の流れの転変と同じように、時の流れと共に、意義深い数々の交接《こうせつ》をもたらしてくれて、そこから生成した何と数多くの喜悦と感動が幾重《いくえ》にも包含《ほうがん》した、思い出と想いを残してくれた事だろうか。

改めて言おう。私の人生の意気の源《みなもと》となったのは、快感と喜びとそして生きる活力を与えてくれた釣りです。

つまりこの釣りは満ち足りた生活の喜びを、一層深く感じさせてくれる原動力であり、今はその事に集中没頭してきた人生に誇りを抱いています。

最後となりましたが、本書を奇偶《きぐう》にも目を止めていただいた人の中でも、特に筆者にとって思い入れを切望する人達は、次に掲げるジャンルの人達ですので。

一人目は、若葉マークがなかなか取れず、ボウズが常習でモンモンとして諦めそうな気持ちを、何とか踏み止まって今度こそはと、竿を出し続ける釣人へは、『そうか、そうなのか、よし自分もこの本にあったように試《ため》しにやって見ようかな』と思っていただければ。

二人目は、釣りの楽しみが分かり出し、嵌《は》まってしまっているが、仕事がネックとなっていて悶悶《もんもん》としている中堅の休日釣師の人へは、『これって本当かな？。しかしこの本の内容は少しは参考になるかな』と思っていただければ。

そして最後の三人目は、釣りに興味も持たずその楽しさを知らない人へは、『この人本当に釣りバカじゃん。でも、何だか楽しそうな事をやってきたようだけど？。よし、騙されたと思ってちょっとアタイも、真似してやって見ようかしら』と。

そうなんです。こういう感興《かんきょう》が湧く人が一人でも増えてくれて、そして出来ることなら、ゆくゆくは筆者のような「釣り中毒症」が全国に蔓延し、手に負えなくなりその結果「釣りバカ」状態の人々で溢れ返るという、夢のような日がいつか訪れる事を願い、本書がこの中毒症の発症への病原菌の核にでもなれば、筆者の一番の喜びであり本望でもあります。

最後にもう一度。

本書を読んでくれて、本当にアリガトウ。

参考（必見）資料　その一

「釣りバカ認定基準ガイド」（永久に私案）

後記の十項目の設定内容中で、三項目以上に該当する（この内容に適当に合致していると、好い加減な判断をしない）人は「釣りバカ」として弊会で正式に認定（を検討中）

認定希望者は左記宛てに自己申告の形で、該当数を記入の上で申し込みをすると、会員として登録され認定証（証書にはバカに付ける薬はない旨の注釈も付く）と、（魚を形どったオリジナルなキ印の）会員バッチを送付（予定）。

宛先（いまだ未定）

△△精神科病院　依存症患者様相談室内

愛好法人「釣りバカ増加促進の会」宛

（なお、会費は前払いという形で、本書代に含まれていて既に戴いておりますが、本書を購入後に律儀《りちぎ》にも送金してくれても、自動的に寄付行為と見做《みな》されて処理され、返金されませんのでご了承下さい。

更に本件の認定は申し込み者がホラは吹くが根は正直者である、と言う性善説の大局的見地から自己申告制としています。

しかしなんとしても会員に成りたい一心で本来ならば該当しない項目も、歯痒《はがゆ》さの余りに内容に達成合致していると勝手に解釈して、選定してしまう釣人も、ホラ吹きの多さと根性からないとは言えません。

そこでこのような誇張自慢者達の為を考慮して、正直振りの模範選定の好例として、各項目毎に筆者自身の当項目に対する該当の有無と、その理由説明や選定の心構えといった、コメント付きの至れり尽くせりの心温かいサービスも実施します。

ぜひこれにじっくり目を通した上で、自分にぴったりと合って頷《うなず》いてしまう項目のみを選定するようにして下さい。

陰ながら貴方《あなた》の正直度のチェックも兼ねています）

1. 釣り中毒症を通算五年以上罹病し、悪化慢性化症状となり、病期も深刻化して完治見込みなしであり、本人または他人（近親者も含む）のいずれか一方が、この症状の事を正確に認識して悦《よろこ》んで自慢している。

（これはバッチリ該当します。本項目の内容こそが釣りバカたる由縁《ゆえん》の基本的定義と言えるからです。

従って本項目に該当する釣人は、認定率が9割以上に達するでしょうから、じっくり吟味した上で慎重に選定して下さい。

なお本項目だけは自信が無ければ、カァチャンに問い合わせて確認をとって決めてもらっても結構です。

なぜなら身内の人の方が狂気度を正実に把握していると考えるから）

2.「濡《ぬ》れぬ先こそ露《つゆ》をも厭《いと》え」と言う譬《たと》えによると、一度過《あやま》ち（放流釣りで一番乗りし場所取りの多大な苦労をしたが、当日ボウズという無残な結果）を犯すと、もっと酷《ひど》い過ち（前回のボウズを屁とも思わず再び同じ事を行ってまたボウズ）を平気で犯す（前回の失策を教訓とせず性懲りなく実行した）事を言うがその言葉通りを素直に実践しています。

（これは、半分該当します。流石《さすが》に二度目のボウズを行う根性がないのは、カアチャンへ言い逃れの迷言のネタがつきて、思い当たらないせいかもしれません。

これに該当する釣人は、認定率は7割以上はありそうで、期待出来る項目です。

なお本項目は忘れっぽさのチェックではなくて、反省または後悔の念があるかどうかで、あればこれが強いかどうかのチェックですので、健忘症の人や釣果より一番乗りだけが生き甲斐の人は対象外です）

3.「釣りは忍従《にんじゅう》の美徳だけは学べる」を、ひたすら心服《しんぷく》して素直に実行している偏執狂《へんしつきょう》的気骨の持ち主である。

そしてこれが高《こう》じて魚が全く居ない釣り場でも獲物は居ると頑《かたく》なに決めつけ、遂には「動きません。釣れる迄は」の心意気で、我武者羅《がむしゃら》に約2時間以上も悠揚《ゆうよう》で平常心も失わず、竿を振り続ける多少イカレ気味で気力と体力だけ満満で頑固一徹な釣人です。

（これは、残念ながら該当しません。なにしろ長時間竿を振り続けると、腕と肩の疲労で釣り場移動せよと脳がいまのところ指示を出せるから。

本項目は飽きっぽい性格の釣人は不適ですが、往生際の悪い年配者には打って付けの必定《ひつじょう》項目でしょう)

4．前述の魚が全く居ない情況下でボウズだったのは、魚が一身上の都合で不在という明白な現実を本当に理解出来ず、その原因は自分の腕前が未熟だったと、素直に思い込めるという、世間ズレしたキモい純情な気持ちを今もしっかりと持ち続ける、脳力と自責の念が人一倍強い。

(これも、残念ですが該当しません。ボウズの時は常に魚の都合が悪かったと、相手側に責任転嫁した屁理屈を付ける良い癖《くせ》があるためです。

本項目に該当する人は良く言えば、慎《つつし》み深《ぶか》すぎて周囲に心憎い程に気遣《きづか》う人であり、悪く言えば自分本位の判断力が強情でうんざりする特技の人です。

今時では大変希有《けう》な存在かもしれません。従って本項目を選定出来る人は胸を張り釣り業界の活性化のために威張《いば》る事が大事です)

5．家族サービスといった必要悪には、とんと頭の片隅にもなくなっていて、良く言うと無頓着《むとんちゃく》で、悪く言うとトウチャン失格であって、しかも家族の冷たく厳しい目にも全く気にせずに平然として、釣り三昧《ざんまい》に耽《ふけ》れるように性格が変調出来ている。

つまり以前の釣行時に感じていた心苦しさや後ろめたさが、消失して既に2年以上経過していて、今はスッキリして思い遣り心はとっくに退化している。

（これは、バッチリ該当します。罪滅ぼしと言うか良心の呵責《かしゃく》に堪えられず本項目の内容を作成しました。

なお、この内容の究極の行き着く先は、家庭崩壊の危険性をはらんでいる負の面が大変強い項目の一つですので、この選定に当たっては褌《ふんどし》をしっかりと締めてかかって下さい）

6. 仕事に就《つ》いても頭の中は常に釣りの事で一杯で離れず、その為仕事を旨《うま》く熟《こな》している風《ふり》をしていて、給料泥棒の罪悪感はとっくに消滅している。

言うなれば一生懸命の度合い（本気度）を仕事に置かずに、釣りの方に全力集中したアンバランスの状態を巧《たく》みにキープして、仕事を行っているように装って余念《よねん》がないと言える。

（これは、昔の若気《わかげ》の時ではズバリ該当しました。会社が傾いた一因もこんなトンデモナイ社員の在職のせいと反省はしていない。

現在サンデー釣師の人は、よく胸に手を当てて正直に選定して下さい。なお勘違いしないで下さいな。これは仕事への一途な腕捲《うでまくり》度のチェックではありません。

飽く迄も軸足をいかに熱心に釣りに置いているかの、その人知れずの器用《きよう》度が高く巧みかどうかを測る為です）

7. 常時頭の中は釣り以外は空っぽ状態で、四六時中例えば屁をこきながらも、魚の方からオイデオイデという呼び掛けがあると妄想するので、それについ釣られて釣れる釣れないに関《かかわ》らず、釣行してしまうという妄動をやってしまう状態が長期継続中である。

家族はどっぷりつかっているので呆れているが、本人は平気《へいき》の平左《へいざ》で更に思考が釣りに集中し過ぎて、周囲への心憎い気配りや注意力が散漫《さんまん》となる。良い例が河原に釣り竿を善意に置き去る行為が挙げられ、そういう不可解な行動を無自覚で引き起こす。

（本項目はなにせ実例の当事者が筆者ですのでドンピシャリの該当です。従って現時点で羨ましいなら同じ事をやって見ろと、開き直って言いたい程の先駆者《せんくしゃ》として自棄糞《やけくそ》の気持ちでいる。

更に一言。これは貴方の釣りへの発情度と言うか、盛り度をチェックするだけですので、そのような真剣な顔付きをしないで、軽い気持ちでもって真面目《まじめ》に答えて下さいな）

8. ひょっとすると彼女にフラれる事が馴れすぎたせいか、若い女性に強く慕情するという正常な欲望が欠如してしまい、その代償《だいしょう》として魚に対し異常な程に恋心を抱き続けて恍惚《こうこつ》となる。

そして恋人たる魚の夢を見た時や、これを引っ掛けてモノにした時などに、極度の興奮状態となってしまい、もう止められずこれを一途に追い求める事に、生き甲斐と快楽を見い出していてどう仕様《しよう》も無《な》いありさまである。

（これも、バッチリ該当します。この設問内容は恋した魚に対するストーカー行為が、いかに真剣かのチェックですが、人様の時のような犯罪性はないので、思う存分胸の中の気持ちをサバサバとさらけ出して、気楽に選定すればうっ積のガス抜きに最適でしょう）

9. 釣りに金は糸目を付けず浪費仕放題《しほうだい》で、例えば高額な釣り竿の買い替え、釣行時のガソリン代や高速道代そして宿泊代、また海釣りの時の釣り船代等を湯水のようにバンバカと使いまくる。
しかもこれらの出費は小遣いの許容分《きょよう》を遥《はる》かに越え、生活面で赤色の警告灯が点滅仕出しても屁とも思わず、金をかける程釣果が上がると一途に盲信を抱き、まるで金縛《かなしば》りに遭《あ》ったような強欲症をつらぬく人。

（これには残念ですが該当しません。なぜならいかに金をかけずに魚をゲット出来るかを信条とする生まれつきのドケチですから。

つまり餌代は出来るだけタダで川虫調達を究極の目標としているので。

しかしながら心情的にはこの釣りで身上《しんじょう》を潰《つぶ》し損《そこ》ねて仕舞《しまい》、例えばギャンブル依存症の勇者に引けを取らない豪の釣人がひょっとしたら、この世の中にゴロゴロいるのではないと、密かに期待している。

そもそもゴルフの高級玉入れ趣味に比べて、釣りは庶民級の安価娯楽なのに、本項目に該当する釣人は、これに逆行する稀有な異端者として脚光を浴びると思う）

10. 「釣りするならホラ吹くな、ホラ吹くなら釣りするな」と言いたい所だが、当人は全くへいちゃら。
釣魚を極端な位に増大かつ肥大させる事を得意とし、相手の驚き振りを見て悦に入り満足感と生き甲斐を持つ才《さい》に長《た》けている。

そして大ボラ吹きだとは気付かずか、気付いていても全く意に介せず。むしろ益益《ますます》図に乗って得意げにベラベラと喋《しゃべ》り捲《まく》り、口害扱いされても依然として口の巧みさだけが唯一の取り柄である。

つまり口先が異常に進化した反動で相手への思慮分別《しりょふんべつ》は退化した人。

（これも、残念ながら該当しません。根が正直者なので釣魚の大きさの正常値を、ついうっかりと口に出してしまい、誇大サイズに夢を拡げて相手を眩惑《げんわく》させる賢明な機転が利かない愚直《ぐちょく》の脳味噌の所為《せい》と悔みます。また大ボラを吹いて相手を驚かせ羨《うらや》ませるといった姑息《こそく》な手段行使を、忌《い》み嫌う正義感が漲《みなぎ》りすぎた性癖《せいへき》の所為かも。

なお本項目の設問の意味する所は、口の巧みさなら釣人の誰もが持ち合わせているが、ここでは大衆に対する迷惑感が欠如して更生力がない悪質かつ確信犯的な自慢誇張狂の人のみを対象としています。

従って、自分もそうだと時流に乗って安易に拡大解釈しないで、じっくりと考えてどうしても合致してしまったと得意となって威張れる人だけが選定出来ます）

《注記》以上の十項目は筆者の実際のヘマ例などを、面白くする為に嫌嫌《いやいや》ながら苦しみつつ喜んで考え付いたもので、もっと凄《すご》い例もあるかとは思うが現時点でのベストテンです。

ところで、このベストテンの内容の真相は、数々の悪行を遣らかしてきたと豪語する釣り熱狂者が行き着く究極の成《な》れの果ての人のあり様を明確に教示してくれています。

なおこの十項目は、筆者には難攻不落で到底登頂不可と潔く諦めていますが、中には数狙いの釣り狂オタクがいて、これら10座をすべて征服したという釣人が現れても不思議ではありません。

そこで仮に10座すべてを登頂したと、正直に言っているかはさておき、自慢して申告してしまった釣人には弊会より「釣り大バカ師」の（単なる）名誉称号が授与され特別会員の資格が自動的に付与されます。

更に弊会主催の「三途の川釣ツアー」のご招待（この特別会員の人は一刻も早く俗界から旅立ちが良策と切望して）の特典も付きます。

（なお、この特別会員は地獄へのフリーパスも期待出来ます）

また、このツアーは通常は鬼籍が近付いた会員順で、しかも遺伝子の外れくじを引いた会員を特に最優先としていますが、特典の人は即刻ご招待状が発送されます。該当者は準備万端の上で楽しみにしてお待ち下さい。

最後に弊会では早期入会キャンペーンを現在実施中（実は常時やっている）で、素敵なプレゼントが用意されており無料ですので、ぜひお早めの入会（いつ入会しても変わらず）をお勧めいたします。

そのプレゼントですが「三途の川の釣りガイド」の本の進呈で、希望の会員の皆様に送付（予定）しています。

この本の内容は送られてからのお楽しみですが、ちょっと概要を教えちゃいますと、この川の釣り方や好ポイントの場所などです。これを読んで行けば絶対ボウズにならない折り紙付きです。

あ、そうそう、釣れる魚の名は冥界魚《めいかいぎょ》です。

なおこの本は会員限定本で非売品なので大変評判も良くすぐ在庫切れとなりますから早い者勝ちで

すので、その点はご了承願います。以上

参考（必見）資料　その二

「誇張自慢症についての考察」（全部妄説）

今まさに、筆者の告別式がしめやかに執り行われている。

そんな最中に弔問客《ちょうもんきゃく》の一人が悲しみを堪《こら》え柩《ひつぎ》の窓蓋を少し開けて見ると。

「あっ、動いた。まだ生きている。そしてホラ吹きじゃないぞと叫んだぞ」

（そう実は、棺桶《かんおけ》の中で横になっていたら、そうだ、こんな所でノンビリと寝ている場合じゃあない。言い忘れた事を急に思い出して真実を語るチャンスは、もう今しかないぞと考え、むくっと動き叫んでしまったのだ）

釣人イコール、ホラ吹きと言うのが世間一般の通念である。

つまり世の中の真っ当な感覚を有するとする人達の見立てでは、「釣魚とは釣人がたまたま運良く釣り上げただけの生き物だが、釣人がこの釣り上げた話をする毎に、ぐんぐん巨大化し数を増していく生き物である」と思っているからなのだ。

つまり簡潔《かんけつ》に言うと、諺《ことわざ》の「はえば立て立てば歩めの親心」を捩《もじ》って、「釣れば増《ま》し増されば肥《こ》えよ釣り心」とでもなるかも。

そこで世間の通念に反して、真《ま》人間で正直者（本人だけが思い込んでいるだけだが）の筆者なら、なぜ釣人がホラ吹きなのかに対する真相を、克明《こくめい》で明確に解明出来る自信を抱く。

そういう訳で、長年の見聞《けんぶん》し得た蘊蓄《うんちく》を、ここで表白する事で、心置きなくと言うか、後腐《あとくさ》れ無くしずしずと、三途の川へ竿を出せると思った次第です。

それではまずホラ吹きを正式ではないが、学術医療用語として用いられそうな、「誇張自慢症」という、格式があり立派そうな言葉にすると、威厳《いげん》が生じそうなので時々、この言葉を使いつつ論述する事にする。

ここでこの論説をより一層堂々たる権威付けにすべく論説を拡げ、症状の根源で本家本元に当たる「自慢症」から、進展させた方が一見識《いちけんしき》になると考えた。

所がこの「自慢症」にも幾多あるので、まず手始めに周知の「病気自慢症」から考察を始める。

これはどんな症状か？　例えば風邪《かぜ》の人はいかに高熱が出たかを自慢し合う（熱が高い方が偉い）

また骨折者は折れた数や折れ方を競《きそ》う（単純骨折より複雑骨折の方が威張れるらしい）例が挙げられる。

所がこの「病気自慢症」は患者が被《こうむ》った重症度をあからさまに虚勢誇示《きょせいこじ》し、見栄張《みえば》る奇《き》を衒《てら》った自虐《じぎゃく》行為で、他人への心理的影響は低微《ていび》無害でむしろ哀憐《あいれん》を感じる。

それに対し「誇張自慢症」では、「誇張」の字がドカンと乗っかる事から分かるように、嘘偽《うそいつわ》り臭く他の釣人にも困惑と迷惑を及ぼすので、有害で厄介事を引き起こす事でも世間に広く知られ、この悪評がプンプンと臭い立って健全?なる釣りのイメージ低下に大いに貢献している。

それではこの「誇張自慢症」について、釣人はなに故にこの症状を引き起こしてしまうのか、その発症原因を究明しその実態を明らかにしていく。

ではまずその動機だが一応今のところ、以下の五つの型が考えられている。

①快楽型、**②驚愕《きょうがく》型**、**③孤独型**、**④心苦し型（後ろめたさ型）**、**⑤心理不安定型**

なおこの「誇張自慢症」には別の見方で、二つのタイプにも分別出来、一つは嘘を含んでいる「嘘含用タイプ」の場合と、もう一つは嘘は無く真実のみの「真実専用タイプ」の場合であって、前述の五つの型の解説の時にも必要に応じてこの二通りのタイプを、織《お》り交《ま》ぜて説明をしていく所存でおります。

まず**①の快楽型**について詳しく解説する。

この型はホラを吹く事自体が楽しみであり、相手を欺《あざむ》いたと思うと極度に興奮してしまい、それでストレスを解消させるタイプである。

そしてホラ吹き釣人の大半は、この範疇《はんちゅう》に包含《ほうがん》されると考えられる。正常であれば魚がヒットし、この魚を取り込む遣り取りの時に、快楽ホルモンのドーパミンが大量に脳内に放出されて興奮を引き起こすが、この**快楽型**の場合は厄介な事に、ホラを吹きまくって相手が信じていると勝手に想像する毎に、ドンドンとこのドーパミンの大量放出が続き、興奮し楽しさの満足感を感じてしまうあくどい症状を示す。

この一番の病因は性格変調による快楽ホルモン分泌時期の異常と推察される。

またホラの内容も大半が嘘まみれで、旨《うま》く言い做《な》し誑《たぶら》かせる内容ばかりであるのも困った点である。

従ってこの**快楽型**ではどう仕様《しよう》もない程に悪化慢性化してしまうと、ホラを吹く事の楽しみで釣りに出掛けるといっても過言ではない。

こんな重症の釣人が今や滅多に御目に掛かれない正直釣人に、不運にも遭遇し話し掛けられたら悲惨である。

それはこうなる。

ついうっかりと心を許して相槌《あいづち》を打つ風《ふう》を見せるや否や、もう釣りどころではなくなり、この異常者の毒気のある口射砲に当てられぱなしで、相手の思うがままにひけらかされてしまうと言えます。

ではこんなヤカラをどうやったら見分けられるかを、長年見極《みきわ》めてきた成果として気前よく伝授します。

その要点とは？　釣人の視線の先が常にどこを注視しているかです。

通常では本来の釣りに来た人は必ず川の状態を確認した上で、魚が居るポイントはどこかといった目で丹念に川を注視する。

所がホラ吹き専門稼業の釣人たるや、獲物は川の魚ではなく釣り場にぼけッとウロウロしていて、騙せそうで鴨《かも》に出来そうなヤワな釣人である。

その為視線は周囲をキョロキョロ捜し、川には目も配らない胡散臭《うさんくさ》い挙動不審の動作をするので特定出来ます。

更に此奴《こやつ》はホラ吹きの口筋肉隆隆《りゅうりゅう》で大ボラ吹く下準備でこの口をパクパクしているので、遠目からも判断可能な顔付きを有します。

そして虎視眈々《こしたんたん》として遂に陸上にいる獲物を見付けロックオンするや、よし、今日は大漁だとばかりに近付きニタリニタリしつつ強引に話しかけてくる。

この際わずかでもニコッと関心を示すと、引っ掛かったと一気にベラベラと、腕前をひけらかして相手の純情な聡智《そうち》能力を削《そ》いできます。

この際に例えば、この場所で10年前に大物をバンバン釣り上げたといった、検証不可能なホラ昔話をここぞとばかりに、真《まこと》しやかにはったりを聞かせてきたら、此奴《こやつ》は正真正銘の大ボラ吹きつまり重症の「誇張自慢症」に罹患した悪質な厄介者だと、即断し目を覚まして対処すべきでしょう。

しかし如何《いかん》せん、この時に正しい判断がなかなか出来にくいのが、世の中の不情理というものです。

この大ボラ吹きの病因は、鼻たれ時代の「どうだ、スゲエだろう!」の、見せびらかしの生得《しょうとく》の誇示脳力が、異常発達をとげたからです。

そして惜しむらくは、真正直野郎には脱皮できぬままに成長し、あろう事かなんと釣り場で、物の見事に徒花《あだばな》として開花した事が主因です。

ではこの重症の悪党に対してどうやって対処撃退したら良いでしょうか?。

その対処方法はこれも長年の研究から二通りが考えられます。

まず一つは、どうもコイツは大ボラ吹きではないかと、微風の段階で底が割れていた時に、一方的に口泡《こうほう》を浴びせられぱなしでなく、こっちも「目には目を」の方針で対抗して大ボラの爆風をお互い吹きまくって、相手を吹き飛ばして、こりゃダメだと退散させる手です。

では、このホラ吹き狸《たぬき》合戦はどんな臭いセリフで誇競《こきょう》するのか、ここで一部を再現してみましょう。

「見てみろや!俺の釣った魚の方がこんなにデカイぞ」(ここで、ムクムクと対抗心が鎌首をもたげて)

「フゥーン!そうじゃないぜ、そいつは単に図体が長いだけさ。脳ミソは空っぽでトロいから釣れたのさ」

「それじゃ、俺のこの魚の顔付きを見てみろよ、俺にそっくりで美顔だぜ」(ここでは、負け惜しみのあまりに心にもなく)

「バカ言え、顔はな、人間を物語ると言うんだぜ。こっちのこの顔付きは、お前のようなダサくて、不細工で間抜けな馬面《うまづら》ではなく、ちゃんと魚にそっくりな顔立ちをしているぜ。しかも俺に似て知性と気品があり、更に高貴で魅力たっぷりだぜ」と言った応酬《おうしゅう》が続く。

更にこんな場面も見られますので。

(いつもの事なので、ガッカリはしていないが、一応は挨拶のつもりで)

「今日は、なんと竿がピクリともしなかったぜ」

(そこで、こっちも一応おべんちゃらを装って)

「エ！　そりゃあ、惜しかったねエ」

(だが、すぐに本領を発揮して虚仮《こけ》にする)

「俺なんか、二度も当たりがあったぜ。どうだ、スゲエーだろう！」

(すると、すかさず反撃にでて)

「バカを言うなよ。それは一度目は、魚がアッカンベエーをしたサインさ。

そして二度目は、もう好い加減にとっとと失せろ！と、本気の合図を送っただけさ」と。

そして「じゃあ、もう行かなきゃ」

「エエー、それは死ぬ時だけの台詞《せりふ》だろが」

まあこんなバカなやりとりが行われます。

もう一つの対処法は、話し掛けられても柳に風と受け流すか、またはホラの触《さわ》りを聞いたら、木で鼻を括《くく》ってよそよそしい態度に豹変《ひょうへん》して、相手がちゅうちょ仕出した間合いを見計らって、本来の釣りの業務に戻ると、歯に衣着《きぬき》せぬ物言いでもって、意表《いひょう》に出て断固として告げる事です。

つまり相手の話術に陥《はま》る前に、先制してこちらのペースで主導権を握るべく、話の腰折りを突然告げて逆襲《ぎゃくしゅう》に転じる事です。

この強力なカウンターパンチをくらって相手は一瞬ぐらつき、更に当惑しガックリと気落ちする様子を、おひゃらかしてから屁を聞かせて立ち、釣り場を移動するのが、一番お勧めのやり方です。

その際には、仕上げとして下心をこめて息張って、下卑《げび》た痙攣《けいれん》を伴った刺激臭の最後っ屁《ぺ》を嗅がせれば、最良の応対と言えます。

なにせ鼻が曲がる程の、腸の憤激臭《ふんげきしゅう》でもう二度と近付かなくなるから。

ここで次の型の解説に移りますが、これからの型はいずれも痛快で賢い誇言《こげん》をする、神出鬼没《しんしゅつきぼつ》の希少な人種のタイプと言える。

もしこのようなタイプらしいのに話し掛けられたら、もっけの幸いです。世の中は広いがこんな釣り場にも、話芸は達者でちゃらんぽらんな人種も生息している。極上《ごくじょう》の発見の喜悦《きえつ》を無駄にせず、貴重な社会勉強になりますので、大いに出会いとやり取りを楽しんで下さい。（実は、釣りよりもっと面白いかも）

それでは、次の②**驚愕型**の解説に入ります。

このタイプは、その名の通りホラを吹いて相手を驚かす事を、生き甲斐にしている人種です。

つまり魚よりも人を引っ掛けて驚かせる事を得手《えて》とする生き方をしています。

その為に吹くホラの内容は、嘘まじりよりも真実を拡大した方が効果抜群と、経験上熟知している為質《たち》が悪い。

つまりホラ話は真実に大下駄《げた》を履かせたネタが売りというか得意技などで、前述の「真実専用タイプ」と、なんとピッタリと合致するではないか。

ではこの**驚愕型**の与太ホラ話はどんな内容となる事やら、ここでちょっくら検証してみると。

例えば利根川で筆者と同じサクラマスの38㎝をヤットコサと上げたとすると。

このサイズを正直者の筆者と同様にそのまま伝えても相手は眼を丸くして驚く。

しかし此奴はここからがスゲー。待って待したと本領発揮します。

もっと腰を抜かす程すごい驚きの様子を味わいテエーと。そこで悪知恵を働かせ60㎝と大風呂敷を広げると、相手もいぶかしがるのでやめて、45㎝と下げて言う悪質さ。

相手はホントカヨ、スゲエナァーとばかりに驚嘆し（またはした風をして）、シゲシゲとこんな釣人がといった顔付きで見詰めるだろうと予想確信する。

つまりこんな偉大でスゴイ事を成就《じょうじゅ》した人が、眼前《がんぜん》に居ると度肝《どぎも》を抜かれて、雲上人《うんじょうびと》の如き存在で仰ぎ見られ、畏敬《いけい》と感嘆《かんたん》が混合した眼差しが、注がれるであろうといった、深遠《しんえん》かつ弘大《こうだい》なる読みの上でのズル賢《かしこ》い欲望が、根底に漲《みなぎ》っているからでの演技といって良い。

それでは、このタイプの見分け方ですが、これがとても困難な事なのです。

なぜかと言いますと、前述の**快楽型**が常にホラは嘘まみれなので、目付きも悪く、その分口振りは達者で、面構《つらがま》えもいかにも嘘が付きやすい顔付きになっていて、お調子者風で軽薄な感じがするのに対して、この**驚愕型**は真実まじりのホラ話を十八番《おはこ》としているので、稀少《きしょう》な正直釣人と同様に目付きも真面《まとも》で、どっちなのか見分けが困難で、従って怪《あや》しい話の途中でもって、嗚呼《ああ》、此奴がそいつであるなと、判断するしかないでしょう。

次にこのタイプの対処方法は、ただ一つだけです。

まずは話を聞いていても平然とし、相手の術中に陥《はま》らずに驚いた様子を見せない事につきます。

つまり、そんなの当たり前で珍しい事でもないといった、つれない顔をとると相手も拍子抜けで怯《ひる》んでしまい、眉唾物《まゆつばもの》の話では効き目がネエと感付き、何とかして興味を持って貰えネエかと、真実味のある話へ鞍替えするかもしれネエぜ。

そうだ、この**驚愕型**に取《と》って置《お》きの対処法をここでこっそり教えちゃおうかな。

それは瞬時に見抜き大袈裟に驚いたふりをする手さ。

そして逆に相手の阿呆とバカを腹中で舌を出して蔑《さげす》むという名人級の高等テクニックなのさ。

この手が出来るのは、相手の魂胆《こんたん》を見抜く鋭敏《えいびん》な洞察力が備わっていなきゃダメさ。

つまり先程の例で38㎝と言えば此奴は見掛けによらず正直者と、勘違いする所だっただよね。

だが45㎝などと途方もなく拡大して言ってしまったから、ああ、此奴《こやつ》は大ボラ吹きだと即座に見え透《す》く眼力《がんりき》がありゃ大丈夫なのさ。

そこでこの眼力がある人とは？

テメエも釣人のくせに他の釣人はホラ吹きと常に確固とした観念を持ち、ゆめゆめ警戒を怠らない人はそうさ。

またホラ話を真に受けた被害者であって、言われた所に竿出ししてみたが、当たりもなしでとんだガセネタで酷《ひど》い目に遭った、経験済みの人ならこの眼力が備わっているだろうよ。

それから先程の**快楽型**は当人の快楽追求の欲望発散の為、本人の気持ちの捉《とら》え方次第であり特殊能力は不要で誰でも成《な》れるのさ。

だがこの**驚愕型**は、相手の驚きの反応を楽しむ為に仕掛け側も鋭い感受性を持つという、鋭敏《えいびん》な忖度《そんたく》能力が必要で、そんじょそこらのバカではおいそれと成れないぜ。

そんな訳でホラ吹き業界の勢力図は断トツで元祖自認の**快楽型**が牛耳《ぎゅうじ》っているぜ。

そして益益《ますます》勢力拡大中でこの**快楽型**で非《あら》ずば、ホラ吹きに非ずといったところです。

あら、恐ろしや!。そんな現状でこの**驚愕型**は居るのか居ないのか不明なぐらいか細《ぼそ》い存在だって知ってるか。

次に③**孤独型**は現代の厳格社会で翻弄《ほんろう》されてるので、こっちも成り手不足で希少な存在なのさ。

じゃあ、この**孤独型**の生態は如何《いか》にか?。

例えばシャイな性格の一人暮らしで、日頃は鏡に向かって喋るのを常として話し相手もなく、また仕事中もムッツリの寡黙《かもく》を通して、休日の暇潰しの釣りに出掛けてみるも、魚は話し相手に不適でモンモンとしたストレス発散先を、暇で賢《かしこ》そうでない御人《おひと》好しの釣人をターゲットとする。

ではその手口とは?。

まずは常套《じょうとう》の声かけの「釣れますか」と、話し掛けてキッカケを摑《つか》むや、いよいよここから本番となって興味を持ってもらい、少しでも面白くする為に、ここでホラを吹きまくる。

つまり日常では会話での心の交流が、相手不足か努力不足かで意欲が湧かないが、大自然の広広《ひろびろ》とした河原では俄然《がぜん》相手と話したくなり、会話を弾《はず》ませる為にホラを吹くという涙ぐましい努力をするのである。

従って先程述べたような本人の快楽の為とか、相手を驚かす為といった不純な動機とは全く異《こと》にしており、あえて言えば会話を通して相手との絆作《きずなづく》りの為の言うなれば崇高《すうこう》な動機です。

それ故《ゆえ》にホラ話の悪性度は低く、多分に真実味の近い内容となりがちです。

ようは話を聞いてくれれば良いだけで、その為に話も誇張となってしまうだけであり、こういうヤカラは害も少ないので、むしろ積極的に聞いてやれば良いでしょう。

そして冗舌《じょうぜつ》不全につき無防備にも話の穂《ほ》を継ごうとし、ついボロを出し本音《ほんね》をポロッと吐出《としゅつ》する。

例えば大物が釣れた絶好ポイントの場所という喉《のど》から手が出るネタを、何気無《なにげな》く聞き出せるお零《こぼ》れに与《あずか》れる。

そういう意味でこの**孤独型**の釣人は有用人種といえます。

更にこの**孤独型**の釣人の特異は、その口調が立て板に水のようにペラペラと調子に乗って喋り捲《まく》るのでなく、何やら弁解する子供のようなボソボソと歯切れの悪い口調です。

また話し馴れていないので口下手《くちべた》で、時々繰り出すホラもすぐに底が割れてしまうような浅薄《せんぱく》で迫力に欠け、相手にも大《たい》して説得力も威力も発揮出来ず不調に終わるケースが多い。

しかも時には相手に見透かされていようが、頑《がん》としてめげる事なく必死になってホラを吹いて、話を盛り上げようとするようすは哀れよりなぜか、いじらしさを感じてしまい、もっともっとホラを吹きまくって喋り捲くれよと、心ならずもいらぬ御節介《おせっかい》をやいてしまいたくなります。

それでは次に④**心苦し型（後ろめたさ型）**に移るが、この型を行使する釣人もまた希有な存在です。

ここでこの型の基本スタンスを押さえておく。

このタイプは嘘は妄《みだ》りにつくなと心得てはいる。

しかし嘘も方便とばかり時として、一つの手段として必要な時もあると、固く信じて良心の分別《ふんべつ》は弁《わきま》える、ややちゃらんぽらんな性格を覗《のぞ》かせています。

ではこの嘘をつきホラを吹くと決断するに必要な時はいつか？

多分相手の釣人の機嫌《きげん》を取ったり話を合わせる時ではないだろうか。

この時に嘘やホラ吹きは心苦しいが已《や》むを得ないと、多少の良心の咎《とが》めの後ろめたさを感じつつ行使してしまう。

従ってこの型の話術の実態は嘘偽りのない事を喋ろうと努めているが、まるっきり真実を語っていない事も起こりうる。

更にホラ吹きテクニックも止むを得ずシブシブ使っているせいか、ヘタでかなり好《い》い加減なものが多いのも事実です。

そのせいかこのタイプでは弾《はず》む話の途中で「その話は少し大袈裟（つまりホラ）だぜ」と鋭い舌鋒《ぜっぽう》

で指摘すると、「エヘヘ、実はちょっと冗談半分《じょうだんはんぶん》で」とか言って、すぐにボロが出てシドロモドロになり、はぐらかす事も起こる。

そんな訳でこのタイプではホラ吹きの罪状をすぐ認め、多少なりとも改悛の情を持ち合わせていると思われ、しかもホラ話による直接被害もそう酷《ひど》くなく、全体的に見るとこのタイプも無害に近い人種であると言えます。

そして最後の⑤**心理不安定型**ですが、このタイプはホラを吹く才能には恵まれ、いつでもホラを吹く態勢は出来上がってはいるが、多少はこのホラの負の面の影響力は知り尽くしているので、この行使にためらいを抱いている人種の事です。

言い換えるとこのホラを吹いて釣人を欺《あざむ》くという行為は、紳士（本人の勝手な思い込みだが）たる自分にとっては、やってはならぬ気高《けだか》いオキテであると多少は自覚し心得て行使はしないと、一応心に留めている釣人です。

しかしこれには条件があって、飽く迄も正常心理状態時には行使しないだろうと予感しているだけであり、異常時つまり心理不安定時には、このタガが外れてしまい本意《ほい》無《な》いで行使してしまうタイプです。

ではこの心理不安定時とはどのような情況の時か?。

ここで分かり易い良い例を挙げて解説します。

例えば釣り場でバッタリと震《ふる》い付きたくなる程の美人釣師に会った（こんな事は滅多にと言うか絶

対にないが）としますと、こうなると胸は高揚《こうよう》し手は震えてしまい、心は不安定でムラムラと親愛感《しんあい》が生じてくる。

そして遂には本来釣るべき魚よりも何とかしてこの美人釣師を引っ掛けて、出来れば釣り上げてモノにするぞと強烈な意気込みが生まれます。

そこで出鱈目《でたらめ》の大ボラを吹くといった禁じ手を使っても関心を抱かせ「あら、この人素敵ね」と思わせるようにする。

つまり正常時ならホラを吹く人誑《ひとたら》しの恥ずべき行為は忌《い》み嫌《きら》い行使すべきでないという、正直者なら誰でも抱く人類共通の心理のブレーキは掛かっているのです。

所がこのタイプの場合では、平穏心理時に於いて運悪くと言うか折悪しく、本来の釣りの獲物の魚の代わりにしては、大物で貴重すぎて美型すぎる釣師と思い掛けずに巡り合ったがために、正常回路が途端《とたん》にオーバーヒートを起こしてショートしたので、即座に異常心理状態に陥《おちい》り、ブレーキが利《き》かなくなってしまったのです。

その結果何としてもこの美型釣師のハートを射止めるべく、その為に姑息《こそく》手段として行った手がホラを吹き捲くって話を盛り上げ興味を持ってもらう事で、これでアクセル全開となったのです。

このアクセル全開の無茶苦茶なホラ吹き捲く徒労行為は、この釣師が後一歩の所でプイと立ち去ってバレて逃げられてしまう迄延々と続くのには恐れ入る。

所でこんな非現実的で夢のようなケースでは、到底納得も理解出来ないと真っ当にお考えなら、もうちょっとマシな例でもって説明しましょう。

そうですね。現実的な例としてはびっくりするような大物を、もうすこしの所でバラしてしまって、意気消沈《しょうちん》しまるでこれで人生は終わったと、ガックリしている心理不安定時だったらどうでしょうか。

この時能天気な釣人が気の毒がり声をかけるや、がぜん悔恨の下にある自尊心が復活し、先程バラした大物を、途方もない程の大きさにでっち上げ、大ボラを吹いて喋《しゃべ》り捲《まく》って再び本気モードに奮《ふる》い立たせるといった、よく見掛けるケースです。

なお調《しら》べてみるとこの心理不安定時は、その他にも釣人にはしょっちゅう起こっています。

例えば一日中竿を振っても、全く予想と期待が大きく外れてボウズの時は、苛立《いらだ》ちと空《むな》しさで心は激しく動揺しているが、偶《たまたま》ここで会った釣人に対しては、一転ヤケッパチの空元気《からげんき》で、ホラを吹き捲くる場合もあるかもしれない。他には出掛けにカアチャンとケンカをして、ムシャクシャして魚に八つ当たりも出来ず、そのイライラの捌《は》け口を釣り場で出会った釣人に打《ぶ》つける形で、気持ちをホラ話で一時的に収《おさ》ませる場合、そして更には河原に釣竿を置き去って、戻って見た時には誰かが頂戴《ちょうだい》してしまい、茫然自失の反動として他の釣人に大ボラを吹く事によって、自分のバカさぶりを嘲笑《ちょうしょう》し心を慰める風《ふり》をする時など、様々なケースが考えられます。

所でこのタイプで最悪なのは常に心理不安定の人の場合です。

つまり人格が病的に分裂していて、心理状態が常に正常でない人のケースでは、常時ウツやソウ状態が続く異常時なので、この釣人は釣り場でホラは吹きっぱなしとなって救いようがないでしょう。

ここ迄グタグタと「誇張自慢症」のホラ吹きについての見解を明らかにしてきました。

所がどうも棺桶から急に起き上がったせいか、筋肉が痛み出し更に喋り疲れてしまったので、この辺で御開《おひら》きにして人生は短いので、また古巣の柩《ひつぎ》に戻ってゆっくり羽根を伸ばし、頭も休むつもりでいます。

そこで自説のホラ愚論《ぐろん》の言い出しっ屁《ぺ》の責任上、オマエはホラを吹く意義に対して、いかなる心構えを持つやと厳しいご意見を、柩の外から承《うけたまわ》った為、ここでシブシブと偽《いつわ》らざる筆者の気持ちを、最後に一言述べて締め括りたいと思います。

実はデカルトの『われ疑う』ではないが、『知者は常に疑う』。

従って釣人の中でも知能指数が高い人は、ホラ話を否応無しに聞かされても、話の中でどこに真実があるのか常に疑問を持ちそれを見抜く能力を備えている。

その結果「われ関せず」とばかりに超然《ちょうぜん》とし、泰然自若《たいぜんじじゃく》としている人種である。しかるに『バカ者はまるで疑いを持たない』つまり釣人のそんじょそこらに普通にゴロゴロしている人種は、このホラ話を真《ま》に受けて信じてしまい、時にはホラ吹き合戦に互いに打ち興じるものもいる始末で全く困ったものである。

では筆者に対して『あなたはそのホラ話を真に受けるといった事に疑いませんか』と問われれば『勿論《もちろん》疑いは持たないぜ』とはっきり明確に答える事を信念にしていますので。

以上です。

本書はここでとうとう終幕となりますが、最後に筆者の人生釣路で味わった喜びと同じだけの喜びを、この本を通して得て貰えれば望外の喜びとして筆を擱《お》きます。

小林　則夫（こばやし　のりお）

昭和20年長野市松代町生まれ。高校迄は群馬県前橋市に居住。

昭和45年名城大学機械工学科卒業後は、東京の会社に就職。

平成５年に退社する迄、23年間特許業務を遂行。その間は主に埼玉県日高市に居住し、当地で趣味の釣りを始める。

その後は、一時保険勧誘業務に従事し、平成８年に前橋市へ帰郷、ここで再就職し、釣りは中断して14年間浄化槽管理業務に専念。

平成22年に65歳で定年退職後は、釣りを再開し現在に至る。

釣然草《つりづれぐさ》　釣りバカの心と技の釣路《つりじ》

2020年３月10日発行

著　者　小林　則夫
発　行　上毛新聞社事業局出版部
群馬県前橋市古市町1-50-21
TEL 027-254-9966